***ACCESO GRATIS* a la Lectura en la Nube**

Para visualizar el libro electrónico en la nube de lectura envíe junto a su nombre y apellidos una fotografía del código de barras situado en la contraportada del libro y otra del ticket de compra a la dirección:

ebooktirant@tirant.com

En un máximo de 72 horas laborales le enviaremos el código de acceso con sus instrucciones.

La visualización del libro en **NUBE DE LECTURA** excluye los usos bibliotecarios y públicos que puedan poner el archivo electrónico a disposición de una comunidad de lectores. Se permite tan solo un uso individual y privado

OPORTUNIDADES, CRÍTICAS Y PROPUESTAS AL SISTEMA DE JUSTICIA PENAL MEXICANO

OPORTUNIDADES, CRÍTICAS Y PROPUESTAS AL SISTEMA DE JUSTICIA PENAL MEXICANO

PABLO GÓMEZ MONT LANDERRECHE
RICARDO CERVANTES SÁNCHEZ
VÍCTOR OLÉA PELÁEZ
ANA MARÍA KUDISCH CASTELLÓ
ELSA BIBIANA PERALTA HERNÁNDEZ
Coordinadores

VÍCTOR OLÉA PELÁEZ
Presidente BMA

ANA MARÍA KUDISCH CASTELLÓ
Primera Vicepresidenta BMA

tirant lo blanch
Ciudad de México, 2025

En caso de erratas y actualizaciones, la Editorial Tirant lo Blanch México publicará la pertinente corrección en la página web www.tirant.com/mex/

Este libro será publicado y distribuido internacionalmente en todos los países donde la Editorial Tirant lo Blanch esté presente.

© EDITA: TIRANT LO BLANCH
DISTRIBUYE: TIRANT LO BLANCH MÉXICO
Av. Tamaulipas 150, Oficina 502
Hipódromo, Cuauhtémoc, 06100, Ciudad de México
Telf: +52 1 55 65502317
infomex@tirant.com
www.tirant.com/mex/
www.tirant.es
ISBN: 978-84-1071-047-4

Si tiene alguna queja o sugerencia, envíenos un mail a: *atencioncliente@tirant.com*. En caso de no ser atendida su sugerencia, por favor, lea en *www.tirant.net/index.php/empresa/politicas-de-empresa* nuestro Procedimiento de quejas.

Responsabilidad Social Corporativa: http://www.tirant.net/Docs/RSCTirant.pdf

Índice

Oportunidades, críticas y propuestas al sistema de Justicia Penal Mexicano 9
FRANCISCO RIQUELME GALLARDO

Oportunidad de Defensa 11
WILLIAM SOLIS

Reserva de los registros de los actos de investigación 27
MTRO. HÉCTOR GONZALO MARDUEÑO RITZ

La necesidad o derogación de la audiencia inicial, supresión o conservación del auto de vinculación a proceso 37
MANUEL ALEJANDRO LEÓN MORATILLA

Problemáticas del amparo. Posibilidad de desahogar prueba. Prohibición de ofrecer pruebas en el amparo indirecto promovido en contra de una orden de aprehensión librada bajo el sistema penal acusatorio 57
GUILLERMO BARRADAS CENDÓN

La excepcionalidad de la prisión preventiva en el Derecho Penal mexicano es la regla general 75
MAESTRO VÍCTOR MANUEL SOLÍS BUITRÓN

La prisión preventiva justificada en el proceso penal acusatorio mexicano 91
DR. ALAN ISRAEL CASAIS MOLINA

La suspensión contra medidas cautelares en el procedimiento penal 113
JORGE CHESSAL PALAU
GERARDO OSTOS RINCÓN GALLARDO

Impugnaciones ante Juez de Control 131
HÉCTOR HUMBERTO VENEGAS ROMÁN

Homologar supuestos de procedencia en base a lo resuelto por la SCJN 137
IVÁN JAVIER LOZANO GUEVARA

El Criterio de Oportunidad. De la información esencial y eficaz 153
DR. RODOLFO DE LA GUARDIA GARCÍA

Desahogo dato, medio o prueba 189
DANIEL DÍAZ CUEVAS

Ejecución penal 205
SAMUEL IBARRA VARGAS

La apelación. Nuevos supuestos de procedencia y la problemática de la actual regulación de la audiencia de alegatos aclaratorios 231
MARIO URIBE OLVERA

El Procedimiento Abreviado como derecho del Imputado en el Sistema Penal Acusatorio en México 247
JAVIER COELLO ZUARTH
LESLY FERNANDA VALENCIA GONZÁLEZ
ÁLVARO MENDOZA MARTÍNEZ

Aspectos prácticos de litigio penal. Plazo razonable para la defensa, a la luz del artículo 337 del Código Nacional de Procedimientos Penales 263
FRANCISCO GAYTÁN

Desahogo de las audiencias bajo el modelo de primera y segunda silla del modelo anglosajón 271
DIEGO RUIZ DURÁN

Oportunidades, críticas y propuestas al sistema de Justicia Penal Mexicano

FRANCISCO RIQUELME GALLARDO

Nuestro querido colegio, la Barra Mexicana Colegio de Abogados A.C., continúa con trabajos como el presente, con la noble tarea de la educación continua, logrando así el compartimento del conocimiento a través de sus pares, eligiendo para ello, cuidadosamente los temas más relevantes de la práctica del litigio penal. Para lo anterior, fueron coordinados por el abogado Pablo Gómez Mont Landerreche, quien convocó a los miembros de las comisiones de estudio relacionadas a nivel nacional y logró así la conformación de un importante grupo de plumas que dan cuerpo a este valioso libro.

En el panorama actual de la justicia penal mexicana, se presenta un abanico de oportunidades, críticas y propuestas que demandan una reflexión profunda y una acción decidida. Este libro se adentra en un análisis exhaustivo de diversos aspectos que abarcan desde la oportunidad de defensa hasta la necesidad de regular criterios de oportunidad, pasando por la discusión sobre la prisión preventiva, las técnicas especiales de investigación en la delincuencia organizada y la homologación de supuestos de procedencia.

La oportunidad de defensa y la reserva de los registros se erigen en pilares fundamentales de un sistema de justicia que aspire a la equidad y la transparencia. En este contexto, es esencial profundizar en los mecanismos que garanticen un acceso efectivo a la defensa y que resguarden la integridad de la información contenida en los registros judiciales.

El combate a la delincuencia organizada plantea desafíos singulares que exigen una revisión detallada de las técnicas de investigación empleadas. En este apartado, se examinan críticamente las prácticas actuales y se proponen alternativas que permitan una actuación eficaz sin menoscabar los derechos fundamentales de los implicados.

El auto de vinculación a proceso, piedra angular del sistema penal mexicano, se somete a escrutinio en este libro. Se debate su pertinencia en el marco de un proceso justo y se evalúan posibles reformas que garanticen su congruencia con los principios constitucionales.

La presentación y valoración de datos, medios y pruebas en el proceso penal plantea interrogantes cruciales sobre la equidad y la eficacia del sistema. En estas páginas, se examina el desahogo de la prueba bajo diferentes perspectivas, proponiendo lineamientos que promuevan una administración de justicia imparcial y transparente.

La imposición de medidas cautelares ante un juez distinto al que resuelve la vinculación a proceso constituye un desafío procedimental de relevancia. Se aborda en este libro la necesidad de establecer criterios claros y consistentes que aseguren la coherencia y la imparcialidad en la aplicación de estas medidas.

La prisión preventiva, tanto oficiosa como justificada, es objeto de un análisis minucioso en estas páginas. Se plantea la urgencia de revisar su regulación constitucional y convencional, con miras a garantizar un sistema de justicia que privilegie la presunción de inocencia y el respeto a los derechos humanos.

El libro también aborda una serie de problemáticas actuales que afectan el funcionamiento del sistema de justicia penal mexicano. Desde la necesidad de homologar supuestos de procedencia hasta la regulación de los criterios de oportunidad, se plantean propuestas concretas que buscan contribuir a la construcción de un sistema más justo, eficiente y respetuoso de los derechos fundamentales.

Este libro no es un mero ejercicio académico, es una herramienta práctica para aquellos que buscan comprender los desafíos del sistema de justicia penal mexicano y contribuir a su transformación. A través del análisis riguroso y la discusión informada, con soluciones efectivas que puedan traducirse en acciones concretas en el ámbito legislativo, judicial y social, que finalmente fortalezcan el Estado de derecho y garanticen la plena vigencia de los derechos humanos.

Oportunidad de Defensa

WILLIAM SOLIS

NATURALEZA DEL DERECHO DE DEFENSA

El derecho a la defensa está previsto en normas de orden superior, esto por estar contemplado en la Convención Americana de Derechos Humanos[1] y en la Constitución Política de los Estados Unidos Mexicanos, pero también está regulado en la ley secundaria, específicamente en el Código Nacional de Procedimientos Penales, por lo que su valor es preponderante.

A guisa de ejemplo, la Constitución Federal prevé en su artículo 20, apartado B, fracción VIII, que toda persona imputada tiene el derecho a una defensa adecuada por un abogado, al cual elegirá libremente incluso desde el momento de su detención. Siendo prudente señalar que, en las demás fracciones de ese mismo apartado constitucional se establecen otros derechos que brindan contenido al derecho de defensa, puesto que se prevé el derecho de que se le reciban testigos y demás pruebas que se consideren pertinentes; así como que le sean facilitados todos los datos que solicite para su defensa, entre otros.

Asimismo, es pertinente el establecer que al tratarse de normas de orden superior, operan como principios y no como reglas,[2] esto queda de manifiesto con el tratamiento que le da su propio marco normativo, pues éste lo atempera según las circunstancias del caso específico, es decir, es un mandato que se optimiza de diferentes formas según el investigado se encuentre privado de su libertad o no, como se verá más adelante.

---

1 Artículo 8.2. inciso d) de la Convención Americana de Derechos Humanos, la cual es de observancia obligatoria en los términos del primer párrafo del numeral 1 de la Constitución Política de los Estados Unidos Mexicanos (*Tmx 256779*).

2 ALEXY Robert (traducido por Bernal Pulido Carlos), *Tres escritos sobre los derechos fundamentales y la teoría de los principios*, Colombia, Universidad Externado de Colombia, 2003, p. 95.

PRESUPUESTOS DEL DERECHO DE DEFENSA

Ahora bien, el que el derecho a la defensa sea de orden superior y que opere como un principio no significa que nos acompañe a lo largo de nuestra vida, puesto que está sujeto a dos presupuestos fácticos, el primero, consiste en el inicio de un procedimiento penal; el segundo, es la subsistencia de ese mismo procedimiento.

Como lo establece la norma adjetiva penal, el proceso inicia con la presentación de una denuncia, querella u otro requisito equivalente,[3] siendo cualquiera de estos actos el inicio de las atribuciones que tiene el Ministerio público para investigar la existencia de un hecho que la ley considera como delito, es decir, es a partir de la noticia criminal cuando inicia la investigación y con ella el procedimiento. De tal manera que si no existe noticia criminal no existe procedimiento penal y sin éste, no existe la necesidad de defenderse.

También, si el Ministerio público, una vez que ha tenido noticia del contenido de la denuncia, querella o requisito equivalente, considera que los hechos plasmados en ellos no fueren constitutivos de delito o cuando los antecedentes y datos suministrados permitan establecer que se encuentra extinguida la acción penal o la responsabilidad penal del imputado, podrá determinar fundada y motivadamente abstenerse de investigar.[4] En este supuesto, tampoco sería necesario el ejercicio de la defensa, puesto que no existe el contexto en el que este derecho cobra vida.

En el mismo orden de ideas, si el resultado de la investigación inicial arroja que el hecho denunciado, querellado o requisito equivalente no sucedió o que no constituye un delito,[5] el Ministerio público determinará el no ejercicio de la acción penal, extinguiendo el procedimiento y con él la necesidad de ejercer una defensa.

De lo anterior se sigue que, si no se abstiene de investigar o no se determina el no ejercicio de la acción penal, el Ministerio público está en el entendido de que existe un delito y en ese caso, es muy

---

[3] Artículo 211, fracción I inciso a) del Código Nacional de Procedimientos Penales (*Tmx 256531*).

[4] Numeral 253 del Código Nacional de Procedimientos Penales (*Tmx 256531*).

[5] Artículo 255 en relación con el 327 del Código Nacional de Procedimientos Penales (*Tmx 256531*)..

necesario la intervención del investigado, ello aun cuando las autoridades investigadoras están obligadas por mandato legal a actuar bajo los principios de legalidad, objetividad, eficiencia, profesionalismo, honradez, lealtad y respeto a los derechos humanos reconocidos en la Constitución y en los Tratados;[6] puesto que la primera etapa del procedimiento tiene un fin cognitivo y la mejor forma de acercarse al conocimiento de los hechos es hacer partícipe en la investigación a todas las personas con un conocimiento de los eventos investigados, incluido el investigado.

Por tanto, los presupuestos reales del ejercicio del derecho a la defensa lo constituyen la noticia criminal y la subsecuente existencia del procedimiento penal, pues sólo en este contexto existe la necesidad de ejercerlo.

OPORTUNIDAD

Si bien se ha manifestado que para que haya un ejercicio del derecho de la defensa debe existir un procedimiento, el nacimiento de éste no implica en automático el accionamiento de ese derecho, esto porque el marco normativo establece que cuando una persona está detenida comienza a tener derechos que le permiten defenderse;[7] sin embargo, si la persona no está detenida, esos mismos derechos comienzan a actuar cuando sea citado para comparecer como imputado o sea sujeto de un acto de molestia o se pretenda entrevistarlo.[8]

Es prudente señalar que si bien la norma jurídica secundaria no menciona que el derecho de defensa puede comenzar a ejercerse desde el momento en que está detenida, sea citado, sea sujeto a un acto de molesta o se le pretenda entrevistar, pero sí señala que a partir de esos momentos tanto el imputado como su defensor tendrán oportunidad de acceder a los registros de la investigación, siendo

---

6 Artículo del Código Nacional de Procedimientos Penales (*Tmx 256531*)

7 Articulo 20 apartado B, fracciones II, III, IV, VI, VIII y IX de la Constitución Política de los Estados Unidos Mexicanos (*Tmx 256779*); así como numeral 113 fracciones II, IV, V, VI, VIII, XI, XII, XIV, XV, XVI, XVII, XVIII del Código Nacional de Procedimientos Penales (*Tmx 256531*).

8 Numeral 218 del Código Nacional de Procedimientos Penales (*Tmx 256531*)

que las decisiones de defensa se deben tomar desde el conocimiento y solo con base a ello, se debe diseñar la teoría probatoria y jurídica de la teoría del caso.

En consecuencia, se puede afirmar que la oportunidad para ejercer una defensa depende de la situación de la libertad personal en la que se encuentra la persona investigada.

CONTENIDO DEL DERECHO DE DEFENSA

Ahora bien, La Constitución Política de los Estados Unidos Mexicanos, la Convención Americana de Derechos Humanos y el Código Nacional de Procedimientos Penales establece que el sujeto del derecho de defensa lo es el imputado, quien puede ejercer personalmente diversos derechos para defenderse, sin embargo, entre esos derechos se encuentra el de poder elegir a un abogado o licenciado en Derecho que lo represente y lo defienda en forma adecuada dentro del contexto del procedimiento penal, quien a su vez, debe contar con cédula profesional. Este derecho es irrenunciable, tan es así, que en caso que no pueda o no quiera elegir a un abogado de su confianza, la Autoridad Ministerial o la propia autoridad jurisdiccional le nombrará a un defensor público.[9]

Lo anterior es consistente con el criterio de la Primera Sala de la SCJN que señala que el derecho a la defensa es parte de un elenco de garantías mínimas que toda persona debe tener si su esfera jurídica pretenda modificarse mediante la actividad punitiva del Estado, siendo estas garantías parte constitutiva del derecho al debido proceso.[10] Esto es congruente con el principio de interdependencia que

---

9 Articulo 20 apartado B fracción VIII, numeral 8.1 inciso d) de la CADH y el articulo 116 del Código Nacional de Procedimientos Penales (*Tmx 256531*).

10 Registro digital: 2005716 (*Tmx 2155264*)
Instancia: Primera Sala
Décima Época
Materias(s): Constitucional, Común
Tesis: 1a./J. 11/2014 (10a.)
Fuente: Gaceta del Semanario Judicial de la Federación. Libro 3, febrero de 2014, Tomo I, página 396
Tipo: Jurisprudencia

implica la vinculación de los derechos humanos,[11] de tal forma que el incumplimiento del derecho a la defensa implica necesariamente la violación al debido proceso.

DERECHO AL DEBIDO PROCESO. SU CONTENIDO.
Dentro de las garantías del debido proceso existe un "núcleo duro", que debe observarse inexcusablemente en todo procedimiento jurisdiccional, y otro de garantías que son aplicables en los procesos que impliquen un ejercicio de la potestad punitiva del Estado. Así, en cuanto al "núcleo duro", las garantías del debido proceso que aplican a cualquier procedimiento de naturaleza jurisdiccional son las que esta Suprema Corte de Justicia de la Nación ha identificado como formalidades esenciales del procedimiento, cuyo conjunto integra la "garantía de audiencia", las cuales permiten que los gobernados ejerzan sus defensas antes de que las autoridades modifiquen su esfera jurídica definitivamente. Al respecto, el Tribunal en Pleno de esta Suprema Corte de Justicia de la Nación, en la jurisprudencia P./J. 47/95, publicada en el Semanario Judicial de la Federación y su Gaceta, Novena Época, Tomo II, diciembre de 1995, página 133, de rubro: "FORMALIDADES ESENCIALES DEL PROCEDIMIENTO. SON LAS QUE GARANTIZAN UNA ADECUADA Y OPORTUNA DEFENSA PREVIA AL ACTO PRIVATIVO.", sostuvo que las formalidades esenciales del procedimiento son: (i) la notificación del inicio del procedimiento; (ii) la oportunidad de ofrecer y desahogar las pruebas en que se finque la defensa; (iii) la oportunidad de alegar; y, (iv) una resolución que dirima las cuestiones debatidas y cuya impugnación ha sido considerada por esta Primera Sala como parte de esta formalidad. Ahora bien, el otro núcleo es identificado comúnmente con el elenco de garantías mínimo que debe tener toda persona cuya esfera jurídica pretenda modificarse mediante la actividad punitiva del Estado, como ocurre, por ejemplo, con el derecho penal, migratorio, fiscal o administrativo, en donde se exigirá que se hagan compatibles las garantías con la materia específica del asunto. Por tanto, dentro de esta categoría de garantías del debido proceso, se identifican dos especies: la primera, que corresponde a todas las personas independientemente de su condición, nacionalidad, género, edad, etcétera, dentro de las que están, por ejemplo, el derecho a contar con un abogado, a no declarar contra sí mismo o a conocer la causa del procedimiento sancionatorio; y la segunda, que es la combinación del elenco mínimo de garantías con el derecho de igualdad ante la ley, y que protege a aquellas personas que pueden encontrarse en una situación de desventaja frente al ordenamiento jurídico, por pertenecer a algún grupo vulnerable, por ejemplo, el derecho a la notificación y asistencia consular, el derecho a contar con un traductor o intérprete, el derecho de las niñas y los niños a que su detención sea notificada a quienes ejerzan su patria potestad y tutela, entre otras de igual naturaleza.

11 Artículo 1 párrafo tercero de la Constitución Política de los Estados Unidos Mexicanos (*Tmx 256779*).

En otro orden de idas, si bien es un derecho del imputado el ejercer una defensa material, el defensor lo que tiene son obligaciones para con su defendido,[12] esto una vez que se ha abocado a la defensa del imputado; el incumplimiento de esas obligaciones puede atraerle sanciones administrativas, civiles o incluso, penales.

La primera obligación que tiene el defensor consiste en entrevistarse con su defendido a fin de buscar entender el origen del procedimiento penal en el que su representado se encuentra, seguido a esto, lo conducente es acceder y estudiar los registros de la investigación, es en este paso donde aparece la importancia de que el defensor sea un profesionista del Derecho y que tenga conocimiento del Derecho penal, tanto lo sustantivo como en lo adjetivo, porque solo a través de la información y el conocimiento se deben tomar decisiones correctas a fin de garantizar una defensa adecuada. Lo anterior viene siendo el diseño de la teoría del caso del defensor, que una vez trazada es necesario saber ejecutar, puesto que es tan importante conocer qué medio de prueba es pertinente e idóneo, como lo es la oportunidad y formalidad de su ofertamiento y desahogo.[13]

---

12 Artículo 117 del Código Nacional de Procedimientos Penales (*Tmx 256531*)

13 Registro digital: 2027804 (*Tmx 2639945*)
Instancia: Primera Sala
Undécima Época
Materias(s): Penal, Constitucional
Tesis: 1a./J. 203/2023 (11a.)
Fuente: Gaceta del Semanario Judicial de la Federación. Libro 32, diciembre de 2023, Tomo II, página 1572
Tipo: Jurisprudencia
INCORPORACIÓN Y VALORACIÓN DE LAS PRUEBAS EN EL SISTEMA PENAL ACUSATORIO. LAS REGLAS CONTENIDAS AL RESPECTO EN EL CÓDIGO NACIONAL DE PROCEDIMIENTOS PENALES NO VULNERAN EL DEBIDO PROCESO EN RELACIÓN CON LA DEFENSA ADECUADA, LA PRESUNCIÓN DE INOCENCIA, NI LA SEGURIDAD JURÍDICA DE LAS PARTES EN EL PROCESO PENAL.
Hechos: Una persona fue absuelta de la comisión de un delito en primera y segunda instancias. Inconforme con esa resolución, la parte ofendida promovió un juicio de amparo directo, en cuya sentencia un Tribunal Colegiado de Circuito concedió la protección constitucional. En cumplimiento a esa determinación, el tribunal de alzada emitió una nueva resolución en la que, a través de la aplicación del método de la denominada "prueba circunstancial o indiciaria", consideró acreditado el delito y la responsabilidad, por lo que dictó una senten-

cia condenatoria. En contra de esa determinación, la persona sentenciada promovió un juicio de amparo directo en donde reclamó la inconstitucionalidad, entre otros, de los artículos 261 y 356 del Código Nacional de Procedimientos Penales que regulan el sistema de valoración de las pruebas, pero el amparo le fue negado. En desacuerdo con ello, la parte sentenciada interpuso un recurso de revisión.
Criterio jurídico: Del contenido de los artículos 261 y 356 del Código Nacional de Procedimientos Penales se desprende la obligación de las personas juzgadoras de emitir sus sentencias a partir de la valoración de las pruebas legalmente aportadas al juicio, respetando las formalidades y los principios del sistema penal acusatorio, de las cuales no se desprende que eximan al Ministerio Público de la carga de acreditar plenamente el hecho delictivo y la responsabilidad penal de la persona a quien se atribuye su comisión, tampoco limitan el ejercicio de defensa, ni generan condiciones de incertidumbre legal, por lo que no permiten una valoración arbitraria de pruebas. Es por ello que dichas normas no vulneran el debido proceso y la defensa adecuada, no transgreden la presunción de inocencia, ni la seguridad jurídica de las partes.
Justificación: El artículo 261 del Código Nacional de Procedimientos Penales dispone que el significado de la integración de prueba para efectos del juicio oral de ninguna forma afecta la distribución de las cargas probatorias, por el contrario, condiciona que se respeten las formalidades procedimentales y los principios aplicables, lo que no disculpa al Ministerio Público de la obligación de probar contenida en los artículos 20, apartado A, fracción V, primera parte, de la Constitución Política de los Estados Unidos Mexicanos y 130 de la norma procesal de referencia.
Estos lineamientos contribuyen de manera eficiente al desarrollo de una intervención activa y técnica de la defensa al representar los intereses de una persona imputada. Además, ofrecen una garantía sobre las exigencias legales que deben ser cumplidas dentro de la dinámica probatoria del juicio para que puedan ser materia de valoración en la sentencia.
Por otra parte, el artículo 356 del citado código regula que los hechos y circunstancias aportados al juicio puedan ser probados conforme a las reglas de ese código, lo que desde luego incluye la intervención de la defensa, y no permite siquiera inferir que la parte acusadora está eximida de su obligación de probar, como tampoco invierte la carga a la parte imputada de acreditar su inocencia.
Del contenido de los referidos preceptos se desprende la obligación de las personas juzgadoras de emitir las sentencias relativas a partir de las pruebas legalmente aportadas al juicio, respetando las formalidades y los principios relativos, lo cual incluye la carga probatoria del Estado de acreditar plenamente el hecho delictivo y la responsabilidad penal de la persona a quien se atribuye su comisión; constituye una garantía de protección al derecho humano a la presunción de inocencia que deriva del precepto 20, apartado A, fracción IX, y apartado B, fracción I, de la Constitución Política de los Estados Unidos Mexicanos.
Además, no establecen la posibilidad de valorar de manera improvisada en la sentencia alguna prueba que no haya sido problematizada en el debate de la

Ahora bien, es posible que después del estudio que el profesionista del Derecho haga sobre los registros de investigación, determine que lo pertinente es ejercer una defensa pasiva, ya sea porque no es posible aportar medios de prueba de descargo, o bien, la base probatoria de la parte acusadora es ineficaz para destruir la presunción de inocencia de su defendido. En cualquier caso, la decisión de ejecutar una defensa activa o pasiva, es una decisión técnica que se debe de hacer desde el conocimiento de los registros de la investigación una vez que se ha tenido acceso a ellos.[14]

CRÍTICA A LA DEFINICIÓN DE IMPUTADO

Del Código Nacional de Procedimientos Penales se desprende una crítica en cuanto a la forma cómo define quién es un imputado dentro del procedimiento penal, puesto que dice: "Se denominará genéricamente imputado a quien sea señalado por el Ministerio público como posible autor o partícipe de un hecho que la ley señale como delito."

Lo anterior implica que generalmente se relaciona la calidad de imputado con el ejercicio de los derechos de la defensa. Si bien, esto no implica mayor comentario cuando el investigado se encuentra detenido, ya que es el propio marco normativo el que le concede todos

---

audiencia de juicio, por lo que no producen indefensión a la parte acusada, tampoco generan incertidumbre sobre la actividad que la persona juzgadora deba realizar en su ejercicio de ponderación probatoria, ni admiten un esquema arbitrario de valoración de pruebas.

Por el contrario, de su contenido se desprende la exigencia de que el ejercicio de valoración esté sujeto a una justificación objetiva y suficiente en torno al alcance y valor que confiera a cada prueba ofrecida para motivar la decisión que asuma respecto de todas ellas.

En ese sentido, los artículos 261 y 356 del Código Nacional de Procedimientos Penales no vulneran el derecho fundamental de toda persona a contar con un debido proceso en relación con la defensa adecuada, no transgreden el principio de presunción de inocencia, ni la seguridad jurídica de las partes en el proceso.

14 Amparo Directo en Revisión 1182/2018 relacionado con el Amparo Directo en Revisión 1183/2018. Ponente Ministro Juan Luis González Alcántara Carrancá. Párrafos 102 y 104

los derechos desde que es privado de su libertad personal; sin embargo, cuando la persona no está detenida y se le sigue un procedimiento, ignora la existencia del procedimiento penal, siendo que no se entera de éste hasta que es sujeto a un acto de molestia o es citado o se pretenda entrevistarlo. Cabe mencionar que cualesquiera de las mencionadas causas de conocimiento están sujetas a la voluntad del Ministerio público, quien es el director de la investigación.

La Corte de la Suprema Corte de Justicia al pronunciarse al respecto, ha dicho que la facultad legal del Ministerio público para definir la calidad de imputado no vulnera los derechos de igualdad procesal, seguridad jurídica y defensa adecuada.[15]

---

[15] Registro digital: 2028299 (*Tmx 2647867*)
Instancia: Primera Sala
Undécima Época
Materias(s): Penal, Constitucional
Tesis: 1a./J. 31/2024 (11a.)
Fuente: Semanario Judicial de la Federación.
Tipo: Jurisprudencia
CALIDAD DE PERSONA IMPUTADA DENTRO DE UNA INVESTIGACIÓN MINISTERIAL. EL HECHO DE QUE EL CÓDIGO NACIONAL DE PROCEDIMIENTOS PENALES FACULTE AL MINISTERIO PÚBLICO PARA DEFINIR ESA CALIDAD, NO VULNERA LOS DERECHOS DE IGUALDAD PROCESAL, SEGURIDAD JURÍDICA Y DEFENSA ADECUADA.
Hechos: Una persona solicitó a una autoridad ministerial encargada de la integración de una carpeta de investigación que le tuviera por nombrados defensores, y que señalara día y hora para que compareciera a ejercer su derecho de defensa. La autoridad ministerial negó lo solicitado bajo el argumento de que hasta ese momento no contaba con datos que establecieran que la persona promovente tuviera la calidad de imputada, con base en el artículo 112 del Código Nacional de Procedimientos Penales. Inconforme, la persona solicitante promovió un juicio de amparo indirecto en el que reclamó dicha negativa y la inconstitucionalidad del referido precepto, al considerar que vulnera distintos derechos constitucionales. La persona juzgadora que conoció del amparo sobreseyó en el juicio al considerar que los actos reclamados no afectaban los intereses de la parte quejosa. En desacuerdo con esa sentencia, la parte quejosa interpuso un recurso de revisión.
Criterio jurídico: El hecho de que el Código Nacional de Procedimientos Penales contemple la facultad del Ministerio Público de denominar genéricamente persona imputada a quien sea señalada como posible autora o partícipe de un hecho que la ley señale como delito no vulnera la igualdad procesal ni la seguridad jurídica, pues no genera una condición de asimetría entre las partes involucradas en una investigación ministerial, ni produce incertidumbre sobre

sus alcances. Tampoco transgrede el derecho a una defensa adecuada, pues no impide ni limita la posibilidad de que, a partir de que la autoridad fije esa calidad, la persona imputada pueda acudir a ejercer su defensa.
Justificación: El derecho a la igualdad procesal entre las partes está garantizado en el artículo 20, apartado A, fracción V, segunda parte, de la Constitución, el cual dispone que las partes estarán en igualdad de condiciones para sostener la acusación o la defensa, lo que constituye una manifestación del debido proceso. Asimismo, la garantía de seguridad jurídica impide que las personas se ubiquen en una condición de incertidumbre y, en consecuencia, en un estado de indefensión, la cual se encuentra prevista en los artículos 14, párrafos primero a tercero y 16, párrafo primero, del mismo ordenamiento.
Por su parte, el derecho a la defensa adecuada en el marco del proceso penal acusatorio, previsto en el artículo 20, apartado B, fracciones II, VI y VIII, de la Constitución Política de los Estados Unidos Mexicanos, se garantiza cuando la persona defensora acredite ser perita en derecho y actúa diligentemente con el fin de proteger las garantías procesales de la persona acusada para evitar que sus derechos se vean lesionados.
Ahora bien, el artículo 112 del Código Nacional de Procedimientos Penales establece como lineamiento que la calidad de una persona señalada como imputada dentro de una investigación ministerial sólo tendrá ese carácter cuando el Ministerio Público así lo determine por considerar que existen datos que revelen la probabilidad de que la persona cometió un delito.
Al respecto, se concluye que el último artículo citado no vulnera el derecho a una defensa adecuada, pues guarda congruencia con el artículo 21 de la Constitución, que establece que el Ministerio Público tiene la atribución exclusiva de investigar los delitos y plantear el ejercicio de la acción penal ante los tribunales. Esto, porque es hasta que existen datos que revelen la probabilidad de que una persona cometió un delito cuando la autoridad ministerial está en posibilidad de otorgarle la calidad de imputada, por lo que a partir de ese momento es que se activan los derechos constitucionales que le asisten dentro del procedimiento penal; entre ellos, el de acudir ante la autoridad ministerial para desplegar su defensa, en cuyo caso, la persona deberá ser tratada como inocente hasta que se demuestre su responsabilidad penal en la comisión del delito que se le atribuye.
Además, el referido precepto no vulnera el derecho a la igualdad procesal, pues no se desprende que produzca ventajas indebidas o condiciones que resulten discriminatorias para quien, estando relacionado con una investigación ministerial, aún no tiene la calidad de persona imputada, en relación con quien materialmente ya forma parte de aquélla, como lo es la persona denunciante, puesto que esta última tiene a su favor una serie de derechos dentro de los cuales se encuentra el de intervenir en la investigación aportando datos de prueba con el propósito de acreditar la existencia del delito, así como la probable responsabilidad de la persona que lo cometió.
Por el contrario, el derecho a intervenir en la investigación de la persona que resultara probable responsable se detona hasta que existan datos que permitan atribuirle la calidad de imputada y, con ello, pase a formar parte de la indaga-

No obstante, se ha sabido de varias conductas cuestionables de la autoridad investigadora en el ejercicio de la dirección de la investigación en cuanto a la designación del carácter de imputado una de ellas es que, a pesar que desde la denuncia, querella o requisito equivalente se haya señalado a una persona determinada como interviniente en un delito, el Ministerio Publico retrasa su comparecencia en el procedimiento. Esto conlleva a que el investigado no participó en el esclarecimiento de los hechos puesto que su arribo al procedimiento penal ocurre después de una investigación en la que se le excluyó. Aún más, si su citatorio consiste en el último acto de investigación previo al comienzo del ejercicio de la acción penal, eso significa que el Ministerio público ha tomado una determinación sin que se le haya escuchado o haya tenido oportunidad de aportar medios de prueba. Evidentemente cuando es citado, el imputado tendrá la oportunidad de poder aportar elementos de convicción en su beneficio, lo que implicará que se le dé la oportunidad y los datos necesarios para ello, esto generará que la investigación se prolongue más tiempo de lo que hubiera durado si se le hubiera llamado a participar desde que una línea de investigación apuntaba hacia él, esto en perjuicio del derecho a la justicia pronta.

También se han sabido de casos en los que, el Ministerio público llama a una persona como testigo, bajo el argumento que no existe un acuerdo ministerial sobre su asignación como imputado en la investigación, para que luego, una vez que ha recabado información suficiente, le cambia la calidad a imputado, violando con ello el principio de no autoincriminación.

Algunas veces se ha visto que el retraso en la asignación del carácter de imputado resulta conveniente en aquellos casos en donde existe la necesidad de practicar peritaje irreproducible, puesto que

---

toria. De ahí que no se generan condiciones asimétricas entre las partes involucradas en la investigación, ya que guardan condiciones jurídicas distintas que justifican un tratamiento diferenciado.

Finalmente, el artículo 112 tampoco vulnera el derecho a la seguridad jurídica, puesto que opera como garantía de que no se asignará a una persona un carácter que no está justificado y acreditado dentro del expediente; situación que otorga certidumbre jurídica a las personas que pudieran estar relacionadas con la investigación de que no sufrirán actos relacionados con la calidad de persona imputada.

la norma adjetiva señala que, cuando se trate de un peritaje sobre objetos que se consuman al ser analizados o en cualquier otro supuesto que impida un peritaje independiente posterior debe ser notificado de ello al Defensor del imputado, si éste ya se hubiere designado; siendo que si este no se hubiera designado se llamará al defensor público.[16]

PROPUESTAS DE REFORMA LEGAL

A pesar de lo anterior, no se considera un yerro por parte del legislador el haberle atribuido la facultad de determinar la calidad de imputado al Ministerio público, pero la forma en como está reglada esa atribución ha permitido una serie de interpretaciones que bien pueden ser consideradas como sospechosas de ser contradictorias a derechos humanos.

Si una de las finalidades del procedimiento penal es el esclarecimiento de los hechos, es razonable que la norma prevea que, si desde la denuncia, querella o requisito equivalente se ha señalado a una persona como autora o participe del delito, ésta deba comparecer para que en conjunto con la parte victimal y el Ministerio público puedan abonar, en un plano de igualdad material, que fue lo que ocurrió.

Esta solución no solo es consistente con los objetivos del procedimiento según la Constitución Política de los Estados Unidos Mexicanos y el Código Nacional de Procedimientos Penales,[17] sino que también permitirá una mayor posibilidad de eficacia de la justicia restaurativa,[18] en los casos en que ésta sea procedente.

Asimismo, permitirá una mayor y mejor expresión del derecho al debido proceso, pues éste operará durante todo el procedimiento penal, lo que es congruente con el añejo criterio, aplicable al sistema

---

16 Artículo 274 del Código Nacional de Procedimientos Penales (*Tmx 256531*)

17 Articulo 20 apartado A fracción I de la Constitución Política de los Estados Unidos Mexicanos (*Tmx 256779*) y el numeral 2 del Código Nacional de Procedimientos Penales (*Tmx 256531*)

18 Artículo 17 de la Constitución Política de los Estados Unidos Mexicanos (*Tmx 256779*).

de justicia penal mixto, de que la persona no puede esperar a que el Ministerio público o la autoridad judicial lo citen para que pueda ejercer su derecho a una defensa adecuada.[19]

---

[19] Registro digital: 2004860 (*Tmx 2156743*)
Instancia: Tribunales Colegiados de Circuito
Décima Época
Materias(s): Constitucional, Penal, Común
Tesis: I.9o.P.38 P (10a.)
Fuente: Semanario Judicial de la Federación y su Gaceta. Libro XXVI, noviembre de 2013, Tomo 2, página 1291
Tipo: Aislada
AVERIGUACIÓN PREVIA. LA OMISIÓN DEL MINISTERIO PÚBLICO DE CITAR O HACER COMPARECER AL PROBABLE O PROBABLES RESPONSABLES PARA QUE DECLAREN EN ELLA CONTRAVIENE EL DERECHO DE DEFENSA Y EL DEBIDO PROCESO, POR LO QUE EN SU CONTRA PROCEDE EL JUICIO DE AMPARO INDIRECTO (INAPLICABILIDAD DE LA JURISPRUDENCIA 1a./J. 154/2005).
Si bien es cierto que la Primera Sala de la Suprema Corte de Justicia de la Nación en la jurisprudencia 1a./J. 154/2005, publicada en el Semanario Judicial de la Federación y su Gaceta, Novena Época, Tomo XXIII, mayo de 2006, página 49, de rubro: "AVERIGUACIÓN PREVIA. LA OMISIÓN DEL MINISTERIO PÚBLICO DE CITAR O HACER COMPARECER AL PROBABLE O PROBABLES INDICIADOS PARA QUE DECLAREN, NO PUEDE COMBATIRSE A TRAVÉS DEL JUICIO DE AMPARO INDIRECTO.", estableció que la omisión del Ministerio Público de citar o hacer comparecer al probable o probables indiciados para que declaren dentro de la averiguación previa, no constituye un acto de imposible reparación que pueda impugnarse a través del juicio de amparo indirecto, también lo es que, en términos de los artículos 7, 8 y 25 de la Convención Americana sobre Derechos Humanos; 9, numerales 1 y 4 del Pacto Internacional de Derechos Civiles y Políticos; que en esencia refieren que nadie puede ser privado de su libertad física, salvo por las causas y en las condiciones estipuladas por las Constituciones Políticas o por las leyes dictadas conforme a ellas, así como las garantías judiciales y protección judicial de que goza toda persona; y atendiendo al principio pro persona, al contravenir dicha omisión el derecho de defensa y el debido proceso, procede en su contra el juicio de amparo indirecto. Lo anterior, dado que la violación al derecho humano de defensa adecuada es de especial atención; pues como señaló la Corte Interamericana de Derechos Humanos, esa prerrogativa debe ejercerse desde que se señala a una persona como posible autor o partícipe de un hecho punible y sólo culmina cuando finaliza el proceso, incluyendo, en su caso, la etapa de ejecución de la pena; ya que sostener lo opuesto, implicaría someter ese derecho humano a que el probable indiciado se encuentre en determinada fase procesal, dejando abierta la posibilidad de que se transgredan sus derechos a través de actos de autoridad que desconoce o que no puede controlar u oponerse con eficacia, lo

Hasta que la reforma suceda, es deber de los defensores el acudir a las instancias pertinentes a fin de ejercer los medios de impugnación que sean procedentes,[20] a fin de generar criterios que sean

---

cual es contrario a la Convención Americana sobre Derechos Humanos; por lo que el Estado, en todo momento, está obligado a tratar al individuo como un verdadero sujeto del proceso, en el más amplio sentido, y no simplemente como objeto de él. Sin que obste a lo anterior que la autoridad en ciertos casos pueda reservar algunas diligencias de investigación, para garantizar la eficacia de la administración de justicia; empero este derecho debe armonizarse con el de defensa del investigado, que supone, entre otras cosas, la posibilidad de conocer los hechos que se le imputan. Lo anterior, toda vez que el cambio de situación jurídica de inculpado a procesado y en ocasiones incluso "condenado" puede darse de un momento a otro. De ahí que deba inaplicarse la mencionada jurisprudencia, pues el probable responsable no puede esperar a que el Ministerio Público o el Juez del conocimiento lo citen a rendir su declaración ministerial o preparatoria y le informen que se encuentra sujeto a una averiguación previa o que se consignó ésta, para que pueda ejercer su derecho a una adecuada defensa; máxime que de resultar cierto que se le sigue una indagatoria, se le permitirá ejercer oportunamente su derecho a una adecuada defensa que le otorgan la Constitución Política de los Estados Unidos Mexicanos, los tratados internacionales y la legislación procesal penal y, en su caso, desvirtuar la acusación, trayendo como consecuencia, el no ejercicio de la acción penal, con lo cual dejaría de estar afectado por un estado de incertidumbre permanente.

[20] Registro digital: 2017336 (*Tmx 2140776*)
Instancia: Tribunales Colegiados de Circuito
Décima Época
Materias(s): Común, Penal
Tesis: XIII.P.A. J/6 (10a.)
Fuente: Gaceta del Semanario Judicial de la Federación. Libro 56, Julio de 2018, Tomo II, página 1354
Tipo: Jurisprudencia
CARPETA DE INVESTIGACIÓN. SI EL ACTO RECLAMADO LO CONSTITUYE LA NEGATIVA DEL MINISTERIO PÚBLICO A UNA SOLICITUD DE INTERVENCIÓN DENTRO DE ELLA, NO SE ACTUALIZA UNA CAUSA NOTORIA Y MANIFIESTA DE IMPROCEDENCIA DEL JUICIO DE AMPARO QUE DÉ LUGAR AL DESECHAMIENTO DE PLANO DE LA DEMANDA.
En términos de los artículos 7, 8 y 25 de la Convención Americana sobre Derechos Humanos y 9, numerales 1 y 4, del Pacto Internacional de Derechos Civiles y Políticos, que en esencia establecen que nadie puede ser privado de su libertad física, salvo por las causas y en las condiciones señaladas por las Constituciones Políticas o por las leyes dictadas conforme a ellas, así como las garantías judiciales y protección judicial de que goza toda persona; y, atento al principio pro persona, la negativa del Ministerio Público a una solicitud de intervención dentro de la carpeta de investigación en la etapa de investigación inicial des-

más protectores en cuanto al contenido y alcance del derecho a la defensa, buscando interpretaciones más extensivas de los derechos humanos y más restrictivas a sus limitaciones, ejemplo de ello es la interpretación de lo que es un acto de molestia en un contexto de una investigación penal, como lo es la búsqueda de una persona para comparecer en una carpeta de investigación, lo que podría impactar no sólo en sus ámbitos laboral o social, sino en su salud física y mental debido a la incertidumbre, la zozobra y la intranquilidad que produce no conocer los hechos que se le atribuyen.[21]

---

formalizada, podría dar lugar a que se contravengan los derechos de defensa adecuada y debido proceso, los cuales son de especial atención; prerrogativas que, como lo ha señalado la Corte Interamericana de Derechos Humanos, deben ejercerse desde que se señala a una persona como posible autor o partícipe de un hecho punible, y sólo culmina cuando finaliza el proceso, incluyendo, en su caso, la etapa de ejecución de la pena; aspectos que no pueden ser motivo de análisis en el auto inicial del juicio de amparo, con la sola lectura de la demanda, sino que se requiere de otros elementos, como los que, en su caso, aporte el quejoso, o bien, las autoridades responsables al rendir su informe justificado, de los que se constate objetivamente cómo es que realmente aparecen probados los actos reclamados; de ahí que sea improcedente determinar, en este estadio procesal, que se actualiza de manera notoria y manifiesta una causa de improcedencia del juicio de amparo, como lo exige el artículo 113 de la Ley de Amparo, que dé lugar al desechamiento de plano de la demanda.

21 Registro digital: 2027418 (*Tmx 2626553*)
Instancia: Primera Sala
Undécima Época
Materias(s): Penal, Constitucional
Tesis: 1a./J. 146/2023 (11a.)
Fuente: Gaceta del Semanario Judicial de la Federación. Libro 30, octubre de 2023, Tomo II, página 1263
Tipo: Jurisprudencia
ACTOS DE MOLESTIA EN LA ETAPA DE INVESTIGACIÓN PENAL. LA AUTORIDAD MINISTERIAL O JUDICIAL DEBE PERMITIR A LA PERSONA AFECTADA CON DICHOS ACTOS EL ACCESO A LOS REGISTROS DE LA CARPETA DE INVESTIGACIÓN Y RESOLVER EN UN BREVE TÉRMINO SOBRE SU SITUACIÓN JURÍDICA.
Hechos: Unos agentes de la policía acudieron al domicilio de una persona para que compareciera ante el Ministerio Público en relación con una carpeta de investigación. En ese momento, la persona buscada no se encontraba en el inmueble, por lo que le comentaron a su vecina el motivo de su visita. Posteriormente, la persona acudió a la fiscalía para solicitar acceso a los registros de la carpeta de investigación, pero el fiscal le negó dicha petición debido a que no se encontraba detenido, tampoco fue citado para una entrevista o para declarar, ni

En síntesis, si bien se considera que una reforma al Código Nacional de Procedimientos Penales es altamente aconsejable, es a través del esfuerzo de los profesionales del derecho y con la conciencia de los juzgadores en el que se deben de buscar criterios más ajustados al principio *pro persona,* pues es a través del ejercicio de la defensa, y no a pesar de ella, por lo que se conseguirá el esclarecimiento de los hechos y la administración de verdadera justicia.

---

fue sujeto de un acto de molestia, con fundamento en los artículos 113, fracción VIII, y 218 del Código Nacional de Procedimientos Penales. En contra de dicha determinación, la persona investigada promovió un juicio de amparo indirecto en el que reclamó la inconstitucionalidad de los artículos referidos. El Juez de Distrito sobreseyó por falta de interés jurídico. No obstante, en el recurso de revisión interpuesto contra dicha resolución, el Tribunal Colegiado de Circuito revocó el sobreseimiento y remitió el asunto a esta Suprema Corte de Justicia de la Nación para su resolución.
Criterio jurídico: Cuando una autoridad realiza un acto de molestia que afecte la esfera jurídica de una persona, se activa de inmediato la obligación de la autoridad ministerial o judicial de garantizar sus derechos humanos, para lo cual deberá permitir el acceso a los registros de la carpeta de investigación y resolver en un breve término sobre su situación jurídica.
Justificación: Esta Primera Sala ha establecido que los actos de molestia, como la búsqueda de una persona para comparecer en una carpeta de investigación, podrían impactar no sólo en sus ámbitos laboral o social, sino en su salud física y mental debido a la incertidumbre, la zozobra y la intranquilidad que produce no conocer los hechos que se le atribuyen.
Por lo que, la afectación que dichos actos generan en los derechos del particular origina la obligación de la autoridad ministerial o judicial de permitirle el acceso a los registros de la carpeta de investigación y de resolver en el término más breve posible sobre la calidad con la que cuenta la persona que ha sido sujeta a un acto de molestia.
Lo anterior tiene por objeto que las personas investigadas no se encuentren en estado de incertidumbre jurídica durante el plazo que tengan para que prescriba el delito o se judicialice la investigación, así como evitar la indeseable práctica por parte de las policías ministeriales o de las fiscalías de actos de molestia injustificados en contra de las personas a las que se les instruye una investigación.

Reserva de los registros de los actos de investigación

HÉCTOR GONZALO MARDUEÑO RITZ
Socio Director
Mardueño Ritz Abogados S.C.

El artículo 218 del Código Nacional de Procedimientos Penales es el fundamento de la reserva de los registros de los actos de investigación, y en términos de esta porción normativa, se puede identificar que, por regla general, tales registros solo pueden ser consultados por las partes, estableciendo una diferencia pues la víctima y el asesor jurídico pueden tener acceso a tales registros en todo momento, sin embargo, por lo que respecta al investigado (me parece que este nombre es más adecuado que el de imputado, pues en la etapa de investigación inicial aún no ha habido formulación de imputación por parte del agente del Ministerio Público) y su defensor, la consulta de los registros encuentra ciertas limitaciones o restricciones consistentes en que el investigado y su defensor, solo podrán tener acceso a los registros cuando aquél se encuentre detenido, sea citado para comparecer como imputado (en la literalidad de la porción normativa en cita) o sea sujeto de un acto de molestia y se pretenda recibir su entrevista.

Es común que respecto de la reserva de los registros de los actos de investigación, tanto las fiscalías como algunos juzgadores sostengan que la razón de la existencia de tal figura, obedezca a mantener el sigilo de la investigación para garantizar su éxito, en protección de los intereses sociales, por lo cual, solo a partir de que el investigado sea afectado a través de alguno de los actos de molestia precisados en el tercer párrafo del referido artículo 218 del Código Nacional de Procedimientos Penales, se le deberá permitir el acceso a los registros.

Sin embargo, en la práctica, la facultad de reserva de los actos de investigación que nos ocupa, ha mantenido materialmente vivas algunas prácticas del sistema de impartición de justicia inquisitivo, en las cuales el sigilo más que traducirse en la protección de los intereses de la sociedad, representa un desequilibrio en la igualdad que debiera privar entre las partes, permitiendo que las fiscalías integren su investigación inicial con el tiempo que estimen necesario para ello, enterando al investigado de la existencia de la carpeta correspondiente hasta la formulación de imputación en la audiencia inicial, traduciéndose en que el investigado solo podrá contar, cuando mucho, con 144 horas para poder defenderse ante el Juez de Control, generando un material desequilibrio en perjuicio del investigado, y abusos por parte de las fiscalías que rompen con la naturaleza garantista del sistema penal actual, por lo cual, la pregunta es, ¿es idóneo para nuestro sistema la existencia de la reversa de los actos de investigación?; ¿en qué casos?; ¿hasta qué momento?; ¿qué pasa si aún cuando el ministerio público no cita al investigado, éste ya tiene conocimiento de la carpeta de investigación y pretende hacer valer su derecho de defensa?; ¿es válido que en esta última hipótesis el agente del Ministerio Público continúe negando al investigado el acceso a los registros, aún cuando éste ya tiene conocimiento de la carpeta de investigación?

Para tratar de dar respuesta a las anteriores preguntas, se estima que es relevante realizar el análisis correspondiente, a la luz de criterios garantistas que existen en favor del investigado, y que implican una serie de obligaciones para las fiscalías que, al amparo del sigilo, son vulnerados por el representante social, en claro perjuicio no solo del investigado, sino del propio sistema penal actual.

En primer lugar, es oportuno señalar que, en términos del artículo 1 de nuestra Carta Magna, todas las autoridades del Estado, incluyendo por supuesto al Agente del Ministerio Público, tienen la obligación de, en el ámbito de sus competencias, conducirse observando los principios de progresividad de los Derechos Humanos, y control *ex officio* de convencionalidad, lo que se traduce en que las autoridades, en cada caso concreto, deben de observar y aplicar las normas que importen la protección más amplia en favor del gobernado, pues lo contrario resultaría inconstitucional e inconvencional, tal y como lo expresa la Suprema Corte de Justicia de la Nación en los criterios jurisprudenciales identificados con los rubros "DERECHOS HUMANOS. OBLIGACIÓN A RESPETARLOS EN TÉRMINOS DEL ARTÍCULO 1o., PÁRRAFO TERCERO, DE LA CONSTITUCIÓN

POLÍTICA DE LOS ESTADOS UNIDOS MEXICANOS"; "DERECHOS HUMANOS. OBLIGACIÓN DE PROTEGERLOS EN TÉRMINOS DEL ARTÍCULO 1o., PÁRRAFO TERCERO, DE LA CONSTITUCIÓN POLÍTICA DE LOS ESTADOS UNIDOS MEXICANOS" y "DERECHOS HUMANOS. TODAS LAS AUTORIDADES ESTÁN OBLIGADAS A CUMPLIR CON LAS OBLIGACIONES DE RESPETO Y GARANTÍA", con números de registro 2008516, 2008516 y 2010422, respectivamente.

Así, el Código Nacional de Procedimientos Penales contiene una serie de dispositivos que, interpretados de manera armónica e interrelacionada, implican un cúmulo de Derechos que existen en favor de los gobernados y, por supuesto, en favor de los investigados.

Así tenemos que, el artículo 2 del Código Nacional de Procedimientos Penales, prevé como uno de los objetivos del Código en cita esclarecer los hechos.

El artículo 6 del Código Nacional de Procedimientos Penales prevé, dentro del principio de contradicción, que las partes tienen derecho a conocer controvertir y confrontar los medios de prueba.

El artículo 10 del Código Nacional de Procedimientos Penales prevé el principio de igualdad ante la Ley que establece que todas las partes que intervengan el procedimiento penal recibirán el mismo trato y tendrán las mismas oportunidades para sostener tanto la acusación como la defensa.

El artículo 11 del Código Nacional de Procedimientos Penales establece que se garantiza a las partes en condiciones de igualdad, el pleno e irrestricto ejercicio de los derechos previstos en la Constitución, tratados y leyes que de ella emanen.

El artículo 17 del Código Nacional de Procedimientos Penales establece que la defensa es un derecho fundamental e irrenunciable, que asiste a todo imputado.

El artículo 113 del Código Nacional de Procedimientos Penales establece en su fracción III el derecho del investigado a declarar, y en su fracción V, a que se le informe, desde su comparecencia ente el Ministerio Público, los hechos que se le imputan.

El artículo 114 del Código Nacional de Procedimientos Penales prevé que el imputado, tendrá derecho a declarar en cualquier etapa del procedimiento, y esto incluye la propia investigación inicial ante el Ministerio Público.

Por su parte el artículo 127 del Código Nacional de Procedimientos Penales establece como una obligación para el Ministerio Público, ordenar diligencias pertinentes, no sólo para demostrar la existencia de un delito, sino también para demostrar, en su caso, la no existencia de un delito.

El artículo 128 del Código Nacional de Procedimientos Penales establece, dentro del deber de lealtad, que el Ministerio Público deberá proporcionar información veraz sobre los hechos, sobre los hallazgos en la investigación, y tendrá el deber de no ocultar a los intervinientes elemento alguno que pudiera resultar favorable para la posición que cada uno de ellos asuma.

El artículo 129 del Código Nacional de Procedimientos Penales establece que la investigación debe ser objetiva y referirse tanto a los elementos de cargo como a los de descargo y que, desde la investigación inicial, el imputado y su defensor podrán solicitar al Ministerio Público todos aquellos actos de investigación que considere pertinentes y útiles para el esclarecimiento de los hechos.

El artículo 131 del Código Nacional de Procedimientos Penales, en su fracción I, impone al Ministerio Público la obligación de vigilar que en toda investigación de los delitos se cumpla con los Derechos Humanos reconocidos por la Constitución y los tratados internacionales; y en su fracción IX, impone la obligación de requerir informes o documentación a las autoridades y a los particulares.

El artículo 212 del Código Nacional de Procedimientos Penales prevé que la investigación debe realizarse de manera exhaustiva, profesional e imparcial explorando todas las líneas de investigación.

El artículo 213 del Código Nacional de Procedimientos Penales establece que el Ministerio Público debe de reunir indicios para el esclarecimiento del hecho.

El artículo 214 del Código Nacional de Procedimientos Penales prevé que el Ministerio Público debe de conducirse atendiendo principios de legalidad, objetividad, lealtad y respeto a los Derechos Humanos contenidos tanto en la Constitución como en los tratados internacionales.

De los dispositivos precitados se puede advertir que, desde una aproximación garantista, el investigado, desde la investigación inicial y ante el mismo Ministerio Público, tiene Derechos Humanos fundamentales que se traducen en el Derecho a declarar, lo que le impone en consecuencia al Ministerio Público la obligación de recabar la entrevista; de poder tener acceso a los registros de la investigación para poder estar en condiciones de ejercer una defensa en igualdad de armas con el denunciante, y de poder, desde la investigación inicial, aportar al Ministerio Público los datos de prueba con los que cuente, no sólo para demostrar su dicho, sino para que el Ministerio Público pueda cumplir eficazmente con las obligaciones a su cargo, que son substancialmente esclarecer el hecho y agotar todas las líneas de investigación. Lo anterior es reconocido también por nuestro Máximo Tribunal en términos de la Jurisprudencia con rubro "IGUALDAD. CUANDO UNA LEY CONTENGA UNA DISTINCIÓN BASADA EN UNA CATEGORÍA SOSPECHOSA, EL JUZGADOR DEBE REALIZAR UN ESCRUTINIO ESTRICTO A LA LUZ DE AQUEL PRINCIPIO", y con número de registro 2010315.

Desde esta aproximación puedo considerar que, en muchas ocasiones, los agentes del Ministerio Público mantienen la indebida práctica de integrar sus investigaciones casi exclusivamente con la información proporcionada por el denunciante, generando una desigualdad manifiesta en perjuicio del investigado, pues no sólo reduce el tiempo con el que éste cuenta para preparar su defensa, sino que le limita o le impide el acceso a los registros, dejando el Ministerio Público de explorar todas las líneas de investigación, buscando judicializar el asunto con el propósito de que sea sólo hasta que el investigado se encuentre ante la autoridad jurisdiccional, cuando dicho investigado pueda conocer los hechos que se le atribuyen y tenga la oportunidad de rendir su declaración y aportar los datos de prueba con los que pudiera contar. Práctica indebida que vulnera derechos humanos fundamentales en perjuicio del investigado, tal y como se advierte de la jurisprudencia de rubro "IGUALDAD JURÍDICA. INTERPRETACIÓN DEL ARTÍCULO 24 DE LA CONVENCIÓN AMERICANA SOBRE DERECHOS HUMANOS" con número de registro 2012715.

Así las cosas, la precitada práctica del Ministerio Público no sólo forma parte del sistema penal inquisitivo que resulta arcaico, y al día de hoy superado, sino que, además, dicha práctica resulta contraria a la naturaleza garantista del sistema de justicia penal vigente, que impone un cambio de paradigma en todas las autoridades que intervienen en el procedimiento penal.

Con base en lo anterior, y en ponderación del contenido de los dispositivos legales supra relacionados, la naturaleza del sistema actual debe dejar de ser inquisitivo y privilegiar los derechos no sólo del denunciante, sino también del investigado, desde la investigación inicial, traducidos en el derecho a que el Ministerio Público le reciba su entrevista, a aportar datos de prueba y a contar con condiciones materialmente iguales a los del denunciante para poder plantear su defensa, siendo que desde esta perspectiva, cuando el agente del Ministerio Público niega al investigado el acceso a los registros de investigación, por no encontrarse en los casos previstos en el tercer párrafo del artículo 218 del Código Nacional de Procedimientos Penales, a pesar de que el investigado ya tiene conocimiento de la existencia de la carpeta y de su calidad de investigado en la misma, tal negativa hace nugatorio el derecho de los investigados de verter sus respectivas entrevistas, de aportar los datos de prueba que tuvieren a su alcance, y a conocer los antecedentes que integran las carpetas de investigación, con una igualdad temporal al denunciante, y de esta forma, poder preparar con la oportunidad debida su defensa, allegándole al Ministerio Público todos los datos de prueba necesarios para que el representante social pueda explorar, no sólo la línea de investigación planteada por el denunciante, sino realmente todas las líneas de investigación posibles, incluyendo las del investigado, y de esa forma esclarecer el hecho, pues esto es lo que constituye el objetivo del procedimiento penal, y no inquisitivamente privar al gobernado de los derechos que le asisten, para llevarlo a una audiencia inicial en una clara ilegal e inconvencional desventaja frente al propio Ministerio Público y al denunciante.

Es cierto que, dentro del sistema jurídico penal vigente, se prevé la figura de la necesidad de cautela, sin embargo, esta figura no puede ocuparse de manera irrestricta y discrecional por parte del agente del Ministerio Público, pues ante todo, la necesidad de cautela debe de cumplir con principios que implican un riesgo de fuga del imputado; peligro para la seguridad de la víctima, ofendido o testigo; o riesgo de obstaculización del procedimiento por el imputado, sin embargo, es claro que cuando el investigado, de forma voluntaria y espontánea, solicita acceso a los registros de investigación para poder rendir su entrevista y aportar los datos de prueba con cuente, en modo alguno se puede considerar que sea actualizan los supuestos de la necesidad de cautela, pues lejos de que el investigado pretenda sustraerse, por el contrario, es su deseo someterse a la investigación inicial precisamente para defenderse, aportar sus datos de prueba, y que el ministerio público esté en aptitud de materialmente cumplir con su obligación, consistente en agotar todas las líneas de investigación. Lo contrario, es decir, la negativa de permitir el acceso al investigado y su defensa a los registros de los actos de investigación, por la reserva a que se refiere el artículo 218 del Código Nacional de Procedimientos Penales, se traduce en una aplicación restrictiva del dispositivo en cita, y en una inobservancia por parte del Ministerio Público de los principios de progresividad de los Derechos Humanos y convencionalidad *ex officio*, excluyendo de tal suerte el cúmulo de Derechos Humanos que protegen y tutelan la esfera jurídica de los gobernados.

Es cierto que existen criterios que sostienen que la sola investigación no vulnera derechos humanos, y que la mera sospecha que se tenga de ser investigado por el agente del Ministerio Público, no puede ser suficiente para pretender hacer valer los derechos de defensa, de rendir entrevista, aportar datos de prueba. Sin embargo, como lo he señalado, lo cierto es que aún en casos en que los gobernados tienen la certeza de que en determinada investigación inicial tienen la calidad de investigados, aún así la mayoría de las fiscalías mantienen en reserva los registros evitando citar al investigado para no permitirle el acceso a los registros, y lo citan hasta la audiencia inicial. Por ello es que sostengo que, particularmente en los casos en los que el investigado tiene la certeza de que tiene dicha calidad en determinada investigación, la reserva de los registros al amparo del tercer párrafo del artículo 218 del Código Nacional de Procedimientos Penales, debe ser considerada como una vulneración de los derechos humanos fundamentales del investigado.

Un elemento que también resulta relevante para la reserva de los actos de investigación, es lo que se debe entender por “acto de molestia”.

De acuerdo con el criterio de la mayoría de las fiscalías y de algunos juzgadores, para efectos de la reserva de los actos de investigación, el acto de molestia que implica la obligación del agente del Ministerio Público de permitir el acceso al investigado y su defensa a los registros, se circunscribe únicamente a los supuestos previstos en el tercer párrafo del artículo 218 del Código Nacional de Procedimientos Penales.

En mi opinión, tal interpretación literal de la porción normativa que nos ocupa, es restrictiva y, en muchos casos, contraria al sistema garantista que hoy día debe prevalecer, pues, de inicio, tal interpretación es contraria al propio texto del primer párrafo del artículo 16 de nuestra Carta Magna, que implica que cualquier acto de autoridad que afecte la esfera jurídica del gobernado, es un acto de molestia, por lo cual, en atención al principio de la jerarquía de leyes, y sobre todo, al principio de progresividad de derechos humanos y de convencionalidad *ex oficio,* es menester que todas las autoridades, incluyendo por supuesto las fiscalías, apliquen siempre los conceptos de la forma más amplia y garantista en beneficio del gobernado, por lo cual, desde esta aproximación, la interpretación literal del tercer párrafo del artículo 218 del Código Nacional de Procedimientos Penales, resulta restrictiva y contraria a los principios garantías precitados, debiendo entenderse por acto de molestia, no solo los que están señalados en el referido tercer párrafo del numeral en cita, sino cualquier acto que afecte o ponga en riesgo la esfera jurídica del gobernado, que en la práctica se traduzca en el conocimiento del referido gobernado no solo de la existencia de la carpeta de investigación, sino de que en ésta tiene la calidad de investigado, para que a partir de ese momento, el agente del Ministerio Público, en respeto al cúmulo de derechos humanos del investigado, le permita el acceso a los registros, le recabe la entrevista correspondiente, incorpore los datos de prueba que tenga a su alcance, y así, en verdaderas condiciones de igualdad, explore todas las líneas de investigación, pues lo contrario, como se sostiene, vulnera derechos humanos del investigado,

Así, con una concepción garantista y progresiva del acto de molestia; cuando una autoridad realiza un acto de molestia que afecte la esfera jurídica de una persona, se activa de inmediato la obligación de la autoridad ministerial o judicial de garantizar sus derechos humanos, para lo cual deberá permitir el acceso a los registros de la carpeta de investigación y resolver en un breve término sobre su situación jurídica pues, tal y como lo ha señalado la Suprema Corte de Justicia de la Nación, los actos de molestia podrían impactar no sólo en los ámbitos laboral o social del investigado, sino en su salud física y mental, debido a la incertidumbre, la zozobra y la intranquilidad que produce no conocer los hechos que se le atribuyen, por lo que la afectación que dichos actos generan en los derechos del particular, origina la obligación de la autoridad ministerial o judicial de permitirle el acceso a los registros de la carpeta de investigación, y de resolver en el término más breve posible sobre la calidad con la que cuenta la persona que ha sido sujeta a un acto de molestia. Lo anterior tiene por objeto que las personas investigadas no se encuentren en estado de incertidumbre jurídica durante el plazo que tengan para que prescriba el delito o se judicialice la investigación, así como evitar la indeseable práctica por parte de las policías ministeriales o de las fiscalías, de actos de molestia injustificados en contra de las personas a las que se les instruye una investigación, Así lo ha sostenido nuestro Máximo Tribunal en la jurisprudencia con número de registro 2027418 de rubro "ACTOS DE MOLESTIA EN LA ETAPA DE INVESTIGACIÓN PENAL. LA AUTORIDAD MINISTERIAL O JUDICIAL DEBE PERMITIR A LA PERSONA AFECTADA CON DICHOS ACTOS EL ACCESO A LOS REGISTROS DE LA CARPETA DE INVESTIGACIÓN Y RESOLVER EN UN BREVE TÉRMINO SOBRE SU SITUACIÓN JURÍDICA"

En conclusión, si bien en el tercer párrafo del artículo 218 del Código Nacional de Procedimientos Penales se establece el momento hasta el cual los registros de investigación pueden estar en reserva en relación con el investigado y su defensa, y contiene lo que se puede entender como "acto de molestia" para los efectos de dicha reserva, al amparo de tal porción normativa las fiscalías y algunos juzgadores han permitido que se continúe con prácticas que son más de corte inquisitivo propias de un sistema penal ya superado.

Es necesario entender que la necesidad de cautela y la reserva de los actos de investigación deben ser la excepción y no la regla, y que si en un caso concreto, un gobernado ya tiene conocimiento de la existencia de una carpeta de investigación, y que en la misma tiene la calidad de investigado, y solicita al agente del Ministerio Público que se le permita el acceso a los registros para el efecto de rendir su entrevista, y aportar los datos de prueba que tenga a su alcance para que la autoridad ministerial pueda esclarecer el hecho, lo anterior implica para el investigado el ejercicio de un cúmulo de derechos humanos existentes en su favor, y que implican para la autoridad investigadora la obligación de respetar tales derechos en favor del investigado, debiendo cumplir con la obligación de permitirle el acceso a los registros y permitirle el ejercicio de su derecho de defensa en igualdad de circunstancias que las de la víctima, pues ante todo, el sistema penal actual, más que buscar judicializar por judicializar, descansa sobre el principio de esclarecer el hecho; y si, como se sostiene, un investigado pretende acceder a la carpeta para defenderse y aportar datos de prueba a efecto de que se esclarezca el hecho, y el ministerio público pueda agotar eficazmente todas las líneas de investigación, es claro que la aplicación literal del contenido del tercer párrafo del artículo 218 del Código Nacional de Procedimientos Penales, implica una interpretación restrictiva contraria al sistema garantista que debemos hacer valer, debiendo por ende permitir el acceso para la correcta preservación de los derechos humanos del investigado, y para el correcto cumplimiento de las obligaciones del Ministerio Público, particularmente esclarecer el hecho y agotar todas las líneas de investigación.

La necesidad o derogación de la audiencia inicial, supresión o conservación del auto de vinculación a proceso

MANUEL ALEJANDRO LEÓN MORATILLA

INTRODUCCIÓN

El objetivo del presente trabajo es realizar un breve estudio acerca de las figuras de la audiencia inicial y el auto de vinculación a proceso, sus antecedentes, el motivo de su creación, su importancia y sus características, tanto desde su creación, a nivel Constitucional, como en la legislación secundaria.

Una vez realizado lo anterior, se buscara realizar un análisis respecto a la existencia de las figuras en el derecho estadounidense, colombiano y chileno y en su caso comparar similitudes y diferencias.

Finalmente, tomando en consideración el análisis realizado, se buscará tomar una postura en cuanto a la necesidad o no de conservar la figura de la audiencia inicial, y también respecto a la necesidad o no de conservar la figura del auto de vinculación a proceso.

LA DECLARACIÓN PREPARATORIA Y EL AUTO DE FORMAL PRISIÓN, COMO ANTECEDENTES DE LA AUDIENCIA INICIAL Y EL AUTO DE VINCULACIÓN A PROCESO

Previo a la entrada en vigor del Sistema Acusatorio Adversarial en el Proceso Penal Mexicano, el sistema que seguía nuestro marco jurídico, era un Sistema Inquisitivo Mixto, en el cual, una vez que se ponía al inculpado, a disposición del Juez, ya fuera en ejecución de una orden de comparecencia o aprehensión o bien, cuando la persona se encontraba detenida, por haberse actualizado el supuesto de flagrancia o caso urgente, el Juez, una vez que había radicado el expediente y había calificado la legalidad de la detención en su caso, tenía la obligación de tomarle la declaración preparatoria, misma que se podía rendir de forma oral o por escrito.[1]

En ese momento procesal, el Juez, hacía del conocimiento del inculpado, el contenido de la denuncia o querella, así como los nombres de sus acusadores (sic), y de los testigos que en su momento declararon en su contra, de igual forma, se le hacían saber sus derechos, que al igual que ahora, se encontraban consagrados en el artículo 20 de la Constitución Política de los Estados Unidos Mexicanos, finalmente se le preguntaba si era su deseo declarar o mantenerse en silencio, siendo el caso que si el inculpado decidía declarar, el Juez podía interrogarlo acerca de su participación en los hechos e incluso celebrar careos entre el inculpado y los testigos que hubiesen declarado en su contra.[2]

Una vez que el inculpado rendía su declaración preparatoria, de acuerdo con lo dispuesto por el artículo 19 de la Constitución Política de los Estados Unidos Mexicanos, el Juez, tenía la obligación de dictar un auto de formal prisión o de sujeción a proceso, dentro de las siguientes 72 horas contadas a partir de que el inculpado era puesto a disposición de dicha autoridad, o bien, dentro de las siguientes 144 horas en caso de que así lo hubiese solicitado expresamente el inculpado.

El artículo 19 de la Constitución Política de los Estados Unidos Mexicanos, señalaba de manera textual que, en el auto de formal prisión se debían de expresar: *–el delito que se impute al acusado; el lugar, tiempo y circunstancias de ejecución, así como los datos que arroje la averiguación previa, los que deberán ser bastantes para comprobar el cuerpo del delito y hacer probable la responsabilidad del indiciado.*

Finalmente, señalaba el artículo 19 de la Constitución Política de los Estados Unidos Mexicanos que: *–Todo proceso se seguirá forzosamente por el delito o delitos señalados en el auto de formal prisión o de sujeción a proceso. Si en la secuela de un proceso apareciere que se ha cometido un delito*

---

1 Artículos 154 del Código Federal de Procedimientos Penales, abrogado en la actualidad.

2 Ídem.

distinto del que se persigue, deberá ser objeto de averiguación separada, sin perjuicio de que después pueda decretarse la acumulación, si fuere conducente.

Aún y cuando no se mencionaba en el cuerpo del artículo 19 de la Constitución Política de los Estados Unidos Mexicanos, en el supuesto en el que el delito por el cual se había ordenado la detención del inculpado, no mereciera pena privativa de la libertad o estuviera sancionado con pena alternativa, el Juez dictaba un auto de sujeción a proceso, el cual debía contener los mismos requisitos que el auto de formal prisión.

Ahora bien, en un Sistema de Proceso Penal Inquisitivo Mixto, bajo la excusa de asegurar la presencia del imputado durante el proceso, la regla general era la imposición de la medida cautelar de prisión preventiva, o bien, en casos excepcionales, cuando se tratara de delitos no graves, el inculpado podía obtener su libertad bajo caución, que debía de ser suficiente para garantizar el monto de la reparación del daño, multas y obligaciones procesales, en caso de que el inculpado se sustrajera de la acción de la justicia, de ahí el nombre de auto de formal prisión, ya que a partir de su dictado, el inculpado, por regla general, se encontraría bajo la imposición de la medida cautelar de prisión preventiva.

De lo anteriormente expuesto, se advierte que el objeto de la declaración preparatoria era, en un primer momento comunicar al inculpado el motivo de su detención y el contenido de la denuncia en su contra y de las declaraciones de los testigos que habían declarado en su contra, en un segundo momento hacerle saber los derechos consagrados en la Constitución y en un tercer momento cuestionar acerca de su deseo de declarar o guardar silencio.

Asimismo, se advierte que el auto de formal prisión era la resolución a través de la cual se sujetaba al inculpado al proceso penal y cuyo objeto era fijar la *litis* de este y que debía de contener diversos requisitos, pero principalmente debía acreditarse el cuerpo del delito y la probable responsabilidad del inculpado, asimismo era la resolución que generaba como consecuencia la imposición de la medida cautelar de prisión preventiva, salvo que el Juez concediera la libertad bajo caución en los supuestos de excepción.

Para efectos del presente artículo, es importante tener claro el objeto de cada una de las figuras antes expuestas, ya que la posición de quien escribe el presente artículo surge a partir del entendimiento de este.

REFORMA CONSTITUCIONAL DEL 18 DE JUNIO DE 2008

Derivado de la necesidad de realizar una importante transformación al sistema penal mexicano, el 18 de junio de 2008 fue publicado en el Diario Oficial de la Federación un decreto en donde el proceso penal en el orden jurídico mexicano migró a un Sistema Acusatorio Adversarial, y se reformaron los artículos 16, 17, 18, 19, 20, 21 y 22; las fracciones XXI y XXIII del artículo 73; la fracción VII del artículo 115 y la fracción XIII del apartado B del artículo 123, todos de la Constitución Política de los Estados Unidos Mexicanos.[3]

La reforma al artículo 19 introdujo una nueva figura *tropicalizada* o *endémica*, al sistema acusatorio adversarial mexicano, que es el auto de vinculación a proceso, a juicio del que escribe, el legislador buscó mantener y adaptar la figura del auto de formal prisión o sujeción a proceso.[4]

Señala García Ramírez que la vinculación a proceso: *–únicamente se refiere a la información formal que el ministerio público realiza al indiciado para los efectos de que conozca puntualmente los motivos por los que se sigue una investigación y para que el juez intervenga para controlar las actuaciones que pudiera derivar en una afectación de un derecho fundamental.*[5]

El legislador al momento de justificar la necesidad de crear el auto de vinculación a proceso, señaló que con la creación de dicha figura, se brinda al imputado la garantía de poder ejercer su derecho de defensa y de que toda medida cautelar será decretada y controlada también por un Juez de Control (figura creada a partir de la adop-

---

3 Carbonell, Miguel, *Los Juicios Orales en México*, 2ª Ed., México 2010, Porrúa, pp. 3-5.

4 Ver Alday López Cabello, Fernando, La Vinculación a Proceso en el Sistema Procesal Mexicano, Ed., Chiapas, México 2019, Universidad Autónoma de Chiapas, p. 75.

5 García Ramírez, Sergio, *La Reforma Penal Constitucional, (2007-2008), México, Porrúa, p. 276 y 277.*

ción del Sistema Acusatorio Adversarial), previo análisis de fondo que realizara a la exposición del Ministerio Público.[6]

Ahora bien, el estándar probatorio para dictar un Auto de Vinculación a Proceso, se redujo a que el Órgano Acusador presentara al Juez de Control datos de prueba que establecieran la realización de un hecho delictivo y la probable intervención del imputado en este.

Asimismo, se estableció que la imposición de la prisión preventiva fuera una excepción, y únicamente se impusiera cuando otras medidas cautelares no fueran suficientes para garantizar: i) la comparecencia del imputado en el juicio, ii) el desarrollo de la investigación, iii) la protección de la víctima, de los testigos o de la comunidad; así como cuando el imputado esté siendo procesado o haya sido sentenciado previamente por la comisión de un delito doloso.[7]

En este sentido, el Maestro Pablo Gómez Mont, señala que: *– Así podemos confirmar que, bajo los parámetros de regularidad constitucionales y convencionales, las medidas cautelares: i) solo pueden ser emitidas por autoridad judicial; ii) de manera excepcional; iii) como consecuencia de una provisión constitucional previa; iv) de manera imparcial y limitado a lo que refieran las partes bajo el principio de contradicción; y v) con estricto respeto de los derechos humanos. Ahora bien, en su regulación legal tenemos como punto de partida, ya desarrollado a lo largo de este trabajo, el fin de las medidas, que es la continuación del proceso.*[8]

De igual manera se estableció que el Juez de Control únicamente podría decretar prisión preventiva oficiosa en los casos de delincuencia organizada, homicidio doloso, violación, secuestro, delitos cometidos con medios violentos como armas y explosivos, así como delitos graves que determine la ley en contra de la seguridad de la nación, el libre desarrollo de la personalidad y de la salud.[9]

---

6 REFORMA CONSTITUCIONAL EN MATERIA DE JUSTICIA PENAL Y SEGURIDAD PÚBLICA (PROCESO LEGISLATIVO) (18 de junio de 2008).

7 Artículo 19 de la Constitución Política de los Estados Unidos Mexicanos.

8 Gómez Mont Landerreche, Pablo, La persona como presupuesto en la información de las medidas cautelares, artículo que se encuentra dentro de la obra Medidas Cautelares, Fundamentos Procesales, Doctrinales, Jurisprudenciales y Tratados Internacionales Ed. México, 2023, Anaya, p. 33.

9 Artículo 19 de la Constitución Política de los Estados Unidos Mexicanos.

Es importante señalar que, el catálogo de delitos antes expuesto únicamente se refiere a la prisión preventiva de manera oficiosa, es decir, el Ministerio Público sí puede solicitar la prisión preventiva en otros delitos al Juez de Control, y está se podrá decretar, siempre y cuando se cumplan los requisitos establecidos en el artículo 19 Constitucional y en la legislación secundaria.

Es importante mencionar que al Sistema Acusatorio Adversarial, le son inherentes los siguientes principios rectores: i) publicidad, ii) contradicción, iii) concentración, iv) continuidad, v) inmediación, vi) oralidad, vii) igualdad y viii) presunción de inocencia.

Finalmente, el Proceso Penal consta de cuatro etapas, a saber: i.i) Etapa de Investigación Inicial o Desformalizada, i.ii) Etapa de Investigación Complementaria o Formalizada, ii) Etapa Intermedia, iii) Etapa de Juicio Oral y iv) Etapa de Ejecución de Sentencia, en su caso.

LA AUDIENCIA INICIAL Y EL AUTO DE VINCULACIÓN A PROCESO

El artículo 19 Constitucional, no prevé de forma expresa la existencia de una audiencia en la que se defina la situación jurídica de la persona que sea puesta a disposición del Juez de Control, dicha tarea correspondió al legislador secundario, quién creo el concepto de audiencia inicial.

La audiencia inicial se encuentra regulada en el Título VI del Código Nacional de Procedimientos Penales,[10] y tiene lugar en el momento en el que una persona es puesta a disposición a un Juez de Control, mediante citatorio, orden de comparecencia, orden de aprehensión, o bien, a través del Ministerio Público cuando una persona se encuentra detenida por haberse actualizado el supuesto de flagrancia o caso urgente.

De acuerdo con lo dispuesto en el artículo 307 del Código Nacional de Procedimientos Penales, el objeto y etapas de la audiencia inicial es: i) informar a la persona sus derechos constitucionales y legales, ii) el control de la legalidad de la detención, en su caso, por

---

[10] Publicado en el Diario Oficial de la Federación el día 5 de marzo de 2014.

parte del Juez de Control, iii) la formulación de la imputación por parte del Ministerio Público, iv) la oportunidad que se le da al imputado de declarar, v) la solicitud por parte del Ministerio Público de la vinculación a proceso y su resolución por parte del Juez de Control, vi) la solicitud por parte del Ministerio Público de la imposición de medidas cautelares y su resolución por parte del Juez de Control y vii) la definición del plazo para el cierre de la investigación.

La formulación de imputación, de acuerdo con el artículo 311 del Código Nacional de Procedimientos Penales es la exposición que realiza el Ministerio Público a una persona puesta a disposición de un Juez de Control, en la cual le da a conocer el hecho con apariencia de delito cuya comisión se le atribuye, la calificación jurídica preliminar, la fecha, lugar y modo de su comisión, la forma de intervención que haya tenido en el mismo y el nombre de su acusador, en caso de que no exista la necesidad de salvaguardar su identidad, es decir, es la primera comunicación que realiza el Órgano Acusador acerca de la investigación que ha realizado, los hechos probablemente delictivos y la participación del imputado en estos y la intención preliminar de ejercitar acción penal en su contra.

Posteriormente se dará al imputado la posibilidad de declarar o bien guardar silencio, una vez realizado lo anterior, el Juez informará al imputado que el Ministerio Público solicitará la vinculación a proceso y que tiene derecho a elegir si, una vez realizada dicha solicitud, es su deseo que el Juez de Control resuelva si vincula o no a proceso en esa misma audiencia, o bien dentro de las siguientes 72 horas o 144 horas, plazos en los cuales podrá ofrecer datos de prueba que consideren pertinentes para su defensa o incluso, en el supuesto de que el delito imputado sea de prisión preventiva oficiosa o amerite la imposición de otra medida cautelar personal, desahogar medios de prueba frente al Juez de Control.

Es relevante señalar que en caso de que el imputado se acoja al término de 72 o 144 horas para que se resuelva su situación jurídica, el Ministerio Público podrá solicitar la imposición de una medida cautelar.

Una vez hecho esto el Ministerio Público realiza la solicitud de vinculación a proceso al Juez de Control, en la cual, de acuerdo con lo dispuesto por el artículo 313 del Código Nacional de Procedimientos Penales deberá exponer y hacer referencia a los datos de prueba con los que cuenta para acreditar la existencia de un hecho con apariencia de delito y la posible participación del imputado.

En ejercicio del principio de contradicción, en esa misma audiencia o bien dentro de las próximas 72 o 144 horas, según lo haya decidido el imputado, la defensa podrá realizar los argumentos que considere necesarios para desvirtuar la hipótesis planteada por el Ministerio Público, e incluso como ya se señaló, podrá ofrecer datos de prueba y/o desahogar medios de prueba en los casos que la ley así lo permita.

Una vez cerrado el debate entre las partes, en torno a la solicitud de vinculación a proceso, el Juez resolverá si vincula o no a proceso al imputado, para ello, deberá analizar si se cumplen con los requisitos establecidos en el artículo 316 del Código Nacional de Procedimientos Penales, mismos que se enumeran a continuación: i) Que se haya formulado imputación por parte del Ministerio Público, ii) Que se haya otorgado al imputado la oportunidad para declarar, iii) Que el Ministerio Público haya demostrado que existen datos de prueba suficientes para acreditar de forma indiciaria y razonable que se ha cometido un hecho con apariencia de delito y que existe la posibilidad de que el imputado participo en el, y iv) Que no se actualice una causa de extinción de la acción penal o excluyente del delito.

A los dos primeros requisitos se les puede identificar o denominar como requisitos de forma, mientras que los dos últimos serían de fondo, al implicar un análisis jurídico acerca de la existencia de un hecho con apariencia de delito y la posible participación del imputado, además de alguna causal de extinción de la acción penal o excluyente total del delito.

Es importante señalar que el auto de vinculación, debe contener necesariamente los datos personales del imputado, los fundamentos y motivos por los cuales se encuentran satisfechos los requisitos contenidos en el artículo 316 del Código Nacional de Procedimientos Penales y el lugar, tiempo y circunstancias de ejecución del hecho imputado.

Señala tanto el artículo 19 Constitucional, como el artículo 318 del Código Nacional de Procedimientos Penales, que el efecto del auto de vinculación a proceso es establecer el hecho o los hechos por los cuales se va a seguir el proceso, es decir, pretende fijar la *litis* del proceso penal que acaba de dar inicio.

Ahora bien, es importante señalar que, de un análisis comparativo que se lleve a cabo entre los actos procesales de la declaración preparatoria y la audiencia inicial, hasta antes del dictado del también llamado Auto de Término Constitucional que, en ambas el objeto es prácticamente el mismo, hacer sabedora a la persona con calidad de imputado, los derechos que le asisten, la oportunidad que tiene de declarar y los hechos por los cuales se le está investigando y quien lo acusa.

Lo cual es congruente prácticamente con cualquier Sistema Procesal Penal, e incluso, como se verá más adelante, legislaciones como la de Estados Unidos, Colombia y Chile, cuentan con un acto procesal similar que coincide en cuanto a objeto y características se refiere.

Por otro lado, de una simple lectura comparativa que se lleve a cabo entre el artículo 19 Constitucional, antes de la Reforma Penal del 18 de junio de 2008 y después de la misma, si bien existieron algunos cambios en cuanto a los requisitos de fondo y estándar probatorio para el dictado del auto del también conocido como de Término Constitucional, la redacción y el objeto de éste sigue siendo el mismo, pretender fijar la *litis* del proceso penal.

Sin embargo, existen diversos supuestos en los cuales, esta *litis* podrá variar, a saber: i) el Ministerio Público puede variar la clasificación del delito en su escrito de acusación (artículo 335 del Código Nacional de Procedimientos Penales), ii) el Ministerio Público puede variar la clasificación del delito durante la tramitación del procedimiento abreviado (artículo 202 del Código Nacional de Procedimientos Penales) y iii) el Ministerio Público puede variar la clasificación del delito en los alegatos de apertura y de clausura (artículo 398 del Código Nacional de Procedimientos Penales), la importancia y trascendencia de esta situación será analizada con más detalle en el apartado correspondiente.

Finalmente, en caso de que se dicte un auto de vinculación, el Ministerio Público podrá solicitar la imposición de una Medida Cautelar, exponiendo, bajo parámetros completamente objetivos, en donde se justifique que la imposición de la misma va a tener como consecuencia asegurar la presencia del imputado en el procedimiento, garantizar la seguridad de la víctima u ofendido o del testigo, o evitar la obstaculización del procedimiento y para el caso de la solicitud de prisión preventiva, deberá justificar que no se podrá lograr lo anterior, sin que el imputado esté recluido o bien que no se podría lograr ello, con una medida cautelar de menor lesividad.

Esto último es de suma importancia, toda vez que como se expondrá más adelante, de acuerdo con la realidad jurídica que se vive en el pais, pareciera ser que el auto de vinculación a proceso es la excusa "procesal" que tiene el Ministerio Público para solicitar la imposición de una medida cautelar y que también tiene Juez para imponerla, algo similar a lo que sucedía con el auto de formal prisión en donde una de las consecuencias directas era precisamente la imposición de la prisión preventiva como medida cautelar.

LA AUDIENCIA INICIAL EN LA LEGISLACIÓN DE LOS ESTADOS UNIDOS DE AMÉRICA

El Proceso Penal de los Estados Unidos de América es de corte Acusatorio Adversarial, por lo que existen ciertas similitudes entre los actos y figuras procesales establecidos en la legislación mexicana y la estadounidense, siendo importante recordar que la legislación mexicana es nueva en comparación a la estadounidense.

Ahora bien, para el estudio que nos ocupa, la legislación estadounidense a nivel federal y a niveles estatales, prevé la existencia de una audiencia preliminar, la cual es solicitada por el fiscal, en los siguientes supuestos: i) cuando una persona se encuentra detenida y va a presentar cargos, cuando una persona se encuentra en libertad y va a presentar cargos en su contra, por lo que dicha persona será citada a la misma y iii) cuando existe una resolución preliminar por parte de un Gran Jurado (Indictement) que ha decidido que la conducta que llevó a cabo la persona investigada, puede ser constitutiva de delito y es necesario presentar cargos e iniciar un proceso penal.[11]

[11] https://www.federaldefendersny.org/descripcin-general-de-un-proceso-penal.

El objeto de la audiencia preliminar es "leer los cargos" a la persona que se pretende acusar y llevar a juicio,[12] en dicha audiencia, el fiscal deberá de llevar preparado elementos suficientes que demuestren que se puede soportar la acusación y llevarla a juicio, y si bien cierto el Juez puede desestimar los cargos presentados por el fiscal, en ésta el Juez no realiza una valoración de datos de prueba, ni se emite una resolución de fondo como sucede en la legislación mexicana, sino que únicamente existe una valoración preliminar de la evidencia presentada por la Fiscalía y una decisión acerca de si la misma es suficiente para poder llevar a juicio el caso presentado.[13]

La legislación estadounidense permite el desahogo de medios de prueba en la audiencia preliminar e incluso la defensa tiene derecho a interrogar y contrainterrogar a los testigos presentados por la Fiscalía, en ejercicio del principio de contradicción, dicho derecho se encuentra consagrado en la Sexta Enmienda de la Constitución de los Estados Unidos de Norteamérica.[14]

Finalmente, por lo que hace a la imposición de medidas cautelares, de igual forma se lleva a cabo en la audiencia preliminar, en la cual, un oficial de la oficina del juez, realiza una valoración del historial, antecedentes y circunstancias personales de la persona y entrega un informe al Juez, al fiscal y al abogado defensor y con base en esa valoración el Juez decidirá si impone o no una medida cautelar,[15] en México, esta valoración debe de ser realizada por la Unidad de Medidas Cautelares.

LA AUDIENCIA INICIAL EN LA LEGISLACIÓN DE COLOMBIA

El Proceso Penal en Colombia de igual forma se desarrolla a través de un Sistema Acusatorio Adversarial, con etapas muy similares a las del Proceso Penal Mexicano.

---

12 Ídem.

13 Alday López Cabello, Fernando, La Vinculación a Proceso en el Sistema Procesal Mexicano, Ed., Chiapas, México 2019, Universidad Autónoma de Chiapas, p. 76.

14 Idem.

15 https://www.federaldefendersny.org/fianza-y-detencin-previo-a-jurcio-faqs.

Previo a la entrada en vigor del Sistema Acusatorio en Colombia, existía una figura denominada "Vinculación", que precisamente regulaba el momento en que el inculpado, quedaba vinculado a proceso a partir de la solicitud realizada por el fiscal para el inicio de la etapa de instrucción, sin embargo, esta figura fue suprimida una vez que entró en vigor el Sistema Acusatorio.[16]

La figura que puede equipararse a la audiencia inicial, se le denomina formulación de imputación, misma que se encuentra regulada en el artículo 286 de la Ley 906 (Código Procesal Colombiano) establece que: – *La formulación de la imputación es el acto a través del cual la Fiscalía General de la Nación comunica a una persona su calidad de imputado, en audiencia que se lleva a cabo ante el juez de control de garantías.*

La formulación de imputación es el acto procesal que permite la transición de la etapa de indagación,[17] que es una etapa preprocesal en la cual el fiscal, junto con la policía, se allega de los elementos necesarios para poder determinar si existe una conducta que pueda ser sancionada como delito y la persona o persona que en grado de probabilidad la cometieron, a una etapa procesal de investigación, tendiente a llevar a cabo la acusación formal por parte del fiscal e iniciar un juicio.[18]

En la legislación colombiana no existe una figura equiparable al auto de vinculación a proceso.

LA AUDIENCIA INICIAL EN LA LEGISLACIÓN DE CHILE

Al igual que en Estados Unidos y en Colombia, el Proceso Penal Chileno es de corte Acusatorio Adversarial; en la legislación chilena, existe también un acto procesal similar a la audiencia inicial, sin em-

---

16 Alday López Cabello, Fernando, La Vinculación a Proceso en el Sistema Procesal Mexicano, Ed., Chiapas, México 2019, Universidad Autónoma de Chiapas, p. 84.

17 https://www.elsevier.es/es-revista-acta-sociologica-75-articulo-diagnostico-del-sistema-penal-acusatorio-S0186602817300257#:~:text=El%20proceso%20penal%20colombiano%20est%C3%A1,procesales%20que%20buscan%20finalidades%20distintas.

18 Avella Franco, Pedro Oriol, Estructura del Proceso Penal Acusatorio, Ed., Colombia 2007, Fiscalía General de la Nación, p. 76.

bargo, a la misma se le denomina formalización de la investigación y el objeto de esta es la comunicación que realiza el fiscal a la persona imputada, en presencia de un juez de garantía, de que realiza una investigación en su contra respecto de uno o más delitos.[19]

Una vez que el fiscal ha realizado la imputación, el Juez fija un tiempo para el cierre de investigación y concluido este tiempo, el fiscal puede realizar su acusación o bien decretar el sobreseimiento de la causa.

La legislación chilena no prevé la existencia de la figura del auto de vinculación a proceso o alguna figura similar.[20]

LA NECESIDAD O DEROGACIÓN DE LA AUDIENCIA INICIAL EN EL PROCESO PENAL MEXICANO

La audiencia inicial en el Proceso Penal Mexicano, es aquel acto procesal a través del cual, en presencia del Juez de Control, una vez que el Ministerio Público ha recabado suficientes elementos que acreditan en grado de probabilidad la existencia de un hecho con apariencia de delito y la posibilidad de que una persona haya participado en el, se comunica a la persona que está siendo investigada, tal situación, se le brinda la oportunidad de declarar y se solicita el inicio del proceso penal y en su caso la imposición de medidas cautelares.

De acuerdo con el trabajo aquí propuesto se afirma que es una figura propia del Sistema Acusatorio Adversarial, ya que dentro de su ejercicio se respetan y se ejercen los principios rectores propios de dicho sistema y permite establecer un punto de partida hacia lo que será el proceso penal, claro está, en caso de que el Ministerio Público ejercite acción penal en contra del imputado.

Es importante señalar que aún y cuando la figura de la audiencia inicial es propia de un Sistema Acusatorio Adversarial, a juicio del suscrito y no obstante que difiere en algunas características y deno-

---

19 Artículo 229 de la Ley No. 19696 (2000), publicado en el Diario Oficial de la República de Chile No. 38909.

20 Alday López Cabello, Fernando, La Vinculación a Proceso en el Sistema Procesal Mexicano, Ed., Chiapas, México 2019, Universidad Autónoma de Chiapas, p. 83.

minación, es también propia de cualquier Proceso Penal, ya que el objeto de la misma es precisamente la comunicación que realiza el Estado a una persona que está siendo investigada y se le permite comenzar a ejercer una defensa, además de que es el punto de partida de dicho Proceso Penal.

Por ello, es que a juicio del suscrito, la figura de la audiencia inicial, entendida como se ha señalado en el primer párrafo del presente apartado, cuyo objetivo se ha definido en líneas precedentes, es necesaria en cualquier Proceso Penal, pero sobre todo en un Sistema Penal Acusatorio Adversarial, además de que el ejercicio de la misma favorece el respeto a los Derechos Humanos consagrados en Nuestra Constitución.

En efecto, se afirma lo anterior ya que su ejercicio, permite en un primer momento el respeto al Debido Proceso, pero también promueve el ejercicio y respeto a los Derechos Humanos del imputado y de la víctima, ya que permite el ejercicio de la defensa de aquel y favorece el acceso a la justicia de esta.

Sin embargo, considero que la figura del auto de vinculación a proceso no es una figura necesaria para el Proceso Penal, y podría excluirse del mismo y por ende de la audiencia inicial, por los motivos que se exponen en el apartado que sigue.

LA SUPRESIÓN O CONSERVACIÓN DEL AUTO DE VINCULACIÓN A PROCESO EN EL PROCESO PENAL MEXICANO

Como he adelantado, no es necesario conservar la figura del auto de vinculación a proceso en la legislación mexicana, ya que es una figura, que si bien es cierto, en un primer momento podría promover el Derecho Humano a la seguridad jurídica, en la actualidad, ha servido de excusa para la imposición de medidas cautelares de manera injustificada, sobre todo ha promovido un abuso para la imposición de la prisión preventiva.

El Maestro Ángel Francisco Riquelme Gallardo y la Dra. Verónica Román Quiroz, critican la existencia del auto de vinculación a proceso y señalan entre otras cosas, que la existencia del mismo, se debe a un temor por parte del legislador de mantener el plazo constitucional.[21]

Partiendo de la premisa que el auto de vinculación a proceso, brinda a las partes seguridad jurídica acerca de sí los hechos investigados y los elementos de evidencia recabados por el Ministerio Público son suficientes para comenzar con el Proceso Penal y en consecuencia el dictado de dicha resolución establece la *litis* sobre la cual versara dicho proceso penal, podemos señalar lo siguiente:

Como se ha expuesto, no es necesaria una resolución de fondo en donde se pretenda hacer una valoración preliminar del caso expuesto por parte del Ministerio Público, ya que el inicio de un proceso penal, por sí solo, no debería de traer ningún perjuicio, ni afectación en los Derechos Humanos a la persona que se encuentra siendo investigada.

En efecto, el hecho de que el inicio de un proceso penal, por sí solo, no debería de traer ningún perjuicio, ni afectación en los Derechos Humanos a la persona que se encuentra siendo investigada, derivado de un mal entendimiento en un primer momento por parte del legislador, en un segundo momento por parte del legislador secundario y en un tercer momento por parte del Poder Judicial, es que, la figura de auto de vinculación a proceso ha servido como excusa para la procedencia de la imposición de medidas cautelares, sin que necesariamente se encuentren satisfechos los requisitos necesarios para su imposición.

Afirmo lo anterior ya que, la existencia del auto de vinculación a proceso, en primer lugar, permite la existencia y por consecuencia la imposición de la prisión preventiva oficiosa, que ya ha sido declara una figura inconvencional por parte de la Corte Interamericana de Derechos Humanos.[22]

En segundo lugar, en la práctica permite que el Ministerio Público funde su petición de imposición de medidas cautelares y el Juez

---

21 Ángel Francisco Riquelme Gallardo y Verónica Román Quiroz, Identidad y Razones del Sistema Acusatorio Adversarial, Ed. México, 2015, Universidad de las Américas, p. 87.

22 Sentencia de 7 de noviembre De 2022, caso Tzompaxtle Tecpile y otros vs. México, dictada por la Corte Interamericana de Derechos Humanos.

su resolución sobre la imposición de estas, en el dictado de la vinculación a proceso y el delito por el cual se ha dictado éste y no en los elementos objetivos establecidos por el legislador.

En este sentido, la existencia del auto de vinculación a proceso no debería de influir en la imposición de medidas cautelares, sin embargo, se ha vuelto la excusa perfecta para justificar la imposición de las mismas.

Por otro lado, como se ha señalado existen diversos supuestos en los que el Ministerio Público puede realizar una reclasificación del delito, sin variar los hechos claro está, por lo que el afirmar que a través del auto de vinculación se otorga una seguridad jurídica acerca de la *litis* del proceso penal, tampoco es válida. Lo que brinda la seguridad jurídica al gobernado es la comunicación de los hechos que se encuentran siendo investigados y los cuales podrían ser constitutivos de delito, ya que, al no poder variar los mismos durante el proceso penal, permiten al imputado comenzar con el ejercicio de una defensa adecuada.

Finalmente, podría pensarse que la posibilidad que tiene la defensa de ofrecer datos y medios de prueba, en su caso, y que los mismos sean valorados por el Juez de Control, resulta un ejercicio de favorecimiento al ejercicio de una defensa adecuada, sin embargo, difiero de dicha postura ya que al no ser una etapa procesal de valoración de pruebas, el Juez no puede asignarles aún un valor probatorio definitivo; incluso el día 8 de marzo del 2024, se ha publicado una tesis aislada por parte de los Tribunales Colegiados del Segundo Circuito en la que se señala que incluso el Juez de Control no tiene la obligación de dar más valor probatorio a los datos de prueba de la defensa sobre los del Ministerio Público ante una posible contradicción.[23]

---

[23] Suprema Corte de Justicia de la Nación
Registro digital: 2028353
Instancia: Tribunales Colegiados de Circuito
Undécima Época
Materias(s): Penal
Tesis: II.2o.P.43 P (11a.)
Fuente: Semanario Judicial de la Federación.
Tipo: Aislada
AUTO DE VINCULACIÓN A PROCESO. NO ES EL MOMENTO OPORTUNO PARA QUE EL JUEZ DE CONTROL, ANTE LA EVENTUAL CONTRADIC-

CIÓN ENTRE LOS DATOS DE PRUEBA DE DESCARGO —DESAHOGADOS DURANTE EL PLAZO CONSTITUCIONAL— CON LOS DE CARGO, DÉ PREVALENCIA A UNOS SOBRE OTROS [ACLARACIÓN DE LA TESIS AISLADA II.2o.P.80 P (10a.)].
Hechos: Se promovió juicio de amparo indirecto contra la resolución de segunda instancia que revocó el auto de no vinculación a proceso dictado por un Juez de Control. El Tribunal de Alzada consideró que los datos de prueba mencionados por el Ministerio Público eran suficientes para establecer el hecho que la ley señala como delito y la probable participación del quejoso en su comisión, aun cuando se desahogaron medios de prueba por parte de su defensa, los cuales estimó idóneos y pertinentes, pero insuficientes para desvirtuar la imputación.
Criterio jurídico: Este Tribunal Colegiado de Circuito, en una nueva reflexión sobre el tema abordado en la tesis aislada II.2o.P.80 P (10a.), estima pertinente aclararla, para puntualizar que en el auto de plazo constitucional, al decidir sobre la vinculación a proceso, el Juez de Control debe valorar los datos y medios de prueba (según sea el caso) ofrecidos por la defensa; sin embargo, ante su eventual contradicción con los de cargo, sin que aquéllos logren desvirtuar plenamente la imputación, no es el momento oportuno para que el Juez dé prevalencia a unos sobre otros.
Justificación: Cuando durante el plazo constitucional se desahoguen medios o datos de prueba de descargo, es obligación del Juez de Control valorarlos en la resolución; sin embargo, en caso de que lleven a un estado probatorio contradictorio con los datos de prueba de cargo referidos por el Ministerio Público, el dictado del auto de vinculación a proceso no es el momento oportuno para que el juzgador dé prevalencia a unos sobre otros, ya que esa evaluación queda reservada a la fase de juicio, toda vez que en el sistema penal acusatorio no se otorga a las primeras etapas un alcance concluyente de evaluación probatoria, sino preliminar. Lo anterior, pues el auto de vinculación no resuelve el fondo del asunto, sino que su finalidad es determinar si los datos de prueba justifican la continuación del proceso que se lleva a una etapa posterior intermedia de depuración, es decir, el Juez de Control no puede depurar anticipadamente, salvo algún caso de excepción que impidiera la apertura de la continuidad, lo que implicaría, en su caso, que no bastaría un simple estado de contradicción, sino uno absoluto de desvanecimiento de datos de cargo sobre la existencia del delito o de la probable responsabilidad penal del imputado.
SEGUNDO TRIBUNAL COLEGIADO EN MATERIA PENAL DEL SEGUNDO CIRCUITO.
Amparo en revisión 90/2023. 23 de noviembre de 2023. Unanimidad de votos. Ponente: Julio César Gutiérrez Guadarrama. Secretaria: Sofía Dávila Estrada.
Nota: Esta tesis aclara el criterio sostenido por el propio tribunal en la diversa II.2o.P.80 P (10a.), de título y subtítulo: "AUTO DE VINCULACIÓN A PROCESO DICTADO DENTRO DE LA AMPLIACIÓN DEL TÉRMINO CONSTITUCIONAL. EN ESTA RESOLUCIÓN EL ALCANCE DE UN ESTADO PROBATORIO CONTRADICTORIO ES EXCLUSIVAMENTE DE NATURALEZA PRELIMINAR.", publicada en el Semanario Judicial de la Federación del viernes 8

En este sentido, considero que debería suprimirse la figura del auto de vinculación a proceso al ser una figura que no es propia del Sistema Acusatorio Adversarial y que resulta ser una creación del legislador mexicano, además de que permite que la autoridad justifique la imposición de medidas cautelares al imputado y no es una resolución que fije la *litis* del Proceso Penal, por un lado y por otro lado, el Juez tampoco se encuentra obligado a valorar los datos de prueba y otorgarles un valor probatorio.

CONCLUSIONES

1.- La figura de la audiencia inicial, es una figura se suma importancia para cualquier proceso penal, al ser el acto procesal mediante el cual se le comunica a una persona que está siendo investigado, los hechos por los cuales está siendo investigado y la intención de iniciar un proceso penal, así, es una figura indispensable para un Sistema Procesal Penal de corte Acusatorio Adversarial.

2.- El Auto de Vinculación a Proceso, es una figura que solo existe en la legislación mexicana y que pretende ser una adecuación del auto de formal prisión a la adopción de un Sistema Procesal Penal de corte Acusatorio Adversarial.

3.- El Auto de Vinculación a Proceso, es una figura que debería de suprimirse de nuestra legislación, al no cumplir el propósito que se pretende que cumpla y servir como justificación para el Ministerio Público y Juez de Control para la imposición de medidas cautelares.

BIBLIOGRAFÍA

Carbonell, Miguel, Los Juicios Orales en México, 2ª Ed., México 2010, Porrúa.

de marzo de 2019 a las 10:11 horas y en la Gaceta del Semanario Judicial de la Federación, Décima Época, Libro 64, Tomo III, marzo de 2019, página 2571, con número de registro digital: 2019450.
Esta tesis se publicó el viernes 08 de marzo de 2024 a las 10:11 horas en el Semanario Judicial de la Federación.

Alday López Cabello, Fernando, La Vinculación a Proceso en el Sistema Procesal Mexicano, Ed., Chiapas, México 2019, Universidad Autónoma de Chiapas.

García Ramírez, Sergio, *La Reforma Penal Constitucional, (2007-2008), México, Porrúa.*

REFORMA CONSTITUCIONAL EN MATERIA DE JUSTICIA PENAL Y SEGURIDAD PÚBLICA (PROCESO LEGISLATIVO) (18 de junio de 2008).

Avella Franco, Pedro Oriol, Estructura del Proceso Penal Acusatorio, Ed., Colombia 2007, Fiscalía General de la Nación.

Gómez Mont Landerreche, Pablo, La persona como presupuesto en la información de las medidas cautelares, artículo que se encuentra dentro de la obra Medidas Cautelares, Fundamentos Procesales, Doctrinales, Jurisprudenciales y Tratados Internacionales Ed. México, 2023, Anaya.

https://www.federaldefendersny.org/descripcin-general-de-un-proceso-penal.

https://www.federaldefendersny.org/fianza-y-detencin-previo-a-jurcio-faqs.

https://www.elsevier.es/es-revista-acta-sociologica-75-articulo-diagnostico-del-sistema-penal-acusatorio-S0186602817300257#:~:text=El%20proceso%20penal%20colombiano%20est%C3%A1,procesales%20que%20buscan%20finalidades%20distintas.

Ángel Francisco Riquelme Gallardo y Verónica Román Quiroz, Identidad y Razones del Sistema Acusatorio Adversarial, Ed. México, 2015, Universidad de las Américas.

Problemáticas del amparo. Posibilidad de desahogar prueba. Prohibición de ofrecer pruebas en el amparo indirecto promovido en contra de una orden de aprehensión librada bajo el sistema penal acusatorio

GUILLERMO BARRADAS CENDÓN

INTRODUCCIÓN

La reforma constitucional al sistema de seguridad y justicia publicada en el Diario Oficial de la Federación el 18 de junio de 2008, estableció primordialmente el cambio del sistema de justicia penal mixto-inquisitivo a uno acusatorio y oral que, en principio, debía ser más garantista, con mayor respeto a los derechos humanos de las víctimas u ofendidos y de los imputados.

Derivado de dicha reforma constitucional, existieron también adecuaciones a diversas legislaciones adjetivas y sustantivas con la intención de que coadyuvaran en la mejor operación y funcionamiento del sistema acusatorio en nuestro país, tal fue el caso, de la Ley de Amparo.

A pesar de lo anterior, existen múltiples problemas en el juicio de amparo relativos a la prueba, que hacen nugatorios los derechos de las víctimas u ofendidos, así como de los imputados y que no comulgan con la idea garantista del nuevo sistema que, incluso, puede afirmarse, constituye un retroceso en materia de derechos humanos.

En este capítulo se abordará la problemática que existe en el juicio de amparo promovido en contra de la orden de aprehensión librada bajo el sistema penal acusatorio, al pretender probar dentro del mismo y ser nugatorio ese derecho, a pesar de no haber tenido el quejoso la oportunidad de hacerlo en el procedimiento de donde se originó el mandato de captura.

EL PRINCIPIO DE LIMITACIÓN DE LA PRUEBA EN EL JUICIO DE AMPARO

El artículo 75 de la Ley de Amparo prevé, como regla general, el principio de limitación de la prueba, en virtud del cual el acto reclamado debe apreciarse de la forma en que lo haya tenido a la vista la autoridad responsable y no se tomarán en consideración medios de convicción no rendidos ante ésta.

Lo anterior implica que al juzgar el acto reclamado no pueden valorarse pruebas que la responsable no tomó en cuenta y existe imposibilidad por parte del Juez de amparo de sustituirse en la competencia de la autoridad responsable al analizar el acto reclamado.

La excepción a dicho principio fue reconocida, primero, en la jurisprudencia y, después, en el segundo párrafo del artículo 75 de la Ley de Amparo (*Tmx 261935*) de 2013, consistente en el derecho del quejoso a ofrecer pruebas cuando no hubiere tenido oportunidad de hacerlo ante la autoridad responsable.

Sin embargo, con la reforma a la Ley de Amparo de 2016, para "hacerla consistente con el nuevo sistema penal", ahora se prevé una limitante según la cual el juzgador debe cerciorarse de que tal ofrecimiento no implique una violación a la oralidad o los principios que rigen el proceso penal acusatorio.

DESARROLLO JURISPRUDENCIAL DEL PRINCIPIO DE LIMITACIÓN DE LA PRUEBA

La Primera Sala de la Suprema Corte de Justicia de la Nación, en su Quinta Época, empezó a reconocer el derecho a ofrecer pruebas en el juicio de amparo cuando el quejoso no tuvo oportunidad de ofrecerlas ante la responsable, aun y cuando ésta no las haya tenido a la vista al emitir el acto reclamado, en la jurisprudencia:

> Registro digital: 390098,
> Instancia: Primera Sala,
> Quinta Época,
> Materia(s): Penal,
> Tesis: 229,
> Fuente: Apéndice de 1995, Tomo II, Parte SCJN, página 130,
> Tipo: Jurisprudencia

ORDEN DE APREHENSIÓN, PRUEBAS EN EL AMPARO RESPECTO DE LA.

Posteriormente, la Primera Sala de la Suprema Corte de Justicia de la Nación, ya en la Novena Época, previo a la reforma constitucional de 2008, matizó el derecho del quejoso a ofrecer pruebas dentro del juicio de amparo cuando éste las haya ofrecido en la averiguación previa (anterior sistema) y no se hubieren desahogado o que no haya tenido oportunidad de ofrecerlas, en la jurisprudencia:

Registro digital: 193891
Instancia: Primera Sala (*Tmx 29191*)
Novena Época
Materia(s): Penal
Tesis: 1a./J. 29/99
Fuente: Semanario Judicial de la Federación y su Gaceta,
Tomo IX, mayo de 1999, página 296,
Tipo: Jurisprudencia.

ORDEN DE APREHENSIÓN, PRUEBAS ADMISIBLES EN EL AMPARO CONTRA LA.

Años después, la Primera Sala de la Suprema Corte de Justicia de la Nación, estableció que cuando en el juicio de amparo indirecto se reclamara la orden de aprehensión, deben tomarse en cuenta las pruebas desahogadas en el proceso penal con posterioridad a su libramiento, siempre que el quejoso demostrara que se tratara de probanzas supervenientes y que éstas tuvieran estrecha vinculación con los hechos materia de la investigación, en la jurisprudencia:

Registro digital: 171115
Instancia: Primera Sala (*Tmx 2171877*)
Novena Época
Materia(s): Penal
Tesis: 1a./J. 107/2007
Fuente: Semanario Judicial de la Federación y su Gaceta,
Tomo XXVI, octubre de 2007, página 112
Tipo: Jurisprudencia.

ORDEN DE APREHENSIÓN. CUANDO SE RECLAMA EN EL JUICIO DE AMPARO INDIRECTO, DEBEN TOMARSE EN CUENTA LAS PRUEBAS DESAHOGADAS EN EL PROCESO PENAL CON POSTERIORIDAD A SU DICTADO, SIEMPRE QUE EL QUEJOSO ACREDITE QUE SON SUPERVENIENTES Y TENGAN VINCULACIÓN CON LOS HECHOS MATERIA DE LA INVESTIGACIÓN.

Hasta ese momento, el desarrollo jurisprudencial de las excepciones al principio de la limitación de prueba era acorde al principio de progresividad en materia de derechos humanos, porque la Suprema Corte de Justicia reconocía el derecho del quejoso de ofrecer pruebas en el amparo en contra de la orden de aprehensión: (i) cuando el quejoso no había tenido posibilidad de ofrecerlas ante la responsable, (ii) cuando las ofreció y la responsable no las desahogó y (iii) cuando fueran supervenientes.

Sin embargo, después de estas resoluciones jurisprudenciales, ocurrieron dos eventos que cambiaron dichos criterios: la reforma constitucional penal de 2008 y la reforma de 2016 al artículo 75, párrafo segundo, de la Ley de Amparo (*Tmx 261935*), en donde se estableció la excepción de que el quejoso sí tenía el derecho de ofrecer pruebas, pero siempre y cuando no vulnerara los principios del nuevo sistema penal acusatorio.

CRITERIO OBLIGATORIO ACTUAL RESPECTO AL DERECHO DEL QUEJOSO A PROBAR EN UN JUICIO DE AMPARO. ARGUMENTOS DE LA PRIMERA SALA DE LA SUPREMA CORTE DE JUSTICIA DE LA NACIÓN EN LA JURISPRUDENCIA 1A./J. 1/2021 (10A.)

Después de estos dos eventos, en 2021, la Primera Sala de la Suprema Corte de Justicia, cambió su criterio y emitió esta jurisprudencia por contradicción de tesis, que se encuentra vigente:

> Registro digital: 2022840
> Instancia: Primera Sala (*Tmx 2137002*)
> Décima Época
> Materia(s): Penal Común
> Tesis: 1a./J. 1/2021 (10a.)
> Fuente: Gaceta del Semanario Judicial de la Federación
> Libro 84, marzo de 2021, Tomo II, página 1210
> Tipo: Jurisprudencia.
>
> PRUEBAS EN EL AMPARO INDIRECTO PROMOVIDO EN CONTRA DE UNA ORDEN DE APREHENSIÓN EMITIDA BAJO EL SISTEMA PROCESAL PENAL ACUSATORIO. DEBEN DESECHARSE SI PRETENDEN DEMOSTRAR SU INCONSTITUCIONALIDAD, VARIANDO LAS CIRCUNSTANCIAS O LOS HECHOS EN LOS QUE EL JUEZ DE CONTROL SE BASÓ

PARA EMITIRLA (INTERPRETACIÓN DEL ARTÍCULO 75, PÁRRAFO SEGUNDO, IN FINE, DE LA LEY DE AMPARO).

Para justificar la restricción al derecho a probar, la Sala dividió su análisis en dos partes:

a) Interpretó teleológicamente el artículo 75, párrafo segundo, de la Ley de Amparo (*Tmx 261935*), en el sentido de que fue voluntad del Congreso de la Unión armonizar el sistema penal acusatorio y el juicio de amparo, mediante la prohibición de ofrecer pruebas en el juicio de amparo que no tuvo a la vista la autoridad responsable cuando su admisión violara los principios de oralidad, publicidad, contradicción, concentración, continuidad e inmediación y principios del sistema acusatorio.
b) Afirmó que los principios del sistema acusatorio adversarial son distintos a los que rigen el juicio de amparo y que es necesaria la prohibición para respetar aquéllos y que el quejoso no quede en estado de indefensión en tanto que: a) los requisitos constitucionales y legales establecidos para librar una orden de aprehensión permiten cuestionar tal orden vía amparo a efecto de evidenciar que no se acreditaron conforme expuso la fiscalía y garantizan la defensa del particular, y b) el imputado tiene medios alternos de defensa.

Un año después, en 2022, la propia Primera Sala se contradijo en su criterio, porque tratándose del derecho a ofrecer pruebas dentro del juicio de amparo hizo operantes los principios penales y anuló el derecho humano a probar y tratándose del recurso de apelación que es predominantemente escrito respetó el derecho de defensa y suprimió los principios del nuevo sistema penal:

Registro digital: 2021130
Instancia: Primera Sala (*Tmx 2142353*)
Materia(s): Constitucional, Penal
Tesis: 1a. CVI/2019 (10a.)
Fuente: Gaceta del Semanario Judicial de la Federación.
Libro 72, noviembre de 2019, Tomo I, página 376
Tipo: Aislada

RECURSO DE APELACIÓN EN EL PROCESO PENAL ACUSATORIO. EL ARTÍCULO 468, FRACCIÓN II, DEL CÓDIGO NACIONAL DE PROCEDIMIENTOS PENALES, AL PREVER QUE SERÁ APELABLE LA SENTENCIA DEFINITIVA EN RELACIÓN CON AQUELLAS CONSIDERACIONES

"DISTINTAS A LA VALORACIÓN DE LA PRUEBA SIEMPRE Y CUANDO NO COMPROMETAN EL PRINCIPIO DE INMEDIACIÓN", VIOLA EL DERECHO A CONTAR CON UN RECURSO EFECTIVO.

INCONSTITUCIONALIDAD DEL ARTÍCULO 75, PÁRRAFO SEGUNDO, DE LA LEY DE AMPARO

Es desafortunado y un retroceso en materia de derechos humanos el criterio obligatorio actual de la Primera Sala de la Suprema Corte de Justicia de la Nación, porque anuló el derecho a probar, ya reconocido legal y jurisprudencialmente, para respetar los principios del nuevo sistema penal acusatorio, sin aplicar debidamente las metodologías de adjudicación constitucional que existen para resolver los conflictos entre principios y determinar si una restricción a un derecho humano es constitucional.[1] Estas metodologías de adjudicación constitucional cobraron fuerza por tres eventos históricos:

i) La Sentencia del 23 de noviembre de 2009, que dictó la Corte Interamericana de Derechos Humanos, en el caso Rosendo Radilla Pacheco vs. Estados Unidos Mexicanos.[2]
ii) Las reformas constitucionales en materia de Amparo y Derechos Humanos, publicadas en junio de 2011.
iii) La resolución dictada por el Tribunal Pleno en el expediente 912/2010.

A continuación, se analiza la ejecutoria de la Primera Sala de la Suprema Corte de Justicia de la Nación a partir de algunas de las metodologías referidas para demostrar que el artículo 75, párrafo segundo, de la Ley de Amparo (*Tmx 261935*) es inconstitucional, porque esta disposición legal vació de contenido el derecho a probar

---

1 El Centro de Estudios Constitucionales de la Suprema Corte de Justicia ha publicado varios libros electrónicos sobre las metodologías de adjudicación constitucional que son los caminos que ha seguido para determinar si una restricción a un derecho humano es constitucional. Por ejemplo, D. B. González Carvallo *"El test de proporcionalidad. Aplicaciones y desarrollos recientes"*, CEC, México, 2021 y D. B. González Carvallo, *"Conflictos entre derechos. Ensayos desde la filosofía práctica"*, CEC, México, 2021.

2 Lo relevante en este caso para nuestro análisis es el párrafo 339 de dicha sentencia que estableció la figura del control difuso de convencionalidad.

dentro del juicio de amparo cuando el acto reclamado es una orden de aprehensión.

Principio de indisponibilidad

Todo análisis de la constitucionalidad de una porción normativa debe partir del principio de indisponibilidad de los derechos humanos que implica que las autoridades constituidas (legislativas, administrativas y jurisdiccionales) tienen prohibido restringir o suspender los derechos fuera de los casos y condiciones que la Constitución (*Tmx 256779*) establece.

Este principio fue evidenciado por la Comisión de Constitución, en la 11ª sesión ordinaria de diciembre de 1916, cuando fue leído el proyecto del artículo 1° de la Constitución de 1917:

> "Ciudadanos diputados:
>
> "Comenzando el estudio del proyecto de Constitución presentado por la Primera Jefatura, la Comisión es de parecer que debe aprobarse el artículo 1o, que contiene dos principios capitales cuya enunciación debe justamente preceder a la enumeración de los derechos que el pueblo reconoce como naturales del hombre, y por esto encomienda al poder público que los proteja de una manera especial, como que son la base de las instituciones sociales. El primero de esos principios, es que la autoridad debe garantizar el goce de los derechos naturales a todos los habitantes de la República. El segundo es que no debe restringirse ni modificarse la protección concedida a esos derechos, sino con arreglo a la misma Constitución".

De acuerdo con dicho principio, por regla general, la Constitución (*Tmx 256779*) respecto de cada derecho humano señala los casos y las condiciones bajo las cuales la autoridad administrativa, legislativa y jurisdiccional puede restringir el derecho humano.

Para otros casos, sin que así lo autorice expresamente la Constitución (*Tmx 256779*), la Suprema Corte de Justicia de la Nación ha aplicado los denominados test (metodologías de adjudicación constitucional) para determinar si una restricción legislativa a un derecho humano es constitucional, como el de proporcionalidad, el del escrutinio estricto y el de la ponderación.

El "núcleo esencial" de los derechos al debido proceso, defensa y acceso a la justicia

Una vez que sabemos que los derechos humanos si bien no son absolutos, pero sí indisponibles fuera de los casos y condiciones que establece la Constitución (*Tmx 256779*), es necesario precisar que la libertad configurativa o de configuración que tiene el legislativo para diseñar las leyes, está limitada no solo por las restricciones constitucionales sino también por el núcleo esencial de cada derecho humano, como se advierte de la siguiente jurisprudencia:

> Registro digital: 2012593
> Instancia: Pleno (*Tmx 2153199*)
> Décima Época
> Materia(s): Constitucional
> Tesis: P./J. 11/2016 (10a.)
> Fuente: Gaceta del Semanario Judicial de la Federación.
> Libro 34, Septiembre de 2016, Tomo I, página 52
> Tipo: Jurisprudencia
>
> LIBERTAD DE CONFIGURACIÓN LEGISLATIVA DE LOS CONGRESOS ESTATALES. ESTÁ LIMITADA POR LOS MANDATOS CONSTITUCIONALES Y LOS DERECHOS HUMANOS.

El núcleo esencial de esos derechos humanos comprende el derecho de todo gobernado a ser escuchado por un órgano jurisdiccional, que implica presentar sus hechos, probarlos y hacer valer sus argumentos jurídicos.

Esto permite garantizar el acceso a la administración de justicia plena por los órganos jurisdiccionales permanentemente estatuidos con antelación al conflicto, sin más condición que las formalidades necesarias, razonables y proporcionales al caso para lograr su trámite y resolución, para lograr una resolución justa.

En el caso particular del artículo 75, párrafo segundo, de la Ley de Amparo (*Tmx 261935*), la Primera Sala no aplicó debidamente los test para determinar si la prohibición legislativa al derecho a probar que contiene dicha porción normativa es constitucional y más aún vació de contenido y anuló el núcleo esencial de los derechos de audiencia, acceso a la justicia y debido proceso dentro del juicio de amparo.

Restricciones constitucionales a dichos derechos

Para determinar si la restricción legislativa de derecho a probar es constitucional lo siguiente es determinar cuáles son las restricciones constitucionales a los derechos humanos de audiencia, debido proceso y acceso a la justicia.

Hay dos tipos de restricciones constitucionales, a saber: i) las que expresamente señala la Constitución (*Tmx 256779*) respecto de cada derecho y, ii) las que derivan de la aplicación de las metodologías de adjudicación constitucional.

El Pleno de la Suprema Corte ha sostenido en jurisprudencia que si existe una restricción expresa a un derecho humano en la Constitución (*Tmx 256779*) debe estarse al texto constitucional, aún y cuando ese derecho tenga una mayor protección en un tratado internacional.

> Registro digital: 2006224
> Instancia: Pleno (*Tmx 2154737*)
> Décima Época
> Materia(s): Constitucional
> Tesis: P./J. 20/2014 (10a.)
> Fuente: Gaceta del Semanario Judicial de la Federación.
> Libro 5, Abril de 2014, Tomo I, página 202
> Tipo: Jurisprudencia
>
> DERECHOS HUMANOS CONTENIDOS EN LA CONSTITUCIÓN Y EN LOS TRATADOS INTERNACIONALES. CONSTITUYEN EL PARÁMETRO DE CONTROL DE REGULARIDAD CONSTITUCIONAL, PERO CUANDO EN LA CONSTITUCIÓN HAYA UNA RESTRICCIÓN EXPRESA AL EJERCICIO DE AQUÉLLOS, SE DEBE ESTAR A LO QUE ESTABLECE EL TEXTO CONSTITUCIONAL.

El derecho de acceso a la justicia no es absoluto, está limitado por los plazos y términos que fijen las leyes, de acuerdo con el artículo 17, párrafo segundo, de la Constitución General de la República (*Tmx 256779*).

Si bien en un principio el derecho a probar está restringido constitucionalmente por los plazos y términos que fijen las leyes expedidas con anterioridad al hecho, el Pleno de la Suprema Corte ha sostenido que dicha facultad no es ilimitada y esos plazos y términos deben encontrar una justificación constitucional como los derechos de audiencia, debido proceso y acceso a la justicia con las debidas garantías.

> Registro digital: 188804
> Instancia: Pleno (*Tmx 53215*)
> Novena Época
> Materia(s): Constitucional
> Tesis: P./J. 113/2001
> Fuente: Semanario Judicial de la Federación y su Gaceta.
> Tomo XIV, Septiembre de 2001, página 5
> Tipo: Jurisprudencia
>
> JUSTICIA, ACCESO A LA. LA POTESTAD QUE SE OTORGA AL LEGISLADOR EN EL ARTÍCULO 17 DE LA CONSTITUCIÓN GENERAL DE LA REPÚBLICA, PARA FIJAR LOS PLAZOS Y TÉRMINOS CONFORME A LOS CUALES AQUÉLLA SE ADMINISTRARÁ NO ES ILIMITADA, POR LO QUE LOS PRESUPUESTOS O REQUISITOS LEGALES QUE SE ESTABLEZCAN PARA OBTENER ANTE UN TRIBUNAL UNA RESOLUCIÓN SOBRE EL FONDO DE LO PEDIDO DEBEN ENCONTRAR JUSTIFICACIÓN CONSTITUCIONAL.

Después de realizar un análisis de las restricciones (términos y plazos legales que tengan una justificación constitucional), no se observa que autoricen al legislador secundario para que en el artículo 75, párrafo segundo, de la Ley de Amparo (*Tmx 261935*) hayan hecho nugatorio el derecho humano a probar dentro del juicio de amparo tratándose de actos relacionados con el sistema penal acusatorio y en especial con la orden de aprehensión.

El principio de progresividad y la prohibición de regresividad

El precepto en estudio también viola el principio de progresividad de los derechos humanos previsto en el artículo 1° constitucional (*Tmx 256779*) desde la reforma de 2011, porque en lugar de ampliar el ámbito protector del derecho a probar dentro del juicio de amparo lo anuló al entrar en colisión con los principios del nuevo sistema penal acusatorio:

> Registro digital: 2019325
> Instancia: Segunda Sala (*Tmx 2141160*)
> Décima Época
> Materia(s): Constitucional, Común
> Tesis: 2a./J. 35/2019 (10a.)

> Fuente: Gaceta del Semanario Judicial de la Federación.
> Libro 63, Febrero de 2019, Tomo I, página 980
> Tipo: Jurisprudencia
>
> PRINCIPIO DE PROGRESIVIDAD DE LOS DERECHOS HUMANOS. SU NATURALEZA Y FUNCIÓN EN EL ESTADO MEXICANO.

Ello es así, porque desde el punto de vista negativo, el principio de progresividad impone una prohibición de regresividad: el legislador tiene prohibido, en principio, emitir actos legislativos que limiten, restrinjan, eliminen o desconozcan el alcance y la tutela que en determinado momento ya se reconocía a los derechos humanos, y el aplicador tiene prohibido interpretar las normas sobre derechos humanos de manera regresiva, esto es, atribuyéndoles un sentido que implique desconocer la extensión de los derechos humanos y su nivel de tutela admitido previamente:

> Registro digital: 2015305
> Instancia: Primera Sala (*Tmx 2156504*)
> Décima Época
> Materia(s): Constitucional
> Tesis: 1a./J. 85/2017 (10a.)
> Fuente: Gaceta del Semanario Judicial de la Federación.
> Libro 47, Octubre de 2017, Tomo I, página 189
> Tipo: Jurisprudencia
>
> PRINCIPIO DE PROGRESIVIDAD DE LOS DERECHOS HUMANOS. SU CONCEPTO Y EXIGENCIAS POSITIVAS Y NEGATIVAS.

Además, si bien la prohibición de regresividad no es absoluta, deben ser justificadas por el legislador plenamente, lo cual no sucede tratándose del artículo 75, párrafo segundo, de la Ley de Amparo (*Tmx 261935*), pues no existe un equilibrio razonable entre los derechos fundamentales en juego y la afectación desmedida a la eficacia del derecho a probar, al anularlo completamente:

> Registro digital: 2015304
> Instancia: Primera Sala (*Tmx 2140379*)
> Décima Época
> Materia(s): Constitucional
> Tesis: 1a./J. 87/2017 (10a.)
> Fuente: Gaceta del Semanario Judicial de la Federación.
> Libro 47, Octubre de 2017, Tomo I, página 188
> Tipo: Jurisprudencia

PRINCIPIO DE PROGRESIVIDAD DE LOS DERECHOS HUMANOS. LA PROHIBICIÓN QUE TIENEN LAS AUTORIDADES DEL ESTADO MEXICANO DE ADOPTAR MEDIDAS REGRESIVAS NO ES ABSOLUTA, PUES EXCEPCIONALMENTE ÉSTAS SON ADMISIBLES SI SE JUSTIFICAN PLENAMENTE.

Registro digital: 2014218
Instancia: Segunda Sala (*Tmx 2142016*)
Décima Época
Materia(s): Constitucional, Común
Tesis: 2a./J. 41/2017 (10a.)
Fuente: Gaceta del Semanario Judicial de la Federación.
Libro 42, Mayo de 2017, Tomo I, página 634
Tipo: Jurisprudencia

PROGRESIVIDAD DE LOS DERECHOS HUMANOS. CRITERIOS PARA DETERMINAR SI LA LIMITACIÓN AL EJERCICIO DE UN DERECHO HUMANO DERIVA EN LA VIOLACIÓN DE AQUEL PRINCIPIO.

La regresividad del derecho a probar que ya estaba reconocido jurisprudencialmente y en el artículo 75, párrafo segundo, de la Ley de Amparo (*Tmx 261935*) de 2013 no puede estar justificada plenamente ante la anulación total de dicho derecho en el caso de estudio y la omisión de aplicar las metodologías de adjudicación constitucional para determinar si dicha restricción legislativa es constitucional.

Test de proporcionalidad. (Audiencia, defensa, debido proceso y acceso a la justicia)

El test de proporcionalidad, de origen alemán, es una metodología que la Suprema Corte de Justicia de la Nación debió haber aplicado para analizar la constitucionalidad de la restricción legislativa prevista en el artículo 75, párrafo segundo, de la Ley de Amparo (*Tmx 261935*), al derecho humano a probar, pues si bien ningún derecho humano es absoluto, está protegido por los principios de indisponibilidad, progresividad, no regresividad y núcleo esencial:

Registro digital: 2013156
Instancia: Primera Sala (*Tmx 1174874*)
Décima Época
Materia(s): Constitucional
Tesis: 1a. CCLXIII/2016 (10a.)
Fuente: Gaceta del Semanario Judicial de la Federación.

Libro 36, Noviembre de 2016, Tomo II, página 915
Tipo: Aislada

TEST DE PROPORCIONALIDAD. METODOLOGÍA PARA ANALIZAR MEDIDAS LEGISLATIVAS QUE INTERVENGAN CON UN DERECHO FUNDAMENTAL.

Registro digital: 160267
Instancia: Primera Sala (*Tmx 98015*)
Décima Época
Materia(s): Constitucional
Tesis: 1a./J. 2/2012 (9a.)
Fuente: Semanario Judicial de la Federación y su Gaceta.
Libro V, Febrero de 2012, Tomo 1, página 533
Tipo: Jurisprudencia

RESTRICCIONES A LOS DERECHOS FUNDAMENTALES. ELEMENTOS QUE EL JUEZ CONSTITUCIONAL DEBE TOMAR EN CUENTA PARA CONSIDERARLAS VÁLIDAS.

Tiene cuatro pasos: finalidad legítima, idoneidad, necesidad y proporcionalidad en sentido estricto.

Primero, debemos identificar los fines (valores, intereses, bienes o principios) que persiguió el legislador con la medida, para después determinar si éstos son válidos constitucionalmente. No cualquiera justifica la limitación a un derecho fundamental.

Un análisis conjunto de la iniciativa[3] y los dictámenes de la Cámara de Origen[4] y Revisora[5] permite advertir que la finalidad del legislador al crear la prohibición probatoria fue impedir la transgresión, dentro del juicio de amparo, de los principios constitucionales del sistema penal acusatorio.

En segundo lugar, en cuanto a la idoneidad de la medida debe analizarse si la norma tiende a alcanzar en algún grado los fines perseguidos por el legislador. Presupone la existencia de una relación entre la intervención al derecho y el fin que persigue dicha afecta-

---

3 Exposición de motivos de 25 de noviembre de 2014 presentada en la Cámara de Senadores. Gaceta No. LXII/3PPO-59/51468.

4 Dictamen de 9 de diciembre de 2014 presentado en la Cámara de Senadores. Gaceta No. LXII/3PPO-69/51954.

5 Dictamen de 28 de abril de 2016 presentado en la Cámara de Diputados. Gaceta No. 4518-VI.

ción, siendo suficiente que la medida contribuya en algún modo y en algún grado a lograr el propósito que busca el legislador. En este caso, la prohibición sí permite el respeto a los principios constitucionales del sistema penal acusatorio.

En tercer lugar, hay que analizar si la norma es necesaria o si existen medidas alternativas también idóneas que afecten menos el derecho fundamental. Si existen, la medida legislativa será inconstitucional. Por ejemplo, medidas que el legislador consideró adecuadas para situaciones similares, o bien las alternativas que en el derecho comparado se han diseñado para regular el mismo fenómeno.

En el sistema jurídico mexicano, sí existen alternativas legislativas para situaciones similares menos restrictivas aún ante la existencia de los principios del nuevo sistema penal, como el caso del recurso de apelación.

El artículo 484, párrafos segundo y tercero, del Código Nacional de Procedimientos Penales (*Tmx 256531*) establece que en el recurso de apelación que es predominantemente escrito existe el derecho a probar, como el juicio de amparo, cuando sea indispensable para sustentar el agravio que se formula y cuando sea superveniente:

> "Artículo 484. Prueba.
>
> ...
>
> También es admisible la prueba propuesta por el imputado o en su favor, incluso relacionada con la determinación de los hechos que se discuten, cuando sea indispensable para sustentar el agravio que se formula.
>
> Las partes podrán ofrecer medio de prueba esencial para resolver el fondo del reclamo, sólo cuando tengan el carácter de superveniente".

Finalmente, será necesario realizar un examen de proporcionalidad en sentido estricto que consiste en comparar el grado de intervención en el derecho fundamental que supone la medida legislativa examinada, frente al grado de realización del fin perseguido por ésta. Ponderar los beneficios con los costos. La norma será inconstitucional si el nivel de realización del fin constitucional que persigue el legislador es menor al nivel de intervención en el derecho fundamental.

En el caso de estudio, la restricción legislativa al derecho a probar es inconstitucional porque es totalmente desproporcional anular absolutamente un derecho humano básico a probar por el cumplimiento de principios que son instrumentales y que fueron creados en beneficio de la víctima, el ofendido y el imputado, no en su perjuicio.

Test del escrutinio. Discriminación normativa. (Igualdad)

El Pleno de la Suprema Corte de Justicia ha utilizado también la metodología denominada test del escrutinio para analizar la constitucionalidad de normas que restringen derechos humanos. Consta de tres pasos: finalidad constitucional, vinculación entre la distinción legislativa y la finalidad y que la distinción sea la medida menos restrictiva para conseguir la finalidad:

> Registro digital: 161310
> Instancia: Pleno (*Tmx 55468*)
> Novena Época
> Materia(s): Constitucional
> Tesis: P./J. 28/2011
> Fuente: Semanario Judicial de la Federación y su Gaceta.
> Tomo XXXIV, Agosto de 2011, página 5
> Tipo: Jurisprudencia
>
> ESCRUTINIO DE IGUALDAD Y ANÁLISIS CONSTITUCIONAL ORIENTADO A DETERMINAR LA LEGITIMIDAD DE LAS LIMITACIONES A LOS DERECHOS FUNDAMENTALES. SU RELACIÓN.

El Pleno y la Primera Sala de la Suprema Corte han distinguido entre el escrutinio estricto, cuando se trata de una categoría sospechosa prevista en el artículo 1° de la Constitución (*Tmx 256779*), y el ordinario. Ambos comprenden los tres pasos. La diferencia es que en el primero la finalidad constitucional perseguida por la norma restrictiva debe ser imperiosa, mientras que en el ordinario, debe ser admisible:

> Registro digital: 2012589
> Instancia: Pleno (*Tmx 2153216*)
> Décima Época
> Materia(s): Constitucional
> Tesis: P./J. 10/2016 (10a.)
> Fuente: Gaceta del Semanario Judicial de la Federación.
> Libro 34, Septiembre de 2016, Tomo I, página 8
> Tipo: Jurisprudencia
>
> CATEGORÍA SOSPECHOSA. SU ESCRUTINIO.

Registro digital: 169877
Instancia: Primera Sala (*Tmx 2173493*)
Novena Época
Materia(s): Constitucional
Tesis: 1a./J. 37/2008
Fuente: Semanario Judicial de la Federación y su Gaceta.
Tomo XXVII, Abril de 2008, página 175
Tipo: Jurisprudencia

IGUALDAD. CASOS EN LOS QUE EL JUEZ CONSTITUCIONAL DEBE HACER UN ESCRUTINIO ESTRICTO DE LAS CLASIFICACIONES LEGISLATIVAS (INTERPRETACIÓN DEL ARTÍCULO 1o. DE LA CONSTITUCIÓN POLÍTICA DE LOS ESTADOS UNIDOS MEXICANOS).

En el ordinario, sí guarda una relación identificable de instrumentalidad respecto de ella y sí constituye además un medio proporcional que evita el sacrificio innecesario de otros bienes y derechos, de modo que no exista un desbalance entre lo que se consigue con la medida legislativa y los costos que impone desde la perspectiva de otros intereses y derechos constitucionalmente protegidos.

Aplicando dicha metodología, también se puede concluir que la prohibición al derecho a probar contenida en el artículo 75, párrafo segundo, de la Ley de Amparo (*Tmx 261935*), es inconstitucional.

Si bien tiene una finalidad constitucional (proteger los principios del nuevo sistema penal), existe una vinculación entre la distinción legislativa (prohibición) y la finalidad (respeto a los principios citados), la distinción no es la medida menos restrictiva para conseguir la finalidad.

No es la menos restrictiva sino la más, porque tratándose de actos relacionados con el nuevo sistema penal acusatorio, como la orden de aprehensión, prohibió absolutamente la admisión de las pruebas que el quejoso no pudo ofrecer ante la responsable.

Ponderación: principios penales (2008)-derechos humanos (2011)

La Segunda Sala de la Suprema Corte, en el amparo en revisión 579/2018 (párrafos 72 a 75) y en la jurisprudencia 2a./J.11/2018 sostuvo que la ponderación es un subprincipio del test de proporcionalidad, de origen alemán, para determinar si ha existido una violación a un derecho humano tratándose de colisiones entre principios o entre principios e intereses estatales y que teóricamente la referencia es Robert Alexy.

También señaló que la ponderación exige atender a: i) la ley de la ponderación (conforme a la que cuanto mayor sea el grado de satisfacción o restricción de un principio, entonces mayor deberá ser también el grado de la importancia de la satisfacción del otro); ii) la fórmula de los pesos, y iii) la carga de la argumentación.

En este caso, la anulación del derecho humano básico a probar dentro del juicio de amparo no se justifica por la importancia de los principios del nuevo sistema penal acusatorio que son instrumentales y que fueron creados en beneficio de los sujetos del procedimiento y proceso penal, no en su perjuicio.

ESTRATEGIA DE DEFENSA DENTRO DEL JUICIO DE AMPARO

El quejoso, dentro del juicio de amparo, tiene el derecho de solicitar la inaplicación por inconstitucionalidad de la prohibición de ofrecer pruebas contenida en el artículo 75, párrafo segundo, de la Ley de Amparo (*Tmx 261935*).

Para ello tendría que cumplir con tres requisitos que estableció el Pleno de la Suprema Corte y un requisito que agregaron la Primera y Segunda Sala: (i) que exista un auto o resolución dentro del juicio de amparo, (ii) que impugne la porción normativa que se actualice y que trascienda al sentido de la decisión adoptada, (iii) que exista un recurso en contra del acto de aplicación de la norma cuestionada[6] o en la vista a que se refiere el artículo 64, párrafo segundo, de la Ley de Amparo (*Tmx 261935*) en la jurisprudencia Jurisprudencia P./J. 3/2023 (11a.) y, (iv) que el recurrente exponga en sus agravios argumentos mínimos de impugnación de la norma legal cuestionada en la jurisprudencia Jurisprudencia 2a./J. 39/2014 o que aporte argumentos para demostrar su inconstitucionalidad en la jurisprudencia 1a./J. 44/2016 (10a.)

---

6 El Pleno de la Suprema Corte, en el recurso de reclamación 130/2011, derivado del amparo directo en revisión 555/2011, estableció esas tres condiciones.

El quejoso, dentro de un juicio de amparo en contra de una orden de aprehensión, deberá ofrecer las pruebas que no pudo presentar ante la autoridad responsable, las que ofreció y no fueron desahogadas y las supervenientes.

El Juez de Distrito las desechará con base en el artículo 75, párrafo segundo, de la Ley de Amparo (*Tmx 261935*) porque violarían los principios de oralidad e inmediación del nuevo sistema penal acusatorio.

El quejoso debe solicitar su inconstitucionalidad dentro del recurso de queja o revisión que interponga con base en los artículos 97, fracción I, inciso e) y 81, fracción I, inciso e), de la Ley de Amparo (*Tmx 261935*) y el Tribunal Colegiado tendrá la obligación de analizar sus argumentos con base en los principios de indisponibilidad, progresividad, no regresividad, núcleo esencial, test de proporcionalidad y del escrutinio, así como mediante la ponderación.

PROPUESTA

Existen tres posibilidades en este tema: (i) respetar los principios constitucionales del nuevo sistema penal acusatorio y suprimir el derecho a probar como en el artículo 75, párrafo segundo, de la Ley de Amparo, (ii) respetar el derecho a probar y suprimir los principios del nuevo sistema penal como lo resolvió la Primera Sala de la Suprema Corte al declarar la inconstitucionalidad del artículo 468, fracción II, del Código Nacional de Procedimientos Penales (*Tmx 256531*) en la tesis 1a. CVI/2019 (10a.) o, (iii) respetar los principios y el derecho a probar mediante una reforma a la Ley de Amparo que los armonice.

La excepcionalidad de la prisión preventiva en el Derecho Penal mexicano es la regla general

VÍCTOR MANUEL SOLÍS BUITRÓN

Titular de la materia de Derecho Procesal Penal de la Facultad de Derecho de la Universidad Nacional Autónoma de México

Palabras clave: prisión preventiva, prisión preventiva oficiosa, prisión preventiva justificada, principio de presunción de inocencia, principio de excepcionalidad, medidas cautelares y necesidad de cautela.

Resumen: En diversos artículos de mi autoría publicados en revistas especializadas, las cuales cito en el presente trabajo, así como en exposiciones realizadas en foros académicos, he desarrollado el tema de la Prisión Preventiva y su tratamiento en el Sistema Acusatorio, siempre desde un punto de vista dogmático y con enfoque crítico. En el presente trabajo atendiendo a los criterios editoriales, me permito desarrollar una propuesta práctica sobre el tema, sin que ello nos aleje del estudio dogmático de las figuras materia de su análisis.

PRISIÓN PREVENTIVA

Producto de los sistemas procesales de corte inquisitivo, nació la Prisión Preventiva como una medida de aseguramiento al acusado, cuya finalidad es someterlo a la incoación procesal hasta la declaratoria de responsabilidad emitida por el órgano juzgador en sentencia firme e irrevocable.

Históricamente esta figura procesal en la mayoría de los sistemas penales, ha sido constitucionalmente validada, resultando útil primordialmente para asegurar que el acusado no se extraiga de la acción de la justicia y así el Estado a través de sus órganos de procuración y administración de justicia, pudieran cumplir con sus fines como lo eran perseguir los delitos y a los delincuentes y aplicar las penas correspondientes consecuencia del modelo persecutor instrumentado en sus normativas, esencialmente de corte mixto (inquisitivo con rasgos acusatorios). Es el caso de nuestro país, cuyo sistema fue regulado por el Código Federal de Procedimientos Penales desde 1931 y los Códigos procesales de aplicación local para cada uno de los Estados integrantes del Pacto Federal conforme a sus propias jurisdicciones, hoy abrogados y sustituidos por el Código Nacional de Procedimientos Penales, que como sabemos es la legislación secundaria de la Reforma Constitucional en materia de Justicia Penal y de Seguridad Pública aprobada el año de 2008, misma que entró en vigor ocho años después y la que constituye el eje del Sistema Penal Acusatorio.

Durante las múltiples discusiones que se llevaron a cabo previamente a la aprobación del proyecto de esta Reforma Constitucional, a las cuales fuimos convocados los diversos operadores del Sistema y en las que este Colegio participó directamente, uno de los aspectos más cuestionados fue la Prisión Preventiva y el tratamiento regulatorio que se le daría para ajustarse al nuevo Sistema de Justicia Penal.

Sobre el particular se adujo que esta figura resultaba obsoleta, pero principalmente contraria a los principios del Sistema Acusatorio, además de señalarse como violatoria a los Derechos Humanos, los que necesariamente debía ponderar derivado de su reconocimiento expreso en la Carta Magna a partir del Sistema de Derechos Fundamentales contenidos en la Constitución Política y en los Tratados Internacionales en la materia y de los que México es parte, considerados como ley vigente desde 2011, lo que se identificó como el Bloque de Convencionalidad.[1]

---

1 El artículo 1° de la Constitución Política de los Estados Unidos Mexicanos en lo que interesa reza:
En los Estados Unidos Mexicanos todas las personas gozarán de los derechos humanos reconocidos en esta Constitución y en los tratados internacionales de los que el Estado Mexicano sea parte, así como de las garantías para su protección, cuyo ejercicio no podrá restringirse ni suspenderse, salvo en los casos y bajo las condiciones que esta Constitución establece.
Las normas relativas a los derechos humanos se interpretarán de conformidad con esta Constitución y con los tratados internacionales de la materia favoreciendo en todo tiempo a las personas la protección más amplia.
Todas las autoridades, en el ámbito de sus competencias, tienen la obligación de promover, respetar, proteger y garantizar los derechos humanos de confor-

En este sentido, la crítica se dirigió hacia la Prisión Preventiva que específicamente fue señalada como violatoria del Principio de Presunción de Inocencia. Así se consideró que esta medida constituía una pena anticipada que priva al procesado de su libertad, previo al desahogo de un juicio, donde se cumplan todas las formalidades del procedimiento (Debido Proceso), que tenga la oportunidad de ejercer una defensa técnica, asistida por un abogado para garantizar en su favor todos los Derechos que en esa calidad le confiere la Carta Magna y en el cual se demuestre su participación en el hecho materia de la acusación, con base en pruebas desahogadas y producidas ante un Tribunal de Enjuiciamiento, todo ello en cumplimiento a los principios del Sistema Acusatorio, probanzas que en su momento deban ser valoradas con apego a las reglas procesales y declarada su culpabilidad en sentencia firme e irrevocable y comprobada la responsabilidad más allá de toda duda razonable, para cumplir con la penalidad establecida en el tipo penal.

Sin menoscabo de la crítica sobre la ponderación de la Presunción de Inocencia en su condición de Derecho Fundamental, el cual además desde 1981 ha sido sistemáticamente violentado por las autoridades en la materia penal, dado que dicho Principio está contenido en la Convención Americana de los Derechos Humanos,[2] Tratado In-

---

midad con los principios de universalidad, interdependencia, indivisibilidad y progresividad. En consecuencia, el Estado deberá prevenir, investigar, sancionar y reparar las violaciones a los derechos humanos, en los términos que establezca la ley.

2 El artículo 1° de la Convención Americana de los Derechos Humanos contiene la obligación a cargo de los Estados parte de respetar los derechos y libertades contenidos en el propio estatuto y a garantizar su libre y pleno ejercicio en favor de toda persona sujeta a su jurisdicción. Asimismo, en el artículo 2° los Estados parte por el efecto de la propia Convención, se obligan a dictar, con arreglo a sus disposiciones internas, las leyes y normas que se contrapongan al presente instrumento, haciendo extensiva dichas regulatorias a todas y cada una de las personas que se encuentran sujetas a su jurisdicción.
Es paradójico el caso de México que desde 1981 suscribió esta Convención. Durante 30 años hizo caso omiso a modificar sus estatutos internos para armonizarse con la propia Convención, so pretexto de que en aquella época la política internacional se regía por los principios de "Auto determinación de los Pueblos" y "No Intervención", por lo tanto la interpretación conferida por el gobierno mexicano a los instrumentos de Derecho Internacional, radicaba en que los Tratados Internacionales solamente eran vinculantes entre el Estado

ternacional que desde entonces fuera suscrito por México, considerado ley vigente en el orden jurídico nacional. A pesar de ello, simple y llanamente fue letra muerta en la ley y constantemente atropellado por las Autoridades penales con el argumento de que no estaba escrito en la Constitución Política y por el contrario, que la Carta Magna sí reconoció la Prisión Preventiva, medida convalidada mediante la aplicación sistemática de la interpretación constitucional a *contrario sensu*, operando su aplicación mediante la presunción de culpabilidad y el "usted disculpe", derivado de una declaratoria de inocencia en sentencia definitiva dictada en juicio.

En este mar de críticas a la Prisión Preventiva, en el proceso de implementación de la Reforma Constitucional al Sistema Acusatorio, procedimos a realizar un análisis comparativo sobre los sistemas procesales en algunos países latinoamericanos, que para entonces, ya nos llevaban ventaja en los tiempos de su aplicación, tal es el caso de Colombia, Costa Rica o Chile.

De la experiencia adquirida que nos compartieron los operadores del Sistema Acusatorio en esos países y de la revisión de sus normativas ya en vigor, identificamos que la Prisión Preventiva fue reconocida exclusivamente como excepción, ello con apego al Principio de Subsidiariedad o última *ratio legis* de la norma penal, la que por su naturaleza punitiva, debía avanzar en relación a su objeto de un sentido persecutor y sancionador, a otro que buscara la restitución de la justicia o a la reparación del daño, donde lógicamente la penalidad a través de la prisión en la condición de pena o medida de seguridad, debía asumirse sólo en el supuesto en que no existan otros mecanismos idóneos para garantizar el orden social y la sana convivencia.

Esta consideración cobró mucho más sentido tratándose de la Prisión Preventiva. De esta forma, al momento de su discusión se plantearon dos críticas que a continuación expongo:

1.- La que identificaba a determinadas figuras delictivas como graves en contra del orden social, según lo disponía la ley, cuyo efecto consiste en la privación de la libertad del acusado durante el proceso en el interior de un Centro Preventivo de Reclusión, sin que esta

mexicano, los organismos y los demás Estados parte, sin que las cláusulas tuvieran efecto o alcance hacia los ciudadanos.

persona tuviera derecho a una libertad provisional bajo caución, lo cual limitaba a la Autoridad Judicial para aplicar a criterio y bajo su discrecionalidad, en ejercicio de la función judicial y mediante la valoración probatoria con apego a la ley y a los Principios de Proporcionalidad, Idoneidad, Excepcionalidad, en qué casos resultaba justificable la Prisión Preventiva.

2.- La que cuestionó al respecto de los límites impuestos por la ley que impedían a las partes en el ejercicio del control horizontal y respetando los principios del acusatorio, el planteamiento de la solicitud de aplicación de la Prisión Preventiva, previo debate desahogado en control judicial y con el apoyo a la demostración fáctica y jurídica que justifique en estricto apego a la legalidad, la imposición de esta medida.

De esta discusión se concluyó que la Prisión Preventiva tan solo sería admisible en el Sistema Acusatorio como excepción. Así se propuso que el catálogo de delitos considerados graves recogidos en el Código Federal de Procedimientos Penales, representaba una forma inquisitiva del sistema procesal penal, por lo tanto debía superarse y lógicamente extinguirse. Por lo tanto, se planteó el concepto de medidas cautelares,[3] identificándose catorce formas distintas, algunas personales y otras económicas reconocidas como mecanismos para asegurar la presencia del imputado en el procedimiento, garantizar la seguridad de la víctima y ofendido o del testigo o evitar la obstaculización del proceso.

Sin embargo, el dilema se complicó al momento en que se buscó el límite a la excepcionalidad, ya que en un Sistema Acusatorio apegado estrictamente a sus valores y principios, más allá de las utopías legales, la Prisión Preventiva simplemente no cabe, y tampoco debe ni puede existir, pero desafortunadamente al parecer no hemos en-

---

[3] El artículo 153 del Código Nacional de Procedimientos Penales establece las reglas generales de las medidas cautelares, las cuales serán impuestas mediante resolución judicial, por el tiempo indispensable para asegurar la presencia del imputado en el procedimiento, garantizar la seguridad de la víctima u ofendido o del testigo, o evitar la obstaculización del procedimiento.
Corresponderá a las autoridades competentes de la Federación y de las entidades federativas, para medidas cautelares, vigilar que el mandato de la autoridad judicial sea debidamente cumplido.

contrado algún mecanismo alternativo y funcional para garantizar que el procesado no se extraiga de la acción de la justicia y que tal medida sea justa y eficaz.

PRISIÓN PREVENTIVA OFICIOSA

En este punto es donde supuestamente asumimos la condición de excepcionalidad desde la propia Carta Magna, creando los conceptos de Prisión Preventiva Oficiosa y Prisión Preventiva Justificada. Para dar vida al primero y en congruencia con el Principio de Excepcionalidad, en la versión original del proyecto de reforma al Estatuto Constitucional, se reconocieron ocho figuras delictivas,[4] en cuyo tratamiento procesal debía aplicarse la Prisión Preventiva sin previo debate, ni exigencia probatoria, por considerarse conductas de alto impacto, medida que evidentemente opera por disposición de ley y que lógicamente constituye un catálogo de delitos que aunque literalmente no se identifiquen como graves, por considerar una forma inquisitiva herencia del sistema anterior, sin embargo no fue superada. Pero además, este catálogo ha sido ampliado en el mismo artículo 19 Constitucional, así como en la legislación adjetiva en el numeral 167 del Código Nacional de Procedimientos Penales, de tal manera que hoy en día se encuentran sancionados como delitos de Prisión Preventiva Oficiosa más de 50 tipos penales. Con esta adaptación no cabe la menor duda que el Principio de Excepcionalidad en el Sistema Penal Acusatorio vigente en nuestro país tiene un trato como regla general.

Pero ahí no acaba el dilema, ante todo la Prisión Preventiva Oficiosa no sólo es materia de critica desde los foros académicos, en el día a día surgen opiniones en los medios de comunicación emitidas por el círculo rojo las que inclusive extienden la crítica más allá del campo jurídico.

Asimismo, podemos dar cuenta de casos concretos en los que se ha planteado ante los Tribunales la Inconvencionalidad de la Prisión Preventiva Oficiosa, que además han llegado hasta el máximo Tribu-

---

4 Solís Buitrón, Víctor Manuel, "Reforma penal con sentido", *La Barra,* Ciudad de México, 2020.

nal Constitucional, el cual ha adoptado una posición conservadora sobre el asunto al admitir que, si bien es cierto la Prisión Preventiva Oficiosa es contraria a los Principios del Sistema Acusatorio, en específico a la Presunción de Inocencia, además de oponerse al sistema de Derechos Humanos contemplado en la Carta Magna y en los Tratados Internacionales de la materia que integran el Bloque de Convencionalidad, interpretado a la luz del ejercicio del Control Convencional Difuso, podemos concluir que la Prisión Preventiva Oficiosa debería considerarse Inconvencional, a pesar de ello, no ha sido declarada como tal.

El posicionamiento por parte de la Suprema Corte de Justicia de la Nación en el debate en torno a la Inconvencionalidad de la Prisión Preventiva Oficiosa, ha concluido que, ciertamente el máximo Tribunal debe revisar y estudiar la *ratio legis* de las normas y su apego a la Carta Magna con base en los criterios de interpretación constitucional, así declarar inconstitucionales aquellas normas que se opongan al Estatuto Supremo. Sin embargo, en el caso de la Prisión Preventiva Oficiosa, resulta imposible su revisión, ya que dicha figura está reconocida por la propia Constitución Política, por lo tanto resulta jurídicamente imposible que un Tribunal que actúa interpretando la norma constitucional, cuyo ejercicio es ilustrado por los parámetros ordenadores del mandato supremo, pueda declarar la inconstitucionalidad de la norma establecida en la Constitución.

Adicionalmente según lo ha sostenido el máximo Tribunal, en la lógica de la interpretación constitucional sobre el planteamiento en el sentido de que la Prisión Preventiva Oficiosa resulta Inconvencional, es imposible pronunciarse al respecto, no sólo porque los Tratados Internacionales constituyen ley suprema en el orden jurídico vigente, al haber sido suscritos por el titular del Ejecutivo y ratificados por el Senado y obviamente por estar en la cúspide de la pirámide normativa en términos del artículo 133 de la Carta Magna, desde luego también porque integran el Bloque de Convencionalidad en armonía con la propia Constitución Política. De igual forma, si la Suprema Corte de Justicia de la Nación hiciera una revisión del mandato constitucional y por lo tanto declarara la Inconstitucionalidad de la propia Constitución a partir de la interpretación de la Inconvencionalidad de la Prisión Preventiva Oficiosa, se erigiría como un órgano político rebasando su función judicial.

En ese sentido como se sostuvo en el debate desahogado en el Pleno de la Suprema Corte de Justicia de la Nación, sobre la Acción de Inconstitucionalidad 130/2009 y su acumulada 136/2019,[5] promovida por la Comisión Nacional de Derechos Humanos y las fracciones parlamentarias de la Cámara de Senadores del Congreso de la Unión, así solamente el poder constituyente podría modificar el Estatuto Constitucional, o en su caso los poderes constituidos para tales efectos.

Pero el debate se complica mayormente en estos momentos. Como sabemos el Estado mexicano ha sido condenado por la Corte Interamericana de Derechos Humanos, mediante sentencia dictada el 7 de noviembre de 2022, en el caso de Tzompaxtle Tecpile y otros,[6] resolución en la que entre otros puntos, se condenó a nuestro país a adecuar en sus ordenamientos jurídicos internos la figura de la Prisión Preventiva.

Así mismo ocurrió con el caso García Rodríguez y otro, en contra de los Estados Unidos Mexicanos, resuelto mediante sentencia de fecha 25 de enero de 2023, en cuyos resolutivos la Corte Interamericana de Derechos Humanos condenó al Estado Mexicano,[7] entre otros puntos, a adecuar sus ordenamientos jurídicos internos sobre la Prisión Preventiva Oficiosa.

El cumplimiento de estas ejecutorias son un pendiente por parte del Estado Mexicano, entendiendo a que dichas resoluciones son obligatorias en virtud de que a través de la Convención Americana de los Derechos Humanos, Tratado Internacional del que México es parte, y como tal reconoció la jurisdicción de la Corte Interamericana de Derechos Humanos, por ende la obligatoriedad de sus sentencias, las que evidentemente constituyen fuente formal del derecho en el orden jurídico interno.

---

5 Véase Proceso de Acción de Inconstitucionalidad planteada por la Comisión Nacional de Derechos Humanos, disponible en https://www.cndh.org.mx/documento/accion-de-inconstitucionalidad-1302019

6 Véase resumen del Caso Tzompaxtle Tecpile y Otro vs México, disponible en https://www.corteidh.or.cr/docs/casos/articulos/resumen_470_esp.pdf

7 Resumen del caso García Rodríguez vs México, disponible en https://www.corteidh.or.cr/docs/casos/articulos/resumen_482_esp.pdf

A pesar de ello, el Estado Mexicano ha hecho caso omiso al cumplimiento de tales resoluciones en flagrante desacato a las sentencias pronunciadas por el Tribunal y violando las cláusulas del Tratado, las reglas del Derecho Internacional y los Principios *"pro homine"* y *"pro persona"* en materia de Derechos Humanos, así como todos aquellos derechos y garantías judiciales reconocidas en la Convención que fueron atentados en contra de las partes promoventes de los recursos origen de estos casos.

En consecuencia, el Estado Mexicano tiene pendiente el cumplimiento de tales resoluciones y la revisión de la Prisión Preventiva Oficiosa, entre otros temas, los que deberá necesariamente cumplir lo antes posible haciendo una revisión y confiriéndole un tratamiento diferente a la figura de la Prisión Preventiva Oficiosa, entre otros motivos para ser congruente con el sentido acusatorio del Sistema Procesal Penal vigente.

PRISIÓN PREVENTIVA JUSTIFICADA

Ahora bien, la crítica hacia la Prisión Preventiva no sólo debe quedarse en el señalamiento de la Inconvencionalidad sobre la Prisión Preventiva Oficiosa, francamente me parece aún más grave el tratamiento que le confiere el Sistema Penal Acusatorio y la propia ley a la Prisión Preventiva Justificada, no siendo esta la única ocasión que así lo expongo.

La primera crítica al respecto coincide con la regla de excepcionalidad que a mi juicio, al igual que en el supuesto de la Prisión Preventiva Oficiosa, también se ha convertido en una regla general. En sentido amplio aparentemente podría asumirse que su regulación se apega al Principio de Excepcionalidad desde el momento en que, a diferencia de la Prisión Preventiva Oficiosa, no se aplica por disposición de la ley, es decir, que no se encuentra contenida en un catálogo que determine previamente a la autoridad si debe aplicarla en forma automática, pues su manejo privilegia el debate entre las partes en ejercicio del control horizontal y en audiencia de oralidad ante el Órgano Juzgador, por lo tanto obliga a las partes a la oferta probatoria para demostrar su posicionamiento garantizado por el derecho de petición. Así el Juez no queda privado de su facultad de valoración probatoria, de su razonamiento lógico y de su capacidad de interpretación, ya que goza de un amplio margen que tiene al respecto de la imposición de las medidas cautelares reconocidas en la norma. Recordemos que la Prisión Preventiva aún y cuando sea justificada, no es la única medida cautelar, lo que resulta congruente con los principios del Sistema Acusatorio, sin embargo, esto no necesariamente garantiza la excepcionalidad.

De esta suerte, si consideramos que la Prisión Preventiva Justificada, es sólo una medida cautelar más de las catorce contempladas en el Código y que como tal, debería aplicarse en estricta medida de su propia justificación, siendo esta la razón de su denominación, exclusivamente debiera proceder con apego a los Principios de Razonabilidad y Proporcionalidad, pues sólo así se garantiza el respeto al Principio de Excepcionalidad,[8] sin embargo por desgracia esto no opera de esa manera.

En efecto, el Principio de Excepcionalidad queda vulnerado desde el momento en que no hay filtro alguno sobre la identificación de la conducta delictiva que pudiera limitar su aplicación, salvo en las figuras de alto impacto, que como ha quedado expuesto, en ellas se aplica la Prisión Preventiva Oficiosamente.

En el caso de la Prisión Preventiva Justificada, su aplicación se convierte en una acción indiscriminada que opera para cualquier delito independientemente de su envergadura, o incluso de su demostración fáctica y jurídica, aplicable sólo a criterio de la justificación mediante su necesidad cautelar. A este respecto debemos recordar que su imposición se da en la investigación inicial, esto es en una etapa preliminar a juicio y que su finalidad sigue siendo el sometimiento del imputado a la acción de investigación ante el peligro de fuga, destacando que el debate se lleva a cabo en un momento procesal en el cual se presume la participación del imputado en el hecho con apariencia de delito y que la determinación está sustentada en un estándar probatorio reducido, lo que resulta por demás peligroso de-

---

8 Solís Buitrón, V. M. (2020). La Antítesis del Sistema Acusatorio. Una propuesta sobre la regulación de la Prisión Preventiva Oficiosa y Justificada hacia una justicia digital y acorde a los Derechos Humanos. *IUS ET VERITAS*, (61), 276-285. https://doi.org/10-18800/iusveritas.202002.016

bido a que no pierde el efecto de una medida privativa de la libertad, que igualmente a la Prisión Preventiva Oficiosa, restringe la libertad del imputado atentando en contra de la Presunción de Inocencia, por esto reitero que se asume como una sentencia anticipada, independientemente de su justificación cautelar.

Sin que mi posición esté a favor del Sistema Tradicional, reconozco que el conflicto aquí expuesto, en la ley anterior no se presentaba, ya que el acto privativo de la libertad, exigía desde la Carta Magna, la obligación a cargo del Órgano Acusador y del mismo juzgador, de realizar un estudio del expediente debiendo quedar acreditados previamente los elementos del cuerpo del delito y la probable responsabilidad del acusado en su comisión o el grado de su participación, ósea la revisión dogmática del injusto penal mediante el juicio de tipicidad sustentado en elementos de prueba. Esta cuestión se traducía en una exigencia probatoria elevada y requerida previamente a la incoación procesal y al dictado del acto privativo de la libertad, esto es en el Auto de Formal Prisión, cuyo efecto era garantizar que el procesado cumpliera con sus obligaciones frente a la ley y al propio proceso.

En nuestro sistema actual, a diferencia del anterior, la exigencia demostrativa es laxa, ya que la Carta Magna impone al Juez de Control solamente que se establezcan datos de prueba en los que se presuma la participación del imputado en el hecho delictivo, suficientes estos elementos para vincularlo a una investigación y de cuya resolución y sus efectos procesales podría quedar privado de la libertad y recluido preventivamente si en su caso fuera impuesta la Prisión Preventiva Justificada como medida cautelar.

De esta manera el Sistema Acusatorio le confiere fundamento a la Prisión Preventiva Justificada como una medida cautelar cuya excepcionalidad es cuestionable por los motivos aducidos.[9] Para mejor

---

9 El jurista Valentino Francisco Cornejo, en su obra El proceso cautelar en materia penal en coincidencia sobre el particular señala que, en la práctica las medidas cautelares personales como la prisión preventiva se han convertido muchas veces en la generalidad pese a que la legislación expresamente establece que la imposición debe ser excepcional ya que cuando no sea aplicable ninguna de las demás deberá aplicarse la prisión preventiva, lo que se ha traducido en la vulneración a la presunción de inocencia del imputado.

entendimiento de sus alcances y efectos, resulta de suma importancia definir el concepto de medida cautelar. Como lo ha establecido la Suprema Corte de Justicia de la Nación en la Tesis aislada con el rubro "MEDIDAS CAUTELARES. CONCEPTO, PRESUPUESTOS, MODALIDADES, EXTENSIÓN, COMPLEJIDAD Y AGILIDAD PROCESAL", las medidas cautelares son mecanismos previstos en la ley para garantizar el derecho, la realización de la sentencia o actos previsorios de la referida sentencia y evitar dilaciones en la ejecución de la misma.[10]

El concepto de medidas cautelares producto de la interpretación realizada por parte del máximo Tribunal Constitucional en la ejecutoria anteriormente citada, como se puede leer, nos remite al contenido de la ley adjetiva. Asimismo, de la lectura del artículo 153 igualmente citado en el presente trabajo, considero que la definición de medida cautelar resulta por demás ambigua. En ese sentido el referente obligado será entender la *ratio legis* del concepto que se denomina *"Necesidad de Cautela"*.

El jurista José Luis Embris Vázquez en su obra intitulada Medidas Cautelares señala que:

> La finalidad que se advierte del concepto de medida de cautela se puede determinar como la realización completa de un derecho que se quiere proteger mediante su aplicación como forma preventiva, en razón a los obstáculos que pueden interponerse para la actuación del derecho, así en el momento en que se hacen necesarias solamente sean verosímiles o simplemente presumibles.
>
> Las medidas cautelares están concebidas como un instrumento jurídico que tiene por objeto garantizar el ejercicio de un derecho objetivo, legal o convencionalmente reconocido. Impedir que se modifique una situación de hecho o de derecho, o asegurar los resultados de una decisión judicial o administrativa futura, mientras se adelante y concluye la actuación respectiva, situaciones que de otra forma quedarían desprotegidas ante la incierta actividad o conducta del activo del delito; de la misma manera se pretende con las medidas en estudio, asegurar el cumplimiento cabal de las decisiones adoptadas en el proceso, garantizar la presencia de los sujetos procesales y afianzar la tranquilidad jurídica y social en la comunidad; ya que de no proceder a su realización, su propósito puede resultar afectado por la demora en la decisión judicial; sin perder de vista

---

10 Véase la Tesis Aislada con número de registro digital 2006902.

> que se busca garantizar la efectividad de lo que se resuelva en la sentencia; siendo así tan indispensables, que sin ellas, el proceso resultaría inocuo y el fallo meramente ilusorio.[11]

En esta tesitura tendríamos que considerar que las medidas cautelares son figuras que existen en el orden jurídico para proteger derechos de terceros relacionados con la controversia y que deben asegurarse para evitar que se dañen o consuman irreparablemente, por lo tanto, su necesidad cautelar debería tener un contenido protector y no como la Ley Mexicana lo asumió, con un sentido sancionador.

De esta forma nuestra Constitución Política reconoce que el concepto "Necesidad de Cautela" se integra por cuatro elementos que son: a) Riesgo de Fuga; b) Protección de la víctima u ofendido; c) Protección del Proceso y; d) cuando el imputado tenga antecedentes penales.

Este es el punto mayormente cuestionable en relación al tratamiento otorgado por la ley penal mexicana ante la aplicación de la Prisión Preventiva Justificada en el Sistema Penal Acusatorio. Así bajo el concepto "Necesidad de Cautela", no existe límite alguno para la justificación de la Prisión Preventiva, sobre todo porque los elementos que lo integran son completa y totalmente subjetivos, justificando su aplicación mediante la imposición de una norma penal que sanciona más por la condición de autor, que por el propio hecho.

Sin temor a equivocarme y más allá de los Principios de Proporcionalidad y Excepcionalidad aplicables a las medidas cautelares, si analizamos los elementos del concepto "Necesidad de Cautela", no cabe duda que rebasan el terreno de lo objetivo. Concretamente el riesgo de fuga o la afectación en contra del proceso no justifican la privación de la libertad de un sujeto a quien aún no se le ha declarado culpable de un hecho típico y antijurídico. Como afirma el jurista Alberto Binder, el entorpecimiento de la investigación no puede constituir un fundamento para el encarcelamiento de una persona

---

11 Embris Vázquez, José Luis, *Medidas cautelares, su transición al sistema acusatorio, adversarial y oral en México,* Porrúa, Ciudad de México, 2011, p. 68.

porque el Estado cuenta con innumerables medios para evitar la eventual acción del imputado.[12]

Así mismo atendiendo a la razonabilidad como elemento que exige la Prisión Preventiva justificada, es innegable que la demostración fáctica en torno a la peligrosidad del imputado y el riesgo en contra del ofendido o víctima, ante el proceso, es una circunstancia de casi imposible de demostración objetiva técnicamente. Así resulta paradójico que la prueba idónea con la que se acredita esta situación consiste en la evaluación de riesgo, elemento a cargo de un perito en materia de trabajo social cuya base comparativa estará sustentada en información relacionada con el nivel socioeconómico del sujeto, sus circunstancias de vida, sus relaciones familiares cercanas y de sendos elementos que revelan poca objetividad en torno a dicho grado de riesgo o peligro, los que a mi juicio son cuestionables porque eventualmente pueden atentar en contra de la libertad, más allá de una situación basada en una verdad objetiva en torno a la propia conducta que se está investigando.[13]

Aquí nos cuestionamos qué sentido tiene conferirle a la autoridad judicial la facultad de aplicación discrecional con base en su función juzgadora y que exista un debate previo garantizado por los Principios del Sistema Acusatorio, si la materia de discusión y demostración será sobre aspectos subjetivos del derecho y no sobre los alcances objetivos de la norma como tendría que ser para garantizar el Principio de Legalidad y del Debido Proceso. Por lo tanto la determinación judicial que impone la Prisión Preventiva Justificada, es un retroceso

---

12 Binder, Alberto, *Introducción al Derecho Procesal Penal, AdHoc, España, 2004, p. 199.*

13 Cornejo López Valentino Francisco, op. cit., p 50.
"Otro elemento que el Juez de Control deberá tomar en cuenta para la imposición de la medida cautelar es el dictamen de la Unidad Estatal de Supervisión de Medidas Cautelares (UMECAS), de vital importancia ya que se realiza una evaluación de riesgo y el éxito en la supervisión de la medida cautelar en base a la entrevista e información que se obtiene directamente del imputado. Finalmente, el Juzgador está obligado a dictar su resolución bajo los principios de proporcionalidad e idoneidad y del análisis de la evaluación de riesgo que conllevarán a justificar las razones de la imposición de la medida cautelar sin afectar la esfera jurídica del imputado."

al sentido evolutivo de un Derecho Penal que sanciona restringiendo la libertad en forma retrograda.

Insisto que la Prisión Preventiva Justificada es sólo una de las catorce medidas cautelares consignadas en la ley. No debemos olvidar que quien solicita su aplicación, es el órgano investigador, esto es la Fiscalía General de la República de acuerdo con sus facultades en términos de los artículos 21 y 102 Apartado A de la Constitución Política, órgano que ejerce su función en apariencia con autonomía e independencia del titular del Ejecutivo,[14] debiendo atender siempre a los deberes de Lealtad; Objetividad y Debida Diligencia impuestos al Ministerio Público en su calidad de parte investigadora. Sin embargo, no debemos desconocer su naturaleza y función acusadora, de cuya condición naturalmente se desprende ese sentido persecutor que eventualmente traiciona sus propios valores, por lo que en muchos de los casos, a pesar de que la ley contempla diversas medidas cautelares en adición a la Prisión Preventiva, esta es solicitada como paradigma del poder coercitivo del Estado y como política criminal, enviando un falso mensaje de justicia que rebasa los parámetros de su función en un sistema que se precia de ser acusatorio y que naturalmente viola los derechos fundamentales de los imputados.

Como conclusión, es preciso realizar una revisión profunda sobre la figura de la Prisión Preventiva y sus alcances en términos de la Prisión Preventiva Oficiosa y la Prisión Preventiva Justificada. En el caso de la primera, a razón de que no se respeta el principio de Excepcionalidad y derivado de la necesidad de su modificación y regulación con apego a los Derechos Fundamentales y con el objeto de dar cumplimiento a las sentencias dictadas por la Corte Interamericana de Derechos Humanos que condenan al Estado mexicano a su modificación, hacen loable su extinción. En cuanto a la segunda, deberá modificarse con precisión priorizándose las razones objetivas de

---

14 Solís Buitrón, Víctor Manuel, *"Fiscalía General con reforma constitucional, sí o sí"*, Ciudad de México, 2018, p. 28.
No obstante que el 102 Apartado A de la Constitución Política en su primer párrafo señala que la Fiscalía General de la República será un órgano autónomo, dotado de personalidad jurídica, y patrimonio propio, en el párrafo IV precisa que el Fiscal General de la República puede ser removido por el Titular del Ejecutivo por una causa grave, y aquí la cuestión, ¿qué se entiende por causa grave?

su justificación. Una propuesta radica en que la Proporcionalidad, Razonabilidad y Excepcionalidad se fundamenten en la tipicidad del hecho delictivo, aunque sea en forma presuntiva, pero elevando los estándares de exigencia probatoria de esta condición.

La prisión preventiva justificada en el proceso penal acusatorio mexicano

ALAN ISRAEL CASAIS MOLINA[1]

Este capítulo tiene por objeto establecer los elementos para la aplicación de la Prisión Preventiva Justificada en el Proceso Penal Acusatorio Mexicano. El problema es la afectación de la libertad personal de las personas en contra del principio de presunción de inocencia y las valoraciones de los Jueces de Control entorno a su aplicación. El enfoque metodológico será el sociológico y la hermenéutica, por medio del cual, se establecen postulados jurídicos para determinar las características requeridas en el uso de la prisión preventiva como medida cautelar, dentro del Campo Jurídico con base en la Teoría de los Campos de Pierre Bourdieu. Se determina la importancia del Principio de Proporcionalidad en la ponderación para la aplicación de esta figura jurídica en la impartición de justicia. La discrecionalidad de los jueces y las afectaciones de los procesados representan posturas basadas en derechos humanos para lograr los fines del proceso penal acusatorio en México.

INTRODUCCIÓN

En este apartado se pretende Identificar el problema del uso de la medida cautelar de Prisión Preventiva (en adelante PP) en México. La PP en México se incluyó en la reforma Constitucional de junio del 2008 con la aparición de los Juicios Orales en México. Más adelante, en el año 2010 se reformó nuevamente la Carta Magna incluyendo

---

1 Doctor en Ciencias Sociales y Maestro en Derecho Penal ambos por la Universidad Autónoma de Yucatán, Miembro del Sistema Nacional de Investigadores con la Distinción de "Candidato", Catedrático de la Universidad Autónoma de Yucatán y Abogado Postulante del Sistema de Justicia Penal Acusatorio en México.

como nueva nomenclatura en su título primero "De los Derechos Humanos y sus Garantías"[2] Además, otras reformas han impactado en el campo jurídico determinando el uso reiterado de esta medida cautelar. Es el caso de la modificación establecida en el Diario Oficial de la Federación el día 19 de febrero del año 2021, la señaló un incremento de los supuestos que incluyen el uso oficioso de la prisión preventiva en México.[3]

En consecuencia, se reformó y adicionó el artículo 167 del Código Nacional de Procedimientos Penales y también se reforman, adicionan y derogan diversas disposiciones de la Ley General en Materia de Delitos Electorales, de la Ley General en Materia de Desaparición Forzada de Personas, Desaparición Cometida por Particulares y del Sistema Nacional de Búsqueda de Personas, de la Ley Federal para Prevenir y Sancionar los Delitos Cometidos en Materia de Hidrocarburos, de la Ley Federal de Armas de Fuego y Explosivos, del Código Penal Federal, de la Ley General de Salud, de la Ley Federal contra la Delincuencia Organizada y de la Ley de Vías Generales de Comunicación.

Por causa de lo anterior, se observa que la PP tiene dos clasificaciones a tratar: a) una Justificada y b) otra de tipo Obligatoria u Oficiosa. El problema generalizado ha sido la existencia de un "Catálogo de delitos" que indican el uso obligatorio de la prisión preventiva según se describe en el artículo 19 de la Carta Magna.[4] Esto, representa una grabe afectación a los derechos humanos de las personas procesadas como son: la libertad, la propiedad privada, las relaciones afectivas o de convivencia familiar, el ejercicio de un oficio o trabajo de las personas, el libre desarrollo de la personalidad, afectaciones psicológicas, entre otros.

Sin embargo, no solo la PP Oficiosa afecta los bienes jurídicos de la sociedad. También la PP Justificada afecta a la sociedad derivado de malos planteamientos o estrategias equivocadas en el campo jurí-

---

2 C. D., José (coord.) Constitución Política de los Estados Unidos Mexicanos Comentada, Ciudad de México, Tirant lo Blanch, 2017, p. 47.

3 Decreto publicado en el Diario Oficial de la Federación, 19 de febrero de 2021.

4 C. D., José (coord.) Constitución Política de los Estados Unidos Mexicanos Comentada, Ciudad de México, Tirant lo Blanch, 2017, pp. 451-453.

dico mexicano, lo que propicia una defensa jurídica deficiente en la secuela procesal, por causa de la falta de presentación de medios de prueba o datos en la etapa inicial, en particular, se hace referencia la etapa de investigación des formalizada. Asimismo, el Campo Jurídico se visualiza como un campo social de juego donde existen instituciones y leyes propias de su funcionamiento.[5] Para lograr precisar los elementos de un campo se debe se deben analizar varios elementos como son: la posición, el capital, el interés y el espacio social. Las posiciones son espacios estructurados ligadas a propiedades de las personas que las ocupan. El campo tiene como interés es lo que está en juego e implica el reconocimiento de leyes para entrar en el juego social. Se plantea también que para la aplicación de la prisión preventiva existen intereses económicos de las partes implicadas. Para la investigación entra como interés el capital, el cual, será el capital cultural o bien el cumulo de derechos (ámbito nacional o internacional) que deben alcanzar los agentes o intervinientes durante la secuela del proceso penal. Se destaca que este concepto de capital se vincula con otro elemento conocido como Habitus que, determina que cada sujeto la forma mental como se asocian los conocimientos jurídicos con sus ideas, valores, habilidades, estudios y las estructuras sociales.

En relación con el espacio social refiere Pierre Bourdieu lo siguiente:

> "En un campo, los agentes y las instituciones luchan permanentemente por apropiarse de productos específicos que se encuentran en disputa de acuerdo con las regularidades y las reglas constitutivas de este espacio de juego (y en ocasiones sobre las mismas reglas de juego), con distintos niveles de fuerza entre los competidores y, por tanto, con muy diversas probabilidades de éxito."

Los elementos del campo jurídico son: 1) Es un espacio limitado, 2) Lugar donde existe lucha, 3) Se regulan conductas y se aceptan reglas, 4) Existen momentos de crisis en relación con las reglas que regulan el campo y 5) En este espacio la distribución de fuerzas es

---

[5] Gutiérrez, Alicia, Las Prácticas Sociales una Introducción a Pierre Bourdieu, Editorial Ferreyra Editor, Argentina, 2005, p. 29.

desigual.[6] Entonces podemos ver que el campo jurídico se adecua de la siguiente forma:

Tabla 1. Elementos en el Campo Jurídico

Elemento en el Campo Social	Elemento vinculado con el Campo Jurídico
Espacio limitado	Competencia jurídica
Lugar de luchas	Se enfrentan concepciones para entender el derecho
Regulan conductas y se aceptan reglas	Reglas neutras que brindan estabilidad con distribución de poder (relaciones entre jueces, fiscales, abogados, víctimas y procesados)
Momento de crisis de las reglas	Las reglas son cuestionadas y son las reglas con las que se regirán los participantes del juego en el interior del campo
Distribución de poder	Correspondencia entre los agentes inmersos, la posición que ocupan y las instituciones en el espacio social

Fuente: Elaboración propia con sustento en B. Pierre y T., La Fuerza del Derecho, Biblioteca Universitaria Ciencias Sociales y Humanidades, Nuevo Pensamiento Jurídico Colección dirigido por Diego Eduardo López Medina, Ediciones Uniandes, Bogotá, Colombia, 2000, pp. 50-53.

Con base en tabla la PP se incluye en normativas nacionales e internacionales que, permiten su uso durante el proceso o lo restringen, a veces se permite el debate, por causa del derecho a la libertad en ponderación con las afectaciones de la víctima del delito. En consecuencia, en esta investigación se establecerán las leyes que componen el uso de la PP Justificada en un espacio limitado, de luchas y de reglas dentro del Campo Jurídico Mexicano. Por ello, en este trabajo se destacan los elementos para la aplicación de la prisión preventiva justificada y su tratamiento para beneficio social y fortalecimiento de los derechos humanos consagrados en el principio de seguridad jurídica e igualdad para lograr una justicia igualitaria y sin discriminación. Así, se debe reconocer la PP desde la perspectiva internacional,

6 B. Pierre y T., La Fuerza del Derecho, Biblioteca Universitaria Ciencias Sociales y Humanidades, Nuevo Pensamiento Jurídico Colección dirigido por Diego Eduardo López Medina, Ediciones Uniandes, Bogotá, Colombia, 2000, pp. 50-53.

sus características o componentes y darle un enfoque procesal para su entendimiento en el ámbito nacional.

MARCO INTERNACIONAL DE LA PRISIÓN PREVENTIVA

En este apartado se indicarán las normas internacionales que refieren la aplicación o uso de la PP. Esto, encuentra sustento en la postura del Sistema Universal Internacional vinculado con la Organización de las Naciones Unidas, quien emitió observaciones a México en materia de seguridad jurídica y, en particular en relación con la regulación de la PP Oficiosa señaló: viola la presunción de inocencia, vulnera la independencia judicial, compromete el respeto a la integridad corporal de las personas, constituye una práctica discriminatoria, es incompatible con las políticas de seguridad ciudadana, colisiona con principios del sistema acusatorio y es contra el principio de progresividad de los derechos humanos.[7]

Ante un panorama negativo por el uso indiscriminado de la PP surge la luz desde el Derecho Procesal Penal con la figura jurídica de la PP Justificada. En este sentido, se requiere cumplir con los compromisos internacionales derivado de las obligaciones adquiridas al ratificar Tratados Internacionales[8] que regulan la PP, como son los siguientes: 1) Declaración Universal de los Derechos Humanos (DUDH); 2) La Convención Americana de los Derechos Humanos (CADH); 3) Pacto Internacional de los Derechos Civiles y Políticos (PIDCP); 4) La Convención contra la Tortura y Otros Tratos o Penas Crueles, Inhumanos o Degradantes (CTTPCID); 5) Convención Interamericana para Prevenir y Sancionar la Tortura (CIPST); 6) Protocolo Facultativo de la Convención contra la Tortura y Otros Tratos o Penas Crueles Inhumanos o Degradantes (PFCTOTPCID); 7) Conjunto de Principios para la Protección de Todas las Personas Sometidas a Cualquier Forma de Detención o Prisión (CPPTPSCFDP); 8)

---

7 Véase, https://hchr.org.mx/wp/wp-content/uploads/2018/12/PrisionPreventivaOficiosa.pdf. Consultada el 13 de marzo del año 2024.

8 Los Compromisos Internacionales tienen sustento y obligatoriedad según lo indican los artículos 15, 18, 76 fracción I, 89 fracción X, 104 fracción I, 117 fracción I y 133 de la Constitución Política Federal.

Principios Básicos para el Tratamiento de los Reclusos (PBTR); 9) Principios de Ética Médica Aplicables a la Función del Personal de Salud Especialmente los Médicos en la Protección de Personas Presas y Detenidas contra la Tortura y Otros Tratos o Penas Crueles Inhumanos o Degradantes (PEMA); 10) Reglas Mínimas para el Tratamiento de los Reclusos (Reglas Mandela); 11) Reglas Mínimas de las Naciones Unidas Sobre las Medidas No Privativas de la Libertad para Mujeres Delincuentes (Reglas de Bangkok); 12) Principios y Buenas Prácticas sobre la Protección de las Personas Privadas de Libertad en las Américas (PBP); 13) Pacto Internacional de los Derechos Económicos, Sociales y Culturales (PIDESC); 14) Protocolo Adicional a la Convención Americana Sobre Derechos Humanos en Materia de Derechos Económicos, Sociales y Culturales (Protocolo de San Salvador), y; 15) La Declaración de Doha sobre la Integración de la Prevención del Delito y la Justicia Penal en el Marco más Amplio del Programa de las Naciones Unidas para Abordar los Problemas Sociales y Económicos y Promover el Estado de Derecho a Nivel Nacional e Internacional y la Participación Pública (DDIPDJ).

A pesar del extenso grupo de Tratados Internacionales, se destacan aquellos privilegian la protección o tratamiento en libertad de una persona durante el proceso penal, es decir, en favor de la libertad de los procesados[9] mientras se investiga su inocencia. Primero, la CADH estableció en relación con la PP la necesidad de la protección de la integridad de las personas, el derecho a la libertad personal, respeto a las garantías judiciales y el principio de legalidad, el derecho a una indemnización para reparar el daño y indica la protección del honor privilegia el trato digno. Incluye como formas de privación de la libertad: a) encarcelamiento arbitrario y b) la detención o retención.[10] Además, obliga a los estados para que en sus ordenamien-

---

[9] Se comenta que la calidad de procesado se tiene cuando una persona esta sujeta a un proceso penal y puede usarse en su contra alguna medida cautelar por medio de la cual, se determinan condiciones para que no escape, obstruya el proceso penal o sea un peligro para los intervinientes durante la secuela procesal. Véase, Constitución Política Federal, 5 de febrero del 1917, Diario Oficial de la Federación.

[10] Se destacan en este instrumento la descripción de las garantías judiciales: 1) derecho de las personas a ser oídas por el juez competente, independiente e imparcial, 2) la presunción de su inocencia y 3) el reconocimiento de la igualdad.

tos legales exista la posibilidad de que el procesado tenga recursos legales para recurrir las resoluciones contra su libertad personal.[11]

Segundo, el PIDCP señala como punto guía en favor del principio pro-persona en México que la PP no es regla general y solo debe aplicarse para: garantizar la presencia de las personas en un juicio, ayudar realizar las diligencias procesales o para cumplir la sentencia del Juez. En suma, establece la protección de las personas contra tratos o penas degradantes o inhumanos, el derecho a la libertad y seguridad personal, el derecho a usar recursos o vías contra la decisión del juez o tribunal, ser tratados de forma humanitaria, con respeto y dignidad en caso de privación de la libertad, la necesidad de ser separados de los condenados y el respeto de todas las garantías judiciales[12] en el campo jurídico mexicano.[13]

Tercero, las Reglas de Nelson Mandela describen un trato justo en favor de los reclusos o personas privadas de su libertad. Destaca que la privación de la libertad afecta a las personas en su esfera social y psicológica, por ello se debe prohibir. Además, nombra a los procesados como "personas detenidas o en espera de juicio."[14]Es regla que las personas son inocentes hasta que se demuestre lo contrario.[15]

En conclusión, el marco legal internacional posibilita el uso de la Prisión Preventiva en beneficio social. Esto quiere decir que las normas nacionales deben alinearse con los Tratados Internacionales para proteger las garantías de libertad, dignidad, seguridad jurídica,

---

[11] Convención Americana sobre Derechos Humanos, 7 de mayo de 1981, https://acortar.link/6jsyAp, artículos 1°, 2°, 5° y 7°.

[12] Son ejemplos de garantías procesales durante el proceso penal en México: ser oído por el juez o derecho de audiencia, la presunción de inocencia siempre, la igualdad entre las partes por ello vincula un buen trato procesal, el desarrollo de proceso sin demoras y el derecho a la asistencia jurídica.

[13] Pacto Internacional de los Derechos Civiles y Políticos, 23 de marzo de 1976, https://acortar.link/iPzn7c, artículos, 7°, 9°, 10 y 14.

[14] Son aquellas personas que están detenidas o presas en local de policía o en prisión por la imputación de un delito, pero sin haber sido juzgadas. Véase, Reglas Mínimas sobre el Tratamiento de Reclusos o Reglas de Nelson Mandela, 13 de mayo de 1977, https://acortar.link/mPMHHm, regla 111.

[15] Reglas Mínimas sobre el Tratamiento de Reclusos o Reglas de Nelson Mandela, 13 de mayo de 1977, https://acortar.link/mPMHHm, reglas 112 a la 120.

no discriminación y otros derechos vinculados con la protección de la sociedad. Los tratados pueden ser herramientas normativas en el Campo Jurídico Mexicano para llevar a buen cause los litigios o procesos que usen una medida de cautela de la PP para afectar la libertad personal durante la secuela procesal.

ELEMENTOS DE LA PRISIÓN PREVENTIVA JUSTIFICADA EN EL ÁMBITO NACIONAL

Determinar los elementos jurídicos o fuentes formales del derecho nacional para su aplicación. El fundamento legal de la PP Justiciada es el artículo 19 de la Constitución Política Federal y señala:

> "El Ministerio Público sólo podrá solicitar al juez la prisión preventiva cuando otras medidas cautelares no sean suficientes para garantizar la comparecencia del imputado en el juicio, el desarrollo de la investigación, la protección de la víctima, de los testigos o de la comunidad, así como cuando el imputado esté siendo procesado o haya sido sentenciado previamente por la comisión de un delito doloso..."

La PP se define la medida cautelar que se aplica para privar a una persona de su libertad durante el proceso penal, para el caso de existir una necesidad de cuidado y, se acredite que se escapará, no se sujetará al proceso, obstaculizará la investigación o será un riesgo social.[16] Según Alfredo Dagdug Kalife esta medida cautelar la puede ordenar de oficio o a petición del Ministerio Público con la audiencia de la defensa. Por otro lado, la prisión preventiva Oficiosa será ordenada por el Juez según el catálogo de delitos. Incluso existe posibilidad de no imponerla si así lo solicita el fiscal previa autorización del titular de la Procuraduría.[17]

En consecuencia, los elementos de existencia para la aplicación de la prisión preventiva son: probable participación en un hecho delictivo, existencia de hecho vinculado con un delito, aplique en

---

16 Código Nacional de Procedimientos Penales, 5 de marzo de 2014, Diario Oficial de la Federación.

17 D. K., Alfredo, Manual de Derecho Procesal Penal Teoría y Práctica Conforme al Código Nacional de Procedimientos Penales, INACIPE, Editorial UBIJUS, 2016, pp. 814-815

contra del procesado los supuestos de la Teoría del Riesgo[18] y son: Peligro de Obstaculización, Peligro de Sustracción y un riego fundado contra la víctima.

En el Campo Jurídico Penal son los principios rectores del Sistema Acusatorio Penal son: la Publicidad, la Contradicción, la Concentración, la Continuidad y la Inmediación. Existen también otros principios como son: el debido proceso, garantía de defensa, igualdad entre las partes y presunción de inocencia. El objeto del Proceso Penal es el esclarecimiento de los hechos, proteger al inocente, que el culpable no quede impune y la reparación del daño.[19]

La PP según Alfredo Cárdenas Delgado incluye seis principios para su aplicación: 1) Legalidad, se describe en la ley; 2) Jurisdicción, debido a que las impone un Juez; 3) Excepción, deben de aplicar para cubrir un peligro o necesidad; 4) Instrumentalidad, sirven para dar continuidad al proceso y neutralizar el delito; 5) Temporalidad o provisionalidad, no deben ser eternos sino tienen inicio y fin, y; 6) Proporcionalidad, están adecuadas para proteger los bienes jurídicos.[20]

Se destaca como punto medular el principio pro-persona y la interpretación conforme para adecuar el campo jurídico y las argumentaciones de los agentes sociales. Las estructuras sociales son rígidas y afectan el habitus de los agentes, también los elementos culturales juegan un papel importante, algunos son: el grado de preparación de las personas, los valores y la experiencia. El discurso argumentativo basado en los conocimientos y el raciocinio de los sujetos es un factor determinante para el logro de las estrategias en el campo jurídico en sus diversas etapas procesales.

---

18 Concepto construido a partir de las concepciones legales incluidas en el Código Adjetivo Nacional que, determinan diversos peligros o riesgos contra la investigación, la víctima, las autoridades o la sociedad.

19 O. R., José Alberto, El Control de Legalidad de la Detención Audiencia Inicial, Flores Editor, México, 2015, pp. 2-16.

20 C. D., Alfredo, Principios rectores de las medidas cautelares, Nova Iustitia, Revista Digital de la Reforma Penal, Año V, No. 20, agosto 2017, p. 26.

LA PRISIÓN PREVENTIVA JUSTIFICADA EN EL PROCESO PENAL: VERTIENTES EN LA SECUELA PROCESAL

En este apartado se pretende establecer los escenarios y requerimientos legales para el uso de la prisión preventiva y sus implicaciones procesales. Por lo cual se indica de manera rápida que el enfoque jurídico será su tratamiento a lo largo del proceso. Primero, el proceso penal tiene tres etapas: Investigación, Intermedia y Juicio Oral. A partir de la etapa de investigación formalizada una persona puede ser privada de su libertad. Esto, se realiza por causa del ejercicio de la acción penal[21] y la judicialización[22] de la investigación dirigida por el ministerio público. Al suceder esto se cita a las partes, es decir, a la víctima del delito y al indiciado para la celebración de una audiencia inicial.[23] Cabe aclarar que podrá estar la persona acusada por el delito o investigada privada de su libertad, siendo la tramitación con detenido o sin detenido. En el primer caso, comparece la persona el día y hora citada o bien en el segundo supuesto puede estar custodiada por agentes ministeriales derivado de un delito cometido por flagrancia o por caso urgente.[24]

Se destacan el supuesto de Flagrancia y Caso Urgente debido a que puede comprometer la libertad de un indiciado[25] y sujetarlo a un proceso penal. Digamos es el inicio de la perdida de su libertad con base en un formalismo jurídico que requiere se le detenga por

---

[21] El ejercicio de la acción penal es el acto por medio del cual el Fiscal Investigador considera que ha cubierto los elementos del tipo penal con base en su investigación y somete esa labor a la consideración de un Juez de Control para iniciar la etapa formalizada del proceso penal. Artículo 21, Constitución Política Federal, 5 de febrero del 1917, Diario Oficial de la Federación.

[22] Judicialización de la carpeta refiere al acto en el cual tiene conocimiento el Juez de Control para iniciar la audiencia inicial, en particular la formulación de imputación contra una persona investigada.

[23] Dentro de la conocida audiencia combo puede suceder la audiencia de medidas cautelares, en donde se establece la situación jurídica del procesado y se decide si se le aplica alguna medida cautelar.

[24] Las formas de conducir a un indiciado a proceso con base en el artículo 141 del Código Nacional de Procedimientos Penales son: citatorio, orden de comparecencia y orden de aprensión.

[25] Persona investigada por la Fiscalía General por la comisión de un hecho probablemente delictivo.

detenerse con inmediatez al momento de cometer un hecho delictivo o bien porque lo ordene el fiscal en funciones de investigación derivado de una necesidad de cautela. Para importancia de nuestra investigación fijaremos la atención en ambos casos los supuestos vinculan delitos no graves y según las circunstancias pueden iniciar el proceso penal con la noticia criminal con la aplicación de una medida privativa de libertad según se visualiza:

Tabla 2. Afectación de la Libertad desde la Noticia Criminal

<table>
<tr><th colspan="3">Supuestos de Flagrancia</th><th>Supuesto de caso Urgente
Aplica MP fundado y motivado
en datos prueba</th></tr>
<tr><td colspan="3">Persona es detenida al momento estar cometiendo el delito</td><td rowspan="7">1) Delitos graves según el Catálogo, la Carta Magna y otras Leyes Especiales
2) Delitos con media aritmética[26] superiores a 5 años.
3) Riesgo fundado de escape
4) Por hora, razón u otra circunstancia no pueda acudir ante el Juez.
4) Aplica en casos de Tentativa
5) Policía hace registro de detención y presenta ante el MP
6) Los elementos descritos con antelación los valorará el Juez de Control en la "Audiencia de Control de Detención"</td></tr>
<tr><td rowspan="6">Inmediates</td><td colspan="2">Perseguido material e ininterrumpidamente</td></tr>
<tr><td>Víctima</td><td rowspan="5">tenga en su poder instrumentos, objetos, productos del delito, información o indicios</td></tr>
<tr><td>Ofendido</td></tr>
<tr><td>Testigo</td></tr>
<tr><td>Intervención delictiva</td></tr>
<tr><td></td></tr>
</table>

Fuente: Elaboración propia a partir del artículo 150 del Código Nacional de Procedimientos Penales.

Debido a la tabla se observa que una persona puede estar privada de su libertad desde el inicio de la investigación, por causa de estar involucrado en la comisión de un delito con punibilidad elevada, por ser atrapada en el acto delictivo, por existir presunción de acto delictivo, si se considera puede escaparse de la acción de la justicia. A pesar de esto el Fiscal en funciones de investigación puede decidir no aplicar la medida:

---

26 El artículo 150 del Código Nacional de Procedimientos Penales señala que término medio aritmético es el cociente que se obtiene de sumar la pena de prisión mínima y la máxima del delito consumado que se trate y dividirlo entre dos. Véase, Código Nacional de Procedimientos Penales, 5 de marzo de 2014, Diario Oficial de la Federación.

> "Artículo 140. Libertad durante la investigación
> En los casos de detención por flagrancia, cuando se trate de delitos que no merezcan prisión preventiva oficiosa y el Ministerio Público determine que no solicitará prisión preventiva como medida cautelar, podrá disponer la libertad del imputado o imponerle una medida de protección en los términos de lo dispuesto por este Código"

Por ende, se observa se mantiene bajo el mismo supuesto de afectación de la libertad personal. Entonces, en apariencia la prisión preventiva justificada supone una elección a favor de la libertad de las personas en todos los casos. Por ello, el fiscal investigador deberá cumplir dos supuestos: 1) Que exista probabilidad de participación en el hecho y 2) Colmar los elementos del delito en su investigación.[27] Lo que será posible si tiene una Teórica del Caso[28] relacionada con la teoría del delito y vinculada con el hecho fáctico. La teoría del delito utiliza la dogmática para interpretar los elementos del delito y conocer si se vincula el hecho con el delito, en otras palabras, un ejercicio de tipicidad.[29] En la práctica se verifica o revisa la carpeta de investigación y uno debe cerciorarse de que datos, diligencias, registros o medios de prueba existen en la carpeta de investigación

27 Un elemento para destacar es el estándar probatorio requerido para que se pueda ejercitar la acción penal y probar la participación y existencia de un hecho ilícito, no se precisa en la ley, por ello tampoco existe una exigencia acerca de todos los datos o medios de prueba.

28 La Teoría del Caso incluye realizar una relación de los datos o medios de prueba con los elementos de derecho y los hechos. En consecuencia, será útil para conocer si no se cumple alguno de los elementos del delito e incluso decidir un nuevo camino, salida alterna o mecanismo, por ejemplo, la mediación. Véase, H. M., José Daniel, Argumentar en la Oralidad, Desde la Publicidad, Inmediación y Contradicción, Serie Nuevo Sistema Penal Acusatorio, Flores Editor y Distribuidor, México, 2015, p. 44.

29 La tipicidad se define como la adecuación de la conducta realizada al tipo penal. Por ello, se debe descomponer el delito y significar sus características para saber si se adecua o no al delito descrito en la norma. Los elementos que se deben de incluir para un análisis correcto del delito son: normativos, descriptivos, objetivos y subjetivos. Se destacan también otras figuras que asocian con el análisis de los tipos penales como la figura de la participación, la tentativa, las agravantes o atenuantes y las causas de exclusión del delito. Véase, O. A., Miguel, Derecho Penal Parte General, INACIPE, UBIJUS, México, 2017, pp. 155-160.

para deducir la probabilidad de existencia de un hecho y un grado de participación del indiciado.

Ejercida la acción penal se llevará la audiencia inicial, en ella suceden tres fases: 1) El Control de la Detención, 2) La Formulación de la Imputación, 3) Audiencia de Medidas Cautelares 4) Plazo de Cierre de la Investigación y 5) La Vinculación a Proceso. En este estudio solo se enunciarán debido a que, lo requerido es el trato procesal de la figura PP en cuestión. Sin embargo, según las causas pueden variar los escenarios que lleven a la Audiencia de Medidas Cautelares:

Tabla 3. Escenarios para llegar a la Audiencia de Medidas Cautelares

<table>
<tr><th>Etapas previas</th><th>Consecuencia de la secuela procesal</th></tr>
<tr><td>Citatorio u Orden de Comparecencia, Formulación de la Imputación Sin Detenido</td><td rowspan="3">Audiencia de Medidas Cautelares</td></tr>
<tr><td>Flagrancia o Caso Urgente, Control de la Detención, Formulación de la Imputación Con Detenido</td></tr>
<tr><td>Orden de Aprehensión y Formulación de la Imputación</td></tr>
</table>

Fuente: Elaboración propia a partir de la consulta del Código Nacional de Procedimientos Penales.

Se observa que posterior a la formulación de la imputación suele llevarse a cabo la audiencia de medidas cautelares, pero según se observó en la tabla, variaran las circunstancias de como llegó a la audiencia el procesado.[30] No se debe olvidar que en el caso con detenido, tan pronto como el imputado se adhiere al plazo constitucional o su duplicidad sin suspender la audiencia, el Juez de Control impondrá PP si es Oficiosa o en caso de la PP Justificada procederá a debatir según lo indican los artículos 154 fracción I y último párrafo, 307 segundo párrafo y 309 tercer párrafo del Código Nacional Adjetivo.[31]

La procedencia de la Audiencia de Medidas Cautelares se determina con base al éxito de las etapas previas y, pueden dar lugar a vincular a proceso al indiciado aplicándole o imponiéndole una medida

---

30 Termino usado para referirse a la persona sujeta a un proceso penal posterior a la judicialización de la carpeta de investigación.

31 L. G. Héctor, Manual de Derecho Procesal Penal, Colección Juicios Orales, Colofón, México, 2017, p. 188

cautelar.[32]Según Ricardo Paredes Calderón tiene como requisito de procedibilidad la imposición de una medida cautelar: la apariencia de un buen derecho (suposición razonable) y el peligro en la demora (probar que la imposición es necesaria).[33]

La audiencia de medidas cautelares tiene como objetivo comprobar si una persona requiere se le aplique una medida cautelar. Por ello, se requiere determinar la Teoría del Riesgo, esto es: 1) Peligro de Sustracción del Imputado, 2) Peligro de Obstaculización del Desarrollo de la Investigación y 3) Riesgo para la víctima u ofendido, los testigos o la comunidad. Por ello, para el éxito de la audiencia de medidas cautelares se deben establecer posturas legales según la posición en el campo jurídico. Si es fiscal deberá buscar se cumplan los supuestos de la teoría del riesgo. En caso contrario el defensor deberá probar que el procesado no cumple ninguno de los supuestos.

Según Manuel Valadez Díaz la imposición de la Medida Cautelar Justificada se hace por medio de un debate entre las partes con base en información objetiva y verificable ante el Juez de Control y siguiendo los principios de proporcionalidad, idoneidad, necesidad y presunción de inocencia. La decisión del Juzgador tiene libertad discrecional pero no se trata de una libertad sin límites para decidir sino de una libertad reglada. Se indican como causas de procedencia: 1) otras medidas no sean suficientes, 2) el desarrollo de la investigación,

---

32 Se pueden usar catorce medidas cautelares para evitar la prisión preventiva y son: 1) la presentación periódica, la exhibición de una garantía económica, embargo de bienes, inmovilización de cuentas y demás valores que se encuentren fuera del sistema financiero, prohibición de salir fuera del país sin autorización de la localidad o territorio que fije el juez, sometimiento al cuidado o vigilancia incluso el internamiento, prohibición de reunirse, acercarse a personas o a ciertos lugares, separación inmediata del domicilio, suspensión temporal en el ejercicio del cargo o también de realizar alguna actividad oficio o profesión, exigir el uso de localizadores electrónicos (monitoreo de la ubicación), resguardo en el propio domicilio con modalidades que dicte el juez (arraigo) y la prisión preventiva. Véase, Código Nacional de Procedimientos Penales, 5 de marzo 2014, Diario Oficial de la Federación.

33 L. G., Héctor, Manual de Derecho Procesal, Colección Juicios Orales, Colofón, México DF, 2017, pp. 262-265.

3) el cuidado de la víctima, los testigos o la sociedad, 4) sea sentenciado por delito doloso y 5) tenga otra causa acumulable o conexa.[34]

El campo jurídico permite un cúmulo de normas o lineamientos para aplicar la figura de PP sin embargo, dependerá del *habitus* de los agentes sociales (fiscal, asesor jurídico, víctima, defensor y procesado) para tomar decisiones al argumentar la defensa de sus posiciones en este espacio de juego, así toma relevancia la teoría del delito y la teoría del caso, sin embargo, la realidad es que en particular la finalidad de esa audiencia será centrar los medios y datos de prueba existentes en la carpeta de investigación para probar:

Tabla 4. Estrategias en el Campo Jurídico

Teoría del Riesgo	Fiscal o Asesor	Defensor
Peligro de Sustracción del Imputado	Falta de Arraigo, Máximo de la pena, Comportamiento posterior al hecho, Inobservancia de medidas y Desacato de citaciones para actos procesales	Arraigo en el estado, la cantidad de la pena no debe ser criterio para privar de libertad, excusar o justificar la imposibilidad de acatar medidas solicitadas
Peligro de Obstaculización del Desarrollo de la Investigación	Destruir, modificar u ocultar pruebas, influir en peritos coimputados o testigos falsamente, intimidar, amenazar u obstaculizar la labor de servidores públicos	Demostrar un buen comportamiento, trabajo honesto, ocupaciones lícitas y colaborar con buena actitud ante las autoridades con carta de antecedentes no penales
Riesgo para la víctima u ofendido, los testigos o la comunidad	Valora el Juez las Circunstancias del hecho, las condiciones particulares entre los sujetos y riesgo de afectación	Demostrar actos de buena fe en la comisión de hechos delictivos o negligencia (buscar falta al deber de cuidado), incluso reparar el daño

Fuente: Elaboración propia a partir de los artículos 168, 169 Y 170 del Código Nacional de Procedimientos Penales.

Las posiciones en el Campo Jurídico, en particular en la audiencia de medidas cautelares refieren elementos o datos probatorios racionales (con base en la lógica, las máximas de la experiencia y los

34 V. D., Manuel, Medidas Cautelares, Flores Editor y Distribuidor, Temas Selectos del Sistema Acusatorio Libro Tres, México, 2019, pp. 157-159.

conocimientos científicos), útiles y pertinentes. Se podrán usar datos y medios de prueba con base a las reglas del juicio oral. Por ello, se pueden ofrecer testimonios, peritajes, documentos, videos u otros elementos lícitos y con base en derechos humanos.

Además, en caso de existir la aplicación de la PP Justificada, existe la posibilidad de solicitar una nueva audiencia para valorar su aplicación o inaplicación. Esta solicitud procede en dos escenarios: a) Antes de que transcurran los dos años de aplicación de la prisión preventiva y b) Varie objetivamente la causa que generó la medida. Para el caso uno se tendrá en cuenta lo indicado en el artículo 20 de la Carta Magna apartado B fracción IX:

> "En ningún caso podrá prolongarse la prisión o detención, por falta de pago de honorarios de defensores o por cualquiera otra prestación de dinero, por causa de responsabilidad civil o algún otro motivo análogo."

Por otra parte, el Tribunal Colegiado indicó cuáles son las condiciones mientras dure el proceso que harán variar la imposición de la medida cautelar de PP Oficiosa: a) El cambio de clasificación jurídica del delito,[35] b) Que durante el desarrollo del proceso se actualice alguno de los supuestos del artículo 166 del Código Nacional Adjetivo,[36] C) Por causa de un acuerdo reparatorio de cumplimiento inmediato de las partes con apoyo del órgano especializado en la materia y D) cuando lo solicite el ministerio público por no resultar proporcional la medida impuesta y sustituirla por otra.[37]

---

35 Por ejemplo, que sea una clasificación diferente en el auto de vinculación a proceso y en la acusación al inicio de la etapa intermedia. Otro caso sería que el fiscal reclasifique el delito de su escrito de acusación en alegatos (apertura o clausura) dentro del Juicio Oral. También si se visualiza un delito diverso en sentencia. Por último, que el ministerio público haga clasificación diversa de la indicada en el auto de vinculación a proceso al usar el procedimiento abreviado.

36 Ser persona mayor de setenta años, enfermo grave o terminal (se puede cumplir en casa con medidas o en centro para adultos mayores) y mujeres embarazadas y en lactancia. Estos supuestos siempre se valoran por el Juez de control debido según sea el caso riesgo social y por sospecha de sustracción de la acción de la justicia.

37 La proporcionalidad abre un abanico de posibilidades para la argumentación e indicar escenarios de asimetría de poder o posibles ponderaciones de derechos humanos.

Asimismo, se destaca la labor del Centro de Medidas Cautelares por medio del cual se desarrollan diversas investigaciones, entrevistas, diligencias o visitas a las partes para integrar datos que favorezcan la emisión del Dictamen de Riesgo que puede ser baja, media o alta. Esta resolución será causa para que las partes valoren sus datos o medios de prueba y también para que el juez se allegue de mejores elementos para decidir sobre los elementos de la Teoría del Riesgo.

Otro tema importante es la posibilidad de llevar a cabo mecanismos alternos o formas de terminación anticipada del proceso penal. En el caso de la prisión preventiva justificada es importante porque estos acuerdos pueden cambiar las condiciones de aplicación de una medida cautelar, sustituirla o hacer que cese su uso.[38] Será importante para la realización de estos acuerdos considerar lo expuesto en el numeral 17 de la Carta Magna:

> "Siempre que no se afecte la igualdad entre las partes, el debido proceso u otros derechos en los juicios o procedimientos seguidos en forma de juicio, las autoridades deberán privilegiar la solución del conflicto sobre los formalismos procedimentales"

Cuidando la igualdad entre las partes se puede realizar la conciliación, la mediación, la suspensión condicional del proceso. La conciliación y la mediación se pueden usar desde el inicio hasta antes del dictado del auto de apertura de juicio oral. La suspensión condicional del proceso a prueba como deriva de una resolución judicial puede llevarse a cabo desde el auto de vinculación a proceso hasta el auto de apertura a juicio oral. En suma, el articulo 20 apartado A fracción VII de la Carta Magna indica la posibilidad de la realización de un Procedimiento Abreviado[39] en conjunción con el artículo 184

---

38 La base legal se encuentra en el artículo 17 de nuestra Carta Magna, indica que las leyes referentes a los mecanismos alternativos de solución de controversias en materia penal regularan la aplicación, los procedimientos judiciales y los mecanismos de reparación del daño. Véase, Constitución Política Federal, 5 de febrero del 1917, Diario Oficial de la Federación.

39 Con base en el artículo 17 apartado B inciso VII de la Carta Magna si el imputado reconoce ante la autoridad judicial, voluntariamente y con conocimiento de las consecuencias, su participación en el delito y existen medios de convicción suficientes para corroborar la imputación, el juez citará a audiencia de sentencia. La ley establecerá los beneficios que se podrán otorgar al inculpado cuando

del Código Nacional de Procedimientos Penales, el cual, añade los Acuerdos Reparatorios[40] y la Suspensión Condicional del Proceso.[41]

Finalmente, el Código Nacional Adjetivo indicó en su artículo 467 apartado de Reglas Generales de Apelación que las resoluciones de Medidas Cautelares son apelables: "V. Las que se pronuncien sobre las providencias precautorias o medidas cautelares." Se incluirán para ello, enunciados fácticos, material probatorio y el marco normativo. En algunos casos, la Sala Penal podrá modificar la medida cautelar por otra menos lesiva aún sino fue solicitado por las partes. Si el ministerio público no solicitó la medida cautelar podrá hacerlo en otro momento si cambian las condiciones.[42]Por último, procede el Juicio de Amparo Indirecto si no se logran los intereses planteados con base en los conceptos de violación que serán a partir de la mala valoración de la Teoría del Riesgo en virtud del principio de legalidad y garantía de defensa de la Carta Magna.

En conclusión, la audiencia de medidas cautelares se puede solicitar en cualquier momento procesal siempre que no finalice el proceso o exista fallo en contra. Las partes deberán tener como estrategia medular la teoría del riesgo con base en datos o medios de prueba racionales, útiles y pertinentes. Es recomendable desde la etapa de investigación des formalizada o bien desde que se cite al indiciado o procesado a una audiencia inicial, incluir datos o medios de prueba que acrediten arraigo, buen comportamiento, lazos familiares o

---

acepte su responsabilidad. Véase, Constitución Política Federal, 5 de febrero del 1917, Diario Oficial de la Federación.

40 Según el artículo 186 del Código Nacional Adjetivo los acuerdos reparatorios son aquéllos celebrados entre la víctima u ofendido y el imputado que, una vez aprobados por el Ministerio Público o el Juez de control y cumplidos en sus términos, tienen como efecto la extinción de la acción penal. Aplican para delitos patrimoniales, delitos culposos o tramitados por querella, No se pueden usar más de una vez (acuerdos previos), no aplica para delitos de violencia familiar y se usa desde la investigación hasta antes del Juicio Oral. Código Nacional de Procesal, 5 de marzo de 2014, Diario Oficial de la Federación.

41 Opera a partir del auto de vinculación a proceso y no frena las acciones civiles. Procede por delitos: menores a 5 años, no exista oposición fundada de la víctima y hayan pasado 2 años desde el ultimo cumplimiento 5 años por incumplimiento.

42 B. C., Hesbert, La Apelación de Autos Dictados en la Audiencia Inicial, Flores Editor, Serie Nuevo Sistema Penal Acusatorio, México, 2016.

dependientes económicos, formalidad laboral, entre otros. Existe variedad de elementos para solicitar la modificación de la medida impuesta, pero el punto es comprobar objetivamente la variación de las condiciones que motivaron la imposición, se destaca la reclasificación del delito por lo que se debe tener en cuenta la teoría del delito y la teoría del caso para configurar bien esta circunstancia. Por último, existe aún en el juego de estrategias la posibilidad de mediar, conciliar o las salidas alternas del proceso penal.

CONJETURAS DE LA INVESTIGACIÓN

El campo jurídico mexicano tiene como base principios que fortalecen el uso de la PP de tipo justificada. En el ámbito internacional se dan directrices para omitir el uso discriminado con base en garantías judiciales que se deben de respetar. En la normativa nacional las personas procesadas entran al juego de la justicia y derivado de posiciones en el espacio y reglamentaciones o normas fijan sus estrategias, para obtener capitales culturales como son el derecho a su favor o incluso económicos para la reparación del daño.

Las estructuras legales de la PP se basan para el uso o aplicación en probar la Teoría del Riesgo. La PP tiene dos escenarios a destacar que vinculan la necesidad de su uso: uno protección de la víctima y otro la continuidad del proceso penal. El problema que se visibiliza es la ponderación de las afectaciones a los procesados y la protección de las víctimas con base en los principios que rigen la aplicación de las medidas cautelares. Por ello, se requiere entender los momentos procesales para adecuar una defensa adecuada o asistencia jurídica idónea.

Las instituciones encargadas del cuidado y aplicación de la prisión preventiva juegan un papel importante para la aplicación de la prisión preventiva, por ejemplo, el Centro Mediadas Cautelares. Cabe continuar investigando cuáles son sus mecanismos internos o protocolos para llevar a buen cause la investigación de los hechos delictivos.

En el proceso penal acusatorio es determinante reconocer la utilidad y pertinencia de los datos y medios de prueba en las audiencias de medidas cautelares. Estos se deben hacer valer desde la etapa de investigación des formalizada para efecto de la protección de los derechos humanos. Estos deberán ser racionales, útiles y pertinentes para efecto de impactar en la decisión de los jueces de control en el sistema acusatorio penal.

Finalmente, la Teoría del Caso y la Teoría del Delito son herramientas necesarias para establecer una litigación estratégica y planificar los escenarios posibles en el campo jurídico, esto para ayudar a los intervinientes en el proceso penal y alcanzar sus expectativas legales y sociales. Esto porque son varias posibilidades que propician el cambio o circunstancias de aplicación de la PP y se requiere atención a los escenarios de reclasificación del delito.

REFERENCIAS

Libros y artículo

B. C., Hesbert, La Apelación de Autos Dictados en la Audiencia Inicial, Flores Editor, Serie Nuevo Sistema Penal Acusatorio, México, 2016.

C. D., Alfredo, Principios rectores de las medidas cautelares, Nova Iustitia, Revista Digital de la Reforma Penal, Año V, No. 20, Agosto 2017, p. 26.

C. D., José (coord.) Constitución Política de los Estados Unidos Mexicanos Comentada, Ciudad de México, Tirant lo Blanch, 2017, p. 47.

D. K., Alfredo, Manual de Derecho Procesal Penal Teoría y Práctica Conforme al Código Nacional de Procedimientos Penales, INACIPE, Editorial UBIJUS, 2016, pp. 814-815

G., Alicia, Las Prácticas Sociales una Introducción a Pierre Bourdieu, Editorial Ferreyra Editor, Argentina, 2005, p. 29.

H. M., José Daniel, Argumentar en la Oralidad, Desde la Publicidad, Inmediación y Contradicción, Serie Nuevo Sistema Penal Acusatorio, Flores Editor y Distribuidor, México, 2015, p. 44.

L. G., Héctor, Manual de Derecho Procesal, Colección Juicios Orales, Colofón, México DF, 2017, pp. 262-265.

O. A., Miguel, Derecho Penal Parte General, INACIPE, UBIJUS, México, 2017, pp. 155-160.

O. R., José Alberto, El Control de Legalidad de la Detención Audiencia Inicial, Flores Editor, México, 2015, pp. 2-16.

B. Pierre y T., La Fuerza del Derecho, Biblioteca Universitaria Ciencias Sociales y Humanidades, Nuevo Pensamiento Jurídico Colección dirigido por Diego Eduardo López Medina, Ediciones Uniandes, Bogotá, Colombia, 2000, pp. 50-53.

V. D., Manuel, Medidas Cautelares, Flores Editor y Distribuidor, Temas Selectos del Sistema Acusatorio Libro Tres, México, 2019, pp. 157-159.

Leyes y Tratados Internacionales

Código Nacional de Procedimientos Penales, 5 de marzo de 2014, Diario Oficial de la Federación.

Constitución Política Federal, Diario Oficial de la Federación, 5 de febrero de 1917.

Convención Americana sobre Derechos Humanos, 7 de mayo de 1981, https://acortar.link/6jsyAp, artículos 1°, 2°, 5° y 7°.

Decreto publicado en el Diario Oficial de la Federación, 19 de febrero de 2021.

Pacto Internacional de los Derechos Civiles y Políticos, 23 de marzo de 1976, https://acortar.link/iPzn7c, artículos, 7°, 9°, 10 y 14.

Reglas Mínimas sobre el Tratamiento de Reclusos o Reglas de Nelson Mandela, 13 de mayo de 1977, https://acortar.link/mPMHHm, regla 111.

Fuentes Electrónicas

https://hchr.org.mx/wp/wp-content/uploads/2018/12/PrisionPreventivaOficiosa.pdf. Consultada el 13 de marzo del año 2024.

La suspensión contra medidas cautelares en el procedimiento penal

JORGE CHESSAL PALAU[1]
GERARDO OSTOS RINCÓN GALLARDO[2]

MEDIDAS CAUTELARES EN EL PROCEDIMIENTO PENAL

Concepto y finalidad de las medidas cautelares

El artículo 17 de la Constitución Política de los Estados Unidos Mexicanos establece en su séptimo párrafo que las leyes federales y locales establecerán los medios necesarios para que se garantice la independencia de los tribunales y la plena ejecución de sus resoluciones. Es en esta última parte donde descansa el fundamento constitucional de las medidas cautelares y las providencias precautorias en el ámbito jurisdiccional.

Una medida cautelar, conforme se ha definido consistentemente por la doctrina y en especial por el Diccionario Panhispánico del Español Jurídico de la Real Academia Española, la Cumbre Judicial Iberoamericana y la Asociación de Academias de la Lengua Española es el instrumento procesal de carácter precautorio que adopta el órgano jurisdiccional, de oficio o a solicitud de las partes, con el fin de

---

1 Licenciado en Derecho por la Universidad Autónoma de San Luis Potosí, Maestro en Derecho Constitucional y Amparo por la Universidad Autónoma de San Luis Potosí, Presidente del Capítulo San Luis Potosí de la Barra Mexicana Colegio de Abogados para el periodo 2024-2026, Miembro del Colegio de Abogados Penal Internacional y de la Asociación Internacional de Derecho Penal.

2 Licenciado en Derecho por la Universidad Iberoamericana, Especialista en Derecho Penal por la Escuela Libre de Derecho titulándose bajo el reconocimiento de tesis laureada, Especialista en Sistema Acusatorio por la Escuela Libre de Derecho, Especialista en Derecho de Amparo por la Universidad Panamericana, Maestro en Derecho de la Empresa por la Universidad Panamericana, Diplomado en Lavado de Dinero por la Barra Mexicana, Colegio de Abogados y Diplomado en Amparo contra Normas Generales en Materia Penal por Instituto Hebo.

garantizar la efectividad de la decisión judicial mediante la conservación, prevención o aseguramiento de los derechos e intereses que corresponde dilucidar en el proceso.[3]

Por su parte, una providencia precautoria guarda enorme similitud en cuanto a lo conceptual con lo que hemos anotado respecto de las medidas cautelares, además de tener la misma finalidad. Estas determinaciones constituyen una especie de suerte accesoria de carácter provisional cuyo objeto puede recaer tanto en personas como en objetos, como pueden ser restricciones a la libertad de tránsito o el embargo de bienes, por citar algún ejemplo.

Atendiendo a la afectación que provocan las medidas cautelares y las providencias precautorias en la esfera jurídica del gobernado y considerando su naturaleza provisional, se consideran actos de molestia y no privativos, por lo que su imposición no exige de la observancia de la garantía de audiencia previa, bajo la premisa de que la restricción al derecho de que se trate no es absoluta ni definitiva, en tanto puede cambiar dependiendo del estado de cosas y el resultado del juicio.

En la propia Constitución mexicana se obsequia un marco al cual se circunscriben las medidas cautelares y las providencias precautorias en materia penal, cuyo desarrollo en particular compete al Código Nacional de Procedimientos Penales y, en el ámbito militar, al Código Militar de Procedimientos Penales.

El párrafo décimo cuarto del artículo 14 constitucional establece que Los Poderes Judiciales contarán con jueces de control que resolverán, en forma inmediata, y por cualquier medio, las solicitudes de medidas cautelares, providencias precautorias y técnicas de investigación de la autoridad, que requieran control judicial, garantizando los derechos de los indiciados y de las víctimas u ofendidos; agrega que deberá existir un registro fehaciente de todas las comunicaciones entre jueces y Ministerio Público y demás autoridades competentes.

Por su parte, los artículos 19, 20 apartados B fracción IX y C fracción VI y 102 de la Constitución federal se encargan de la regulación de las medidas cautelares en el proceso penal y, particularmente, de

---

3 REAL ACADEMIA ESPAÑOLA: Diccionario panhispánico del español jurídico (DPEJ) [en línea]. < https://dpej.rae.es/ > [Fecha de la consulta: 27/02/2024].

sus finalidades (artículo 19) para asegurar: (i) la comparecencia del imputado en el proceso, (ii) el desarrollo de la investigación; y (iii) la protección de la víctima, de los testigos o de la comunidad.

En ese sentido, en aras de salvaguardar el desarrollo del proceso hasta el dictado de la sentencia, se contempla a nivel constitucional la posibilidad de imponer medidas cautelares, ya sean de carácter personal o real, con el fin de asegurar la comparecencia del imputado; inclusive, la legislación procesal reglamenta esta última cuestión a través de diversas formas de conducción del imputado a proceso: (i) citatorio, (ii) orden de comparecencia o, bien, (iii) orden de aprehensión.

En cuanto al esclarecimiento de los hechos, surge la necesidad de asegurar el desarrollo de la investigación con el fin de que el imputado no la obstaculice o entorpezca, y se evite la desaparición o destrucción de indicios y evidencias; finalmente, se busca asegurar la protección de las víctimas, testigos o de la comunidad en los casos en que exista un riesgo en su seguridad o integridad, bajo la premisa de que en ciertos supuestos y en tratándose de algunos delitos, pueden presentarse amenazas en su esfera jurídica que necesariamente deben tutelarse a través de medidas cautelares o, bien, órdenes de protección.

Por su parte, la reparación del daño se garantiza a través de una herramienta procesal diversa a la medida cautelar tomando en consideración que el proceso puede tramitarse aunque la satisfacción de este derecho no se encuentre asegurada; antes bien, atendiendo a su concepción poliédrica, esto es, como: (i) objeto del proceso penal, (ii) derecho de la víctima u ofendida; y (iii) pena pública, nuestra legislación procesal contempla la posibilidad de garantizar su satisfacción a través de las providencias precautorias que tanto la víctima como el Ministerio Público pueden solicitar a la autoridad judicial en cualquier etapa del procedimiento.

Las providencias precautorias se enmarcan en la clasificación *latu sensu* de las medidas cautelares conforme a la Teoría General del Proceso, y como tal se rigen por los principios de la apariencia del buen derecho y el peligro en la demora, por lo cual, su imposición debe justificarse en la existencia de datos de prueba que permitan establecer la posible reparación del daño, así como la probabilidad de que el imputado sea responsable de repararlo, según lo dispuesto en el artículo 138 del Código Nacional de Procedimientos Penales. Satisfechos estos requisitos, el Juez podrá ordenar el embargo de bienes y la inmovilización de cuentas bancarias y demás valores que se encuentren dentro del sistema financiero.

Aun y cuando las medidas cautelares y las providencias precautorias son atribución de la autoridad judicial y comparten la misma naturaleza, su emisión se da en momentos procesales diferentes. Las providencias precautorias se autorizan por el juez de control a petición del Ministerio Público o de la víctima u ofendido aun antes del ejercicio de la acción penal, es decir, durante la investigación preliminar, en tanto que las medidas cautelares están condicionadas a que, formulada la imputación, el propio imputado se acoja al término previsto en el artículo 19 constitucional, ya sea éste de una duración de setenta y dos horas o de ciento cuarenta y cuatro, según sea el caso, o bien a que se haya dictado auto de vinculación a proceso.

Principios que rigen las medidas cautelares

Como actos de molestia que son, las medidas cautelares en relación con el proceso penal se rigen, en primer término, por lo dispuesto por el primer párrafo del artículo 16 de la Constitución Política de los Estados Unidos Mexicanos que señala que nadie puede ser molestado en su persona, familia, domicilio, papeles o posesiones, sino en virtud de mandamiento escrito de la autoridad competente, que funde y motive la causa legal del procedimiento.

De ese mismo precepto se desprenden otros dos principios, contenidos en su párrafo décimo cuarto, la celeridad y la desformalización en la emisión de la medida cautelar, al señalar que los jueces de control deberán resolver al respecto en forma inmediata, y por cualquier medio, es decir, sin que siquiera sea necesario acudir de manera presencial ante la autoridad judicial, bastando la certeza que pueda obtenerse del empleo de cualquier mecanismo o dispositivo cuya única limitante es que otorgue certeza sobre lo resuelto y la identidad de quien la emite.

Por su parte, el segundo párrafo del artículo 19 constitucional incorpora el principio de eficiencia racional o razonabilidad, al señalar que la prisión preventiva solo podrá dictarse cuando otras medidas cautelares no sean suficientes para garantizar la comparecencia del imputado en el proceso, el desarrollo de la investigación, la protección de la víctima, de los testigos o de la comunidad. De esta forma, se impone la obligación al juez de determinar un orden adecuado a seguir para lograr los fines previstos con la imposición de la cautela, sin excesos ni derivaciones innecesarias.

Pero no solo la Constitución es fuente de principios rectores de este tipo de actos jurisdiccionales que nos ocupan; también deben considerarse los tratados internacionales y la Jurisprudencia —tanto nacional como interamericana— que, a la postre, conforman en su conjunto la regularidad constitucional aplicable, en aras de otorgar la protección más amplia.

Tomando en consideración que las medidas cautelares afectan la esfera jurídica del imputado, los artículos 156 y 157 del Código Nacional de Procedimientos Penales y los diversos 154 y 155 del Código Militar de Procedimientos Penales en los que también se establecen principios que deben observarse, a la par de los que ya fueron indicados, deben interpretarse de conformidad con el parámetro citado.

Como presupuesto de cualquier medida cautelar, corresponde a las Fiscalías acreditar con datos objetivos la necesidad de imponerlas (necesidad de cautela), a partir de un análisis de riesgos procesales que permita identificar un objeto de tutela, y una finalidad legítima de salvaguardarlo.

Demostrada la necesidad de cautela, deberá efectuarse un análisis de idoneidad y proporcionalidad de la medida a partir del principio de mínima intervención, del que resulte la imposición de alguna de las medidas listadas en el artículo 155 del Código Nacional de Procedimientos Penales o 153 del Código Militar de Procedimientos Penales que corresponda con el nivel de riesgo previamente identificado y resulte, por ende, eficaz para el fin de protección que se persigue.

Ello en atención a que el principio de presunción de inocencia, en su vertiente de regla de trato, exige a las autoridades otorgar al imputado el tratamiento de no autor o participe; por ello, la decisión de afectar su esfera jurídica con la imposición de medidas cautelares debe justificarse a partir de una perspectiva de razonabilidad que permita asegurar los fines procesales, buscando la menor lesividad posible al imputado, particularmente en tratándose de medidas cautelares personales.

La Corte Interamericana de Derechos Humanos — máximo intérprete de la Convención Americana Sobre Derechos Humanos — ha sostenido reiteradamente que para que una medida cautelar no sea arbitraria y no se vea afectado el derecho a la presunción de inocencia, es necesario que: a) se presenten presupuestos materiales relacionados con la existencia de un hecho ilícito y con la vinculación de la persona procesada a ese hecho; b) esas medidas cumplan con los cuatro elementos del "test de proporcionalidad", es decir con la finalidad de la medida que debe ser legítima (compatible con la Convención Americana), idónea para cumplir con el fin que se persigue, necesaria y estrictamente proporcional, y c) la decisión que las impone contenga una motivación suficiente que permita evaluar si se ajusta a las condiciones señaladas.[4]

A su vez, la Corte Interamericana ha indicado en otros casos que la privación de libertad de un imputado o de una persona procesada por un delito no puede residir en fines preventivo generales o preventivo-especiales atribuibles a la pena. En consecuencia, ha indicado que la prisión preventiva, por tratarse de la medida de cautela más severa, debe aplicarse excepcionalmente y la regla debe ser la libertad del procesado mientras se resuelve acerca de su responsabilidad penal.[5]

De esta forma se construye un andamiaje a partir del bloque integral de constitucionalidad que, a la luz del segundo párrafo del artículo 1° de la Constitución Política de los Estados Unidos Mexicanos, informa la dinámica y la interpretación de las medidas cautelares previstas en las diferentes legislaciones nacionales que regulan los procesos judiciales en materia penal.

---

4 Caso García Asto y Ramírez Rojas Vs. Perú. Excepción Preliminar, Fondo, Reparaciones y Costas. Sentencia de 25 de noviembre de 2005. Serie C No. 137, párr. 128; Caso Romero Feris Vs. Argentina, párr. 92, y Caso Tzompaxtle Tecpile Vs. México, párr. 96.

5 Caso López Álvarez Vs. Honduras, supra, párr. 67; Caso Barreto Leiva Vs. Venezuela. Fondo, Reparaciones y Costas. Sentencia de 17 de noviembre de 2009. Serie C No. 206, párr. 121; Caso Romero Feris Vs. Argentina, párr. 104, y Caso Tzompaxtle Tecpile Vs. México, supra, párr. 104.

Procedimientos del orden penal y medidas cautelares

En México contamos con diversas disposiciones normativas de corte legislativo que se refieren a la materia penal y en las cuales se regula lo concerniente a las medidas cautelares que pueden llegar a dictarse por parte de las autoridades judiciales. Estas leyes son el Código Nacional de Procedimientos Penales, tanto en el caso de personas físicas como en lo relativo a personas jurídicas; la Ley Nacional del Sistema Integral de Justicia Penal para Adolescentes, el Código Militar de Procedimientos Penales y la Ley de Extradición Internacional.

El Código Nacional de Procedimientos Penales es la ley natural y principal en esta materia, en función de contener las normas de carácter general que regulan los principios del enjuiciamiento penal referidos en el artículo 20 de la Constitución Política de los Estados Unidos mexicanos; por su parte y en atención al fuero específico de aplicación, el Código Militar de Procedimientos Penales hace lo propio en el ámbito castrense, en tanto que en lo concerniente a los adolescentes y extraditables aplican las modulaciones especiales de sus respectivas disposiciones legislativas pero vertebrados al Código Nacional respectivo. En este sentido vale la pena mencionar que, por disposición del artículo 3° bis del Código Militar de Procedimientos penales, es supletorio a éste el Código Nacional de Procedimientos Penales, por lo cual, finalmente, se establece una visión más o menos general y con el mismo enfoque tanto en lo concerniente al ámbito civil como al militar.

Ambos Códigos en estudio hacen la distinción que ya hemos anotado respecto a la diferencia entre medidas cautelares y providencias precautorias, estableciendo claramente su distinción, naturaleza y sentido de eficacia para el proceso.

Por lo que respecta a la Ley Nacional del Sistema Integral de Justicia Penal para Adolescentes, debe atenderse a los principios especiales que configuran un régimen de protección reforzada, a saber, el interés superior de la niñez, la opinión de la persona adolescente, las condiciones sociales, familiares y personales del adolescente, la autonomía progresiva, la no discriminación e igualdad sustantiva y, particularmente, el principio de mínima intervención, según lo dispuesto por los artículos 12, 16, 18 y 19 de la Legislación mencionada.

Asimismo, debe privilegiarse la protección de su esfera más íntima, el derecho a contar con una defensa técnica especializada y el acompañamiento de la persona que sea responsable o de su confianza, esto es, de quién ejerza la patria potestad o la tutela, en su caso, en quien recae la representación legal de su capacidad de ejercicio.

En cuanto a la Ley de Extradición Internacional y la norma que le da origen, el último párrafo del artículo 119 de la Constitución Política de los Estados Unidos Mexicanos, se debe destacar que existe la prisión preventiva como medida regulada en la norma suprema, la cual constituye una excepción a las reglas generales de este mecanismo procesal, de acuerdo al artículo 1° de la misma Constitución, pues es justamente una de las restricciones a que hace mención su primer párrafo contenidas en el propio ordenamiento.

Esta medida cautelar de corte constitucional es aplicable y encuentra su principal motivación en el auto que dicte el juez respectivo para atender la requisitoria derivada del requerimiento del Estado extranjero para la entrega de imputados o sentenciados.

De conformidad con el artículo 21 de la Ley de Extradición Internacional, además de la detención del individuo, el juez del conocimiento podrá ordenar el secuestro de papeles, dinero u otros objetos que se hallen en su poder, relacionados con el delito imputado o que puedan ser elementos de prueba, cuando así lo hubiere pedido el Estado solicitante. Adicionalmente y derivado de lo que señalan los artículos 17, 20 y 26 de la ley en comento, los jueces tendrán amplitud para determinar medidas precautorias innominadas, siempre y cuando no pongan en riesgo la marcha del proceso de extradición.

Una nota aparte merece lo concerniente a las medidas cautelares en materia de personas jurídicas, a quienes resultan aplicables los principios de las medidas cautelares reguladas de manera general en el Código Nacional de Procedimientos Penales, añadiéndose, de conformidad con su artículo 423, la suspensión de las actividades, la clausura temporal de los locales o establecimientos, así como la intervención judicial.

Al ponderar sobre la necesidad de la medida, la autoridad judicial se encuentra obligada a respetar el principio de presunción de inocencia y demás garantías judiciales, pues no obstante la persona jurídica puede entenderse como una ficción, le corresponde el trato de sujeto de derechos, y titular de derechos humanos.[6]

SUSPENSIÓN DEL ACTO RECLAMADO EN EL JUICIO DE AMPARO.

Naturaleza y clasificación de la suspensión del acto reclamado

"La suspensión del acto reclamado tiene por objeto primordial mantener viva la materia del amparo, impidiendo que el acto que lo motiva, al consumarse irreparablemente, haga ilusoria para el agraviado la protección de la justicia federal; por virtud de la suspensión, el acto que se reclama queda en suspenso mientras se decide si es violatorio de la Constitución."[7]

A nuestro juicio, la suspensión del acto reclamado constituye la garantía que por excelencia permite dotar de eficacia al juicio de amparo como recurso judicial; en su concepción tradicional, su finalidad es mantener las cosas en el estado en el que se encuentran hasta el dictado de la sentencia definitiva, salvaguardando así la materia del amparo.

La teoría constitucional de la Suprema Corte en materia de suspensión del acto reclamado atiende a la necesidad de establecer un modelo que resulte acorde con el derecho a una tutela judicial efectiva. De sus interpretaciones, podemos clasificar a la suspensión del acto reclamado en dos especies, a saber: (i) como medida de conservación; y (ii) como medida de tutela anticipada o amparo provisional.

A partir de las reformas constitucionales de dos mil once (lo que dio pauta a la Décima Época), y la de dos mil veintiuno, que inicia la Undécima, tanto la Ley de Amparo expedida en el año dos mil trece

---

6 Tesis P./J. 1/2015 (10a.), de rubro "PRINCIPIO DE INTERPRETACIÓN MÁS FAVORABLE A LA PERSONA. ES APLICABLE RESPECTO DE LAS NORMAS RELATIVAS A LOS DERECHOS HUMANOS DE LOS QUE SEAN TITULARES LAS PERSONAS MORALES." Publicada en la Gaceta del Semanario Judicial de la Federación. Libro 16, Marzo de 2015, Tomo I, página 117, con número de registro digital 2008584

7 Couto, Ricardo. Tratado teórico-práctico de la suspensión en el amparo. Editorial Porrúa, primera edición, página 40.

como las tesis y ahora precedentes del Poder Judicial de la Federación han construido un marco robusto y sólido en torno a la suspensión en el juicio de amparo, cuyo análisis exhaustivo rebasa el objeto del presente estudio.

Efectos de la suspensión del acto reclamado

A partir de las enmiendas efectuadas al artículo 107, fracción X, de la Constitución Federal con motivo de la reforma publicada en el Diario Oficial de la Federación el 6 de junio de 2011, se dotó a la suspensión del acto reclamado del carácter genuino de medida cautelar con el objeto de otorgarle los efectos prácticos de la sentencia; sobre el particular, el constituyente permanente plasmó en la exposición de motivos la necesidad de prever un sistema equilibrado que permita que la medida cautelar cumpla cabalmente con su finalidad protectora, y al mismo tiempo cuente con mecanismos que eviten y corrijan los abusos que desvían su objetivo natural.

En la misma línea, al resolver la contradicción de tesis 255/2015, la Primera Sala señaló que la medida cautelar participa de los efectos de la sentencia definitiva del proceso, específicamente de los efectos prácticos, en cuanto permite mantener al afectado en el goce del derecho que aparentemente le asiste mientras se resuelve el juicio, pero corresponde sólo a la sentencia determinar en definitiva sobre los derechos alegados y, en su caso, dejar sin efectos los actos jurídicos.[8]

Asimismo, al resolver la contradicción de tesis 85/2018 de la que derivó la Jurisprudencia 1a./J. 70/2019 (10a.),[9] la Primera Sala señaló que la locución "atendiendo a la naturaleza del acto reclamado", que refiere el precepto de la Ley de Amparo, debe analizarse en función de las consecuencias que caso a caso pueden producir

---

[8] Tesis de Jurisprudencia 1ª./J.21/2016 (10ª), de rubro "LANZAMIENTO EJECUTADO. PROCEDE CONCEDER LA SUSPENSIÓN EN SU CONTRA, SIEMPRE QUE SE DEMUESTREN LA APARIENCIA DEL BUEN DERECHO Y EL PELIGRO EN LA DEMORA, Y NO EXISTA IMPEDIMENTO JURÍDICO O MATERIAL." Visible en el Semanario Judicial de la Federación con número de registro digital 2011829.

[9] De rubro "SUSPENSIÓN. LA NATURALEZA OMISIVA DEL ACTO RECLAMADO NO IMPIDE SU PROCEDENCIA". Visible en el Semanario Judicial de la Federación con número de registro digital 2021263.

los actos reclamados, lo que a su vez es determinante para decidir si el efecto de la suspensión debe consistir en el mantenimiento de las cosas en el estado que se encuentran o debe restituirse provisionalmente a la persona en el goce del derecho violado.

Así pues, tomando en consideración que la suspensión del acto reclamado se califica como una medida cautelar en el juicio de amparo, los principios que la rigen son la apariencia del buen derecho, el peligro en la demora y la no afectación del interés social, según se desprende del artículo 107, fracción X, de la Constitución Federal; de tal suerte que, atendiendo a la naturaleza del acto reclamado y al juicio de verosimilitud que se realice respecto del derecho que se aduce afectado, se determinarán los efectos de la suspensión ya sea como medida meramente conservativa o, bien, como medida de tutela anticipada restableciendo provisionalmente al quejoso en el goce de sus derechos.

Evolución progresiva de la suspensión del acto reclamado

La suspensión del acto reclamado ha tenido una evolución progresiva consecuente con los principios pro persona y de interpretación conforme, que refleja su finalidad de tutelar efectivamente los derechos humanos; actualmente, podemos afirmar que la doctrina jurisprudencial de la Suprema Corte se apoya en los postulados de la teoría valorada concretada del Ministro en retiro Ricardo Couto, según la cual "si el amparo persigue finalidades eminentemente prácticas, el quejoso debe recibir sus beneficios por obra de la suspensión, que en cierto sentido debe anticipar la protección que requiere el que promueve el juicio constitucional."[10]

La importancia de la suspensión del acto reclamado debe equipararse con la relevancia de conservar la materia del juicio en lo principal, pues ambas buscan crear las condiciones para que el juicio de amparo cumpla con su función protectora por lo que, por regla general, será incorrecto sostener que debe negarse la suspensión con la finalidad de conservar la materia del asunto en lo principal.

---

[10] *Op cit.* Páginas 230 y 231.

La suspensión del acto reclamado es, por definición, un beneficio transitorio, porque aun cuando se conceda con un carácter restitutorio y exista identidad entre los efectos de una eventual sentencia favorable a la quejosa, ese beneficio durará únicamente hasta que la sentencia que se dicte en el cuaderno principal cause ejecutoria. La excepción a la regla general, esto es, en qué casos una medida cautelar con efectos restitutorios verdaderamente dejaría sin materia un juicio de amparo, se configurará cuando la restitución provisional de los derechos no pueda ser revocada aun cuando se niegue el amparo.

Atendiendo a la finalidad protectora de la suspensión, al resolver la contradicción de tesis 152/2021, la Segunda Sala ha señalado que excepcionalmente debe otorgarse la suspensión aunque con ello quede sin materia el juicio; esto es, aun y cuando el beneficio transitorio no pueda ser revocado en caso de negarse el amparo, ello no es impedimento para otorgar la medida cautelar, pues de no actuar de inmediato, la sentencia de amparo que, en su caso, se pronunciara podría ser absolutamente ineficaz e, incluso, el juicio podría llegar a ser inútil teniendo que sobreseerse si el quejoso pierde la vida, con lo que se haría nugatoria la eficacia del juicio de amparo como garantía constitucional para hacer efectivos los derechos humanos.[11]

El desarrollo jurisprudencial abordado resulta consistente con el derecho fundamental a una tutela judicial efectiva, reconocido en el artículo 25.1 de la Convención Americana Sobre Derechos Humanos y resulta, en materia penal, de especial importancia como parámetro de regularidad constitucional como se explica en el siguiente apartado.

---

11 Tesis de Jurisprudencia 2a./J. 29/2022 (11a.), de rubro "SUSPENSIÓN DE OFICIO Y DE PLANO EN EL JUICIO DE AMPARO. ES PROCEDENTE CONCEDERLA CONTRA LA OMISIÓN DE VACUNAR CONTRA EL VIRUS SARS-COV-2 AL PERSONAL MÉDICO DEL SECTOR PRIVADO, PARA EL EFECTO DE QUE SE LES APLIQUE EN LA MISMA FECHA Y EN IGUALES CONDICIONES QUE AL PERSONAL DE SALUD DEL SECTOR PÚBLICO." Con número de registro digital 2025131.

SUSPENSIÓN DEL ACTO RECLAMADO EN MATERIA PENAL

Reglas especiales

El juicio de amparo en materia penal se rige por una serie de reglas excepcionales que permiten diferenciar su tratamiento de otras materias, al admitirse, por ejemplo, la suplencia de la deficiencia de la queja con el fin de otorgar una mayor protección a los derechos del quejoso o, bien, plazos específicos para la presentación de la demanda de amparo, entre otras, cuyo análisis exhaustivo rebasa el objeto del presente estudio; en lo que interesa, la suspensión del acto reclamado en materia penal se rige por sus propias reglas especiales.

Sin embargo, en cuanto a la suspensión en el amparo en materia penal no podemos dejar pasar que a partir de la reforma publicada en el Diario Oficial de la Federación el 17 de junio de 2016, se adicionó al artículo 128 de la Ley de Amparo el párrafo tercero que en lo conducente establece la prohibición de conceder la suspensión en contra de la ejecución de una medida cautelar concedida por la autoridad judicial.

Nos parece desafortunada la decisión legislativa de incluir una prohibición para el otorgamiento de la suspensión que, *prima facie,* no se antoja conforme con los principios de la apariencia del buen derecho y la no afectación del interés social reconocidos en el artículo 107, fracción X, de la Constitución Federal, amén que el juicio de amparo dejaría de ser un recurso judicial efectiva si, *ex ante,* a nivel normativa se establece una prohibición para el otorgamiento de la medida cautelar suspensiva.

A propósito de los aspectos constitucionales mencionados, el Pleno de la Suprema Corte de Justicia de la Nación tuvo la oportunidad de analizar la regularidad constitucional de la norma al resolver la acción de inconstitucionalidad 62/2016 cuyos considerandos gozan del carácter de Jurisprudencia.[12]

---

[12] Tesis 1a./J. 2/2004, de rubro "JURISPRUDENCIA. TIENEN ESE CARÁCTER LAS RAZONES CONTENIDAS EN LOS CONSIDERANDOS QUE FUNDEN LOS RESOLUTIVOS DE LAS SENTENCIAS EN CONTROVERSIAS CONSTITUCIONALES Y ACCIONES DE INCONSTITUCIONALIDAD, POR LO QUE

Conforme a los razonamientos de la sentencia dictada por el Pleno, el precepto impugnado por la Comisión Nacional de los Derechos Humanos no establece una prohibición tan tajante que impide el ejercicio valorativo jurisdiccional, lo que para el criterio de la mayoría atiende a lo establecido en el artículo 107, fracción X, primer párrafo, de la Norma Fundamental, en tanto establece que debe ser el juzgador quien determine si en cada caso concreto la naturaleza del acto permite o no su suspensión y, una vez establecido ello, determine si la concede o no, para lo cual deberá ponderar la apariencia del buen derecho y el peligro en la demora, con el interés social.

Respetuosamente diferimos del criterio de la mayoría, dado que a nuestro juicio dejó sentado un precedente que no corresponde con el principio de progresividad de los derechos humanos, pues aun y cuando quedó establecido que —en última instancia— corresponde al juzgador analizar en cada caso concreto la procedencia de la suspensión, consideraron que por regla general la suspensión debe negarse y solo excepcionalmente procede su concesión.

Coincidimos con los Ministros disidentes, Norma Lucía Piña Hernández, Arturo Zaldívar Lelo de Larrea, Alfredo Gutiérrez Ortiz Mena y José Fernando Franco González, pues a nuestro juicio la adición al artículo 128 de la Ley de Amparo constituye una prohibición tajante para poder suspender los actos ahí mencionados; la cuál estimamos, no se supera con la interpretación de la mayoría pues aun y cuando se permite excepcionalmente el otorgamiento de la suspensión, ello no resulta conforme con los principios constitucionales de la apariencia del buen derecho y la no afectación del interés social ni, por ende, con el derecho a contar con un recurso judicial efectivo.

"En otras palabras, dada la prohibición, se impide al Juez realizar el análisis ponderado entre la apariencia del buen derecho y el interés social que constitucionalmente está ordenado realizar para la procedencia de la suspensión. En consecuencia, el único modo de permitir que los actos reclamados consistentes en "la ejecución

---

SON OBLIGATORIAS PARA LOS TRIBUNALES COLEGIADOS DE CIRCUITO EN TÉRMINOS DEL ACUERDO GENERAL 5/2001, DEL PLENO DE LA SUPREMA CORTE DE JUSTICIA DE LA NACIÓN.", con número de registro digital 181938.

de una técnica de investigación o medida cautelar concedida por autoridad judicial" sean susceptibles de suspenderse, es invalidando la prohibición impugnada."[13]

A fin de cuentas, al validarse la regularidad constitucional del precepto impugnado, la suspensión de medidas cautelares decretadas por la autoridad judicial en el procedimiento penal deberá resolver caso por caso a partir de una interpretación conforme, a nuestro juicio forzada, del artículo 107, fracción X de la Constitución Federal.

Artículo 163 de la Ley de Amparo

De acuerdo con lo dispuesto por este numeral, cuando el amparo se pida contra actos que afecten la libertad personal dentro de un procedimiento penal, la suspensión tendrá por efecto que el quejoso quede a disposición del órgano judicial que conozca del amparo, sólo en lo que se refiere a dicha libertad, pero a disposición de la autoridad que deba juzgarlo, para la continuación del proceso.

Nos parece desafortunada la regla establecida en este precepto ya que por sí sola no redunda en ningún beneficio para el quejoso, pues en la práctica judicial es común encontrar suspensiones que se limitan a este efecto meramente formal, por virtud del cual —en teoría— la libertad del quejoso queda a disposición de la autoridad judicial que conoce del amparo, sin embargo, no se traduce en el cese de la restricción a la libertad personal sino que el quejoso permanece en el centro de reclusión preventiva.

Artículo 166 de la Ley de Amparo

Las reglas especiales contenidas en este precepto merecen la misma crítica a la que hemos hecho referencia en el apartado anterior; cabe agregar, que a nuestro juicio se incluye una categoría sospechosa tendiente a otorgar un tratamiento diferenciado y, por ende, discriminatorio, de los prohibidos por el artículo 1° Constitucional, al distinguirse los efectos de la suspensión en los casos en que se re-

---

13 Voto de minoría publicado junto con el engrose de la sentencia dictada en la acción de inconstitucionalidad 62/2016. Visible en www.scjn.gob.mx

clamen ordenes de aprehensión libradas por delitos que merecen la imposición de la prisión preventiva oficiosa.

El párrafo segundo fracción II del artículo 166 de la Ley de Amparo establece que en los casos en que el quejoso se encuentre materialmente detenido y el Ministerio Público solicite la prisión preventiva, el efecto de la suspensión solo será el establecido en la fracción I —relativa a los delitos que ameritan prisión preventiva oficiosa—.

El efecto meramente formal es el mismo al que se refiere el artículo 163 de la Ley de Amparo que no redunda en beneficio alguno para el quejoso y que, por ende, no corresponde a los efectos de la suspensión del acto reclamado pues la medida sigue ejecutándose de manera ordinaria.

CONCLUSIONES

Las medidas cautelares en materia penal revisten una importancia esencial para la eficacia del proceso; sin embargo, su combate mediante el juicio de amparo encuentra una limitación legislativa que, si bien parcialmente vencida por decisión de la Suprema Corte de Justicia de la Nación, limita enormemente la eficacia del amparo como un medio ágil y sencillo para la preservación y defensa de los derechos humanos.

Frente a esta restricción, nuestro ordenamiento no toma en consideración las consecuencias negativas de una medida cautelar indebida, infundada, inmotivada o mal ejecutada, por lo que tampoco habrá, en vía de consecuencia, un mecanismo de restitución eficaz para los gobernados.

En materia de prisión preventiva hay avances, a partir de las sentencias dictadas en los casos Tzompaxtle Tecpile y otros Vs México, y García Rodríguez y Reyes Alpízar Vs México por la Corte Interamericana de derechos Humanos; sin embargo aún queda mucho camino por recorrer y, esencialmente, en lo tocante a otras medidas cautelares quizá no tan llamativas pero no por eso menos perjudiciales. La restricción legal en materia de suspensión antes apuntada constituye una limitación indebida al derecho fundamental —de doble fuente— a contar con un recurso judicial efectivo.

Dado que no hay visos legislativos de modificar la Ley de Amparo, deberá ser la jurisprudencia del Poder Judicial de la Federación la que retome el camino de la constitucionalidad, tomando en cuenta que en el artículo 107 de la Constitución Política de los Estados Unidos Mexicanos no hay las limitaciones que el legislador ordinario obsequió en perjuicio de la ciudadanía.

Las fricciones recientes entre los poderes ejecutivo y legislativo con el judicial dificultan sobremanera la impartición de la Justicia Constitucional; ejemplo de ello lo es la muy lamentable reforma publicada recientemente en el Diario Oficial de la Federación, a través de la cual se restringieron los efectos generales de la suspensión en tratándose del amparo contra normas generales, en franca contravención a lo dispuesto por el artículo 107, fracción X, de la Constitución Federal.

Impugnaciones ante Juez de Control

HÉCTOR HUMBERTO VENEGAS ROMÁN

La trascendencia de la figura de los medios de impugnación ante Juez de Control y la forma en la cual ha sido empleada por los operadores jurídicos genera una sensación de que en realidad puede ampliarse su espectro protector e incluso contemplarse para que más personas involucradas con investigaciones penales puedan acudir sin limitantes de procedencia.

En realidad, el avance jurisprudencial de la figura de los medios de impugnación ante Juez de Control provoca ciertas interrogantes cuyas respuestas nos permitirán contar con espectros de protección más amplios, así como herramientas que de manera real signifiquen un mejor desarrollo de las investigaciones ministeriales.

Tal como se encuentran contemplados en el Código Nacional de Procedimientos Penales, los medios de impugnación ante Juez de Control parecieran limitados o centrados en casos concretos y respecto de presupuestos específicos para su procedencia.

Sin embargo, su operatividad y las interpretaciones Constitucionales relacionadas con los principios de acceso a la justicia y recurso efectivo han propiciado que, al menos en la práctica, si exista una interpretación que favorece a la resolución de este tipo de recursos.

Así, es necesario en primer lugar preguntarse si sería mejor que existiera un capítulo específico en la legislación adjetiva a efecto de establecer cuál es la procedencia del recurso, legitimidad de las partes, las condiciones para su substanciación, así como los plazos para su interposición y tramitación.

La realidad es que del proceso legislativo del Código Nacional de Procedimientos Penales se advierte que el legislador pensaba en la existencia de estos recursos innominados para casos específicos, centrando la atención en la intervención del Juez de Control durante la investigación complementaria.

No obstante esto, los planteamientos realizados por abogados, así como las resoluciones de los Jueces de Control y de los tribunales federales en materia de Amparo, dieron pie a que una mayor cantidad de casos fueran estudiados y resueltos.

De esta forma, se gestó un vacío legal para muchos de los asuntos que se tramitan como recursos innominados ante Juez de Control donde no existe certeza jurídica por cuanto hace a cuestiones tan elementales como lo son la personalidad y procedencia.

Así, evidentemente las situaciones particulares o casos concretos que existen día con día en la ventilación de asuntos y todas las posibles peculiaridades que puede significar la integración de una carpeta de investigación abren un abanico de escenarios que actualizan la necesidad de que un Juez de Control intervenga para evitar transgresiones a la esfera jurídica de las personas.

Luego, enlistar de manera enunciativa y no limitativa los supuestos que actualizan la oportunidad de las partes para acudir ante el órgano jurisdiccional a efecto de determinar si el Ministerio Público ha actuado o sido omiso de manera tal que genera una afectación permitiría tener certeza respecto de los casos en los que este medio ordinario resulta pertinente.

De igual forma, sería positivo tener certeza tanto de los plazos como de los requisitos de procedencia de los recursos de manera que hubiera uniformidad para su presentación, puesto que al existir diversos dispositivos que prevén diferentes tipos de impugnaciones recae en el planteamiento del recurrente y la valoración del juzgador ajustar el caso sin que exista certeza jurídica respecto de la aplicabilidad de uno u otro supuesto.

De manera inevitable y en seguimiento a lo expresado, habrá escenarios donde la ley no prevea con claridad algún supuesto; sin embargo, dejando claro que estos medios de impugnación tienen como finalidad evitar que en el desarrollo de las investigaciones se transgreda la esfera jurídica de las personas se permite al Juez de Control hacer una valoración, en respeto al principio de contradicción, respecto de sí eso sucede en cada caso concreto.

Se considera que, dando contestación a las interrogantes plasmadas, es necesario ampliar el espectro de protección de los medios de impugnación ante el Juez de Control para evitar las afectaciones a la esfera jurídica de las personas que pueda acontecer durante la integración de una carpeta de investigación. Se estima igualmente que resultaría de gran utilidad que la ley previera de manera clara la posibilidad de acudir a estos medios de impugnación ante el Juez de Control y que se delimitara las condiciones en las que estos recursos pueden resultar efectivos y verdaderamente traducirse en investigaciones mejores donde de respeten los derechos de todos los intervinientes.

Por otro lado, se estima que es de suma importancia que exista claridad respecto de los sujetos legitimados para ejercer los medios de impugnación ante el Juez de Control puesto que la legislación es sumamente vaga en este sentido, pues como ya se ha dicho, el espectro tanto de protección como de eficacia se consideraba mucho menor.

Actualmente nos encontramos con que la ley establece de manera clara quienes serán las partes legitimadas para la interposición de los recursos innominados ante Juez de Control, no obstante que la jurisprudencia ha dado pasos agigantados en la construcción de criterios que establezcan que en respeto al principio de igualdad de partes estos podrán ser utilizados por los intervinientes del proceso, se considera que es fundamental que lo anterior forme parte del contenido de la legislación adjetiva.

Más allá de lo anterior, resulta fundamental analizar casos donde como parte de una investigación se generan afectaciones a la esfera jurídica de personas que no forman parte del proceso penal. Existen muchos casos donde una investigación trastocará los derechos de personas ajenas a ésta por no corresponderle el carácter de víctima u ofendido o imputado y que no permiten a la persona acudir ante el órgano jurisdiccional a efecto de enmendar o resarcir los daños ocasionados. A manera de ejemplo, podemos pensar en el aseguramiento irregular de un inmueble por haber sido el lugar de algún hecho constitutivo de delito; pues bueno, en ese caso el propietario no podría explicar a un Juez de Control que el aseguramiento ha llevado un tiempo injustificado o que se han dejado de practicar diligencias y no obstante esto el inmueble continúa asegurado.

La realidad es que como parte de los cambios que se buscaba que fueran generados con el sistema de justicia penal vigente, era evitar que muchas cuestiones ocurridas durante la tramitación de indagatorias tuvieran que ser resueltas a través del Juicio de Amparo, pues esto no sólo generaba una saturación innecesaria de los juzgados federales de Amparo, sino que provocaba una dilación innecesaria e inconmensurable en las investigaciones.

En este tenor, resulta claro que el Juez de Control podría conocer de aquellos casos donde las afectaciones derivadas de una investigación penal impliquen transgresiones a los derechos de aquellas personas que no tienen el carácter ni de víctima u ofendido o imputado.

Sirve de cierta forma como guía, los presupuestos que se establecen en la Ley de Amparo para reconocer la existencia de interés jurídico del quejoso tratándose de investigaciones penales y precisamente en esta intención de evitar la saturación de los Juzgados de Amparo, permitir que sea un Juez de Control quien se pronuncie respecto de este tipo de casos.

A manera de conclusión podríamos señalar que, en primer lugar la existencia de estos medios de impugnación ante Juez de Control ha generado como consecuencia de los precedentes existentes una práctica adecuada que ha facultado al órgano jurisdiccional para pronunciarse en una mayor cantidad de casos con la finalidad de salvaguardar los derechos de los intervinientes de las investigaciones criminales.

No obstante lo anterior, se considera que debería ser a través de modificaciones a la ley, en atención y reconocimiento al principio de certeza jurídica, que se estableciera de manera clara cuales son las condiciones y los casos donde es posible interponer algún medio de impugnación ante Juez de Control. Lo anterior, como ha sido señalado, debería contener tanto la correcta substanciación y procedencia de los recursos, como los parámetros que deberá considerar el juzgador para emitir su determinación.

En este sentido, el espectro de casos que deberían poderse poner a consideración de los Jueces de Control debería ser tan amplio como posibles violaciones o transgresiones a derechos de las personas intervinientes en un proceso penal y esto debería estar estipulado en la legislación adjetiva en materia penal.

Del mismo modo, se considera que no deberían existir limitantes respecto de la personalidad para que una persona pudiera acudir ante el órgano jurisdiccional siempre y cuando al momento de la interposición del recurso justificara de manera presuntiva que han sido violentados sus derechos humanos en la tramitación de una carpeta de investigación.

Homologar supuestos de procedencia en base a lo resuelto por la SCJN

IVÁN JAVIER LOZANO GUEVARA

PREÁMBULO

En estricto sentido impugnar significa combatir, refutar, incluso cambiar, al introducirnos en materia judicial se puede canalizar su comprensión utilizando los recursos con el que un procedimiento puede contar para cambiar una resolución ya sea que nos favorezca o no. Antes que nada, debemos distinguir que el procedimiento y el proceso no significan lo mismo, de hecho, uno se encuentra dentro del otro, el primero en la teoría general del proceso lo ubicamos como una metodología en donde se realizan ciertas acciones determinadas, y generalmente un proceso vive en momentos integrados en aquella metodología, un ejemplo en el procedimiento penal es el esclarecimiento del hecho desde su etapa de investigación hasta la sentencia en el juicio y hablando de proceso, el respectivo debate de medidas cautelares acerca de una posible prisión preventiva justificada.

Los medios de impugnación son herramientas jurídico procesales que se encuentran en las distintas leyes que componen el orbe del derecho, y su principal objetivo es modificar de manera parcial o completa toda resolución que un órgano jurisdiccional haya tomado en búsqueda de un resultado distinto al original que se combate, por tal razón es menester dentro del presente capítulo analizar los medios de impugnación en el sistema penal acusatorio actual, y que tiene su metodología judicial en el código nacional de procedimientos penales, pero además, otras hipótesis que pueden ser interpretadas como medios de impugnación ya que sus efectos son similares en el mundo practico del litigio.

Todo aquel proceso penal que se jacte de serlo se encuentra condicionado por un verdadero debido proceso, ya que además debe contener la posibilidad real de recurrir un fallo, siendo las partes quienes podrán hacerlo por convertirse en objetos de los agravios, a menos que en su accionar de estrategia estos mismos lo hayan propiciado, como ejemplo tenemos la hipótesis defensiva contenida en el artículo 20° inciso B fracción IX de la Constitución Política de los Estados Unidos Mexicanos y que afectaría el derecho de una persona imputada a ser liberada por exceder el término de su prisión preventiva como medida cautelar. Un recurso también debe existir para su utilización en diversas áreas dentro del litigio, que la resolución combatida exista en una ley que así lo permita, y aunque parezca lógico lo anterior, es muy recurrente el error cuando no se analiza bien la aplicación del principio de definitividad en ciertos momentos procesales de parte de las y los abogados.

Otro requisito indispensable es que exista un tribunal competente que conozca del recurso y evidentemente un operador que se sienta agraviado por la resolución judicial y quiere que se cambie, dependiendo el caso estarán en condiciones de hacerlo la víctima o su asesor jurídico, el ministerio público, así como el imputado o su defensor. El código nacional de procedimientos penales vio la luz el 12 de marzo del año 2014, y en su Título XII se describe un apartado especial a partir del artículo 456° que reconoce solamente como recursos los denominados revocación y apelación, sin embargo, aludiendo al razonamiento jurídico y al análisis practico que nos nutre, el artículo 135° del mismo ordenamiento reconoce la queja, que contiene los mismos efectos de modificación que los primeros, así mismo otro medio se encuentra reconocido en el artículo 459° que habla de las impugnaciones que podrán recurrir la victima u ofendido, colocándolas a continuación:

1. Las que versen sobre la reparación del daño causado por el delito, cuando estime que hubiere resultado perjudicado por la misma;
2. Las que pongan fin al proceso, y
3. Las que se produzcan en la audiencia de juicio, solo si en este último caso hubiere participado en ella.

Cuando la víctima u ofendido solicite al ministerio público que interponga los recursos que sean pertinentes y éste no presente la impugnación, explicará por escrito al solicitante la razón de su proceder a la mayor brevedad.

Debiendo agregar uno más que se encuentra proveído en el artículo 258°, de características especiales y por lo tanto resulta innominado, su esencia radica en lograr cambiar de manera directa una decisión del ministerio público y no del juez, aunque este último sea quien la impulse con sus decisiones, sumamente útil si se recurre de manera efectiva y conocido coloquialmente como audiencia de control judicial. Esta figura fue creada a raíz de la relevancia otorgada a las partes operadoras de un procedimiento, pero primordialmente a las víctimas, quienes en comparación con el sistema de índole inquisitivo que les resultaba tan tortuoso por sus características controladoras a favor del ente investigador, ahora tienen una posibilidad de impugnar ante el juez de control los actos u omisiones existentes en la etapa inicial de una investigación. Esta ventana ha demostrado ser una herramienta con acceso a varios derechos fundamentales como son la justicia y una tutela efectiva, traduciéndose en evitar posibles negligencias de quien tiene la carga de la prueba, la también llamada fiscalía. Sin embargo, como analizaremos más adelante en este capítulo se han adicionado conjeturas recientes por medio de reformas legislativas a este citado control judicial que son sumamente interesantes y propositivas.

Para poner fin al principio general de la regla que colma de inmutabilidad a toda decisión judicial se debe estar ante una excepción, los recursos existen para mejorar siempre la función judicial ante el error que llegue a presentarse de hecho o derecho, esto quiere decir que las impugnaciones a las sentencias son necesariamente parte un procedimiento y de algunos momentos procesales, como criterio para comprender mejor lo anterior se propone la siguiente tesis:

Suprema Corte de Justicia de la Nación

Registro digital: 162506

Instancia: Tribunales Colegiados de Circuito

Novena Época

Materias(s): Constitucional, Común

Tesis: I.3o.C.106 K

Fuente: Semanario Judicial de la Federación y su Gaceta. Tomo XXXIII, marzo de 2011, página 2401

Tipo: Aislada

PRINCIPIO DE IMPUGNACIÓN DE LAS SENTENCIAS. CONSTITUYE UNA FORMALIDAD ESENCIAL DEL PROCEDIMIENTO.

La garantía de acceso a la tutela judicial efectiva también se encuentra relacionada con la garantía de defensa que constituye el requisito indispensable que debe observarse de manera previa a todo acto privativo de la libertad, propiedad, posesiones o derechos, por estar así consagrado en el artículo 14 de la Constitución Federal. La oportunidad de defensa previamente al acto privativo, impone que se cumplan, de manera genérica, las formalidades esenciales del procedimiento que se traducen en los siguientes requisitos: 1) La notificación del inicio del procedimiento y sus consecuencias; 2) La oportunidad de ofrecer y desahogar las pruebas en que se finque la defensa; 3) La oportunidad de alegar; y 4) El dictado de una resolución que dirima las cuestiones debatidas. Este proceder interpretativo no incluye expresamente como formalidad esencial del procedimiento el de impugnación de las sentencias. Sin embargo, debe estimarse implícitamente contenida, ya que se parte del supuesto de que la configuración del acceso a la tutela judicial efectiva no sólo atañe a que el particular pueda ser notificado del inicio del procedimiento y sus consecuencias; de ofrecer y desahogar las pruebas en que se sustenta su defensa; alegar; y que se dicte una resolución que dirima las cuestiones debatidas sino, que atendiendo a la trascendencia de esa garantía, la posibilidad del error humano y la necesidad de fiscalizar la actividad judicial, constituyen motivos determinantes para ejercer el derecho de impugnación que subsane aquéllos o vigile que la administración de justicia sea óptima y garantice los fines tutelados por la ley. Es decir, se parte del conocimiento ordinario de la falibilidad humana y de que ésta no es ajena a la función judicial, que se integra por hombres concretos, inmersos en circunstancias sociales y culturales, que pueden inclinarlos a apreciar erróneamente los hechos o el derecho que debe aplicarse, por lo que el ordenamiento jurídico debe prever garantías y medios eficaces para evitar que el error desvirtúe o frustre la administración de justicia según los atributos que señala el artículo 17 de la Constitución Federal, razón por la cual el derecho a impugnar sí es una formalidad esencial del procedimiento. Constituye, además, un valor necesario de los Estados democráticos, que la autoridad pueda reconocer el error y enmendarlo mediante la facultad de subsanar omisiones y regularizar el procedimiento, sin afectar la igualdad procesal de las partes o del modo más oportuno, a través de los medios de impugnación, comprendido el recurso, para tratar de satisfacer las funciones públicas encomendadas con mayor eficacia.

TERCER TRIBUNAL COLEGIADO EN MATERIA CIVIL DEL PRIMER CIRCUITO.

Amparo directo 582/2010. Jorge Armando Mancebo Barrón y otro. 9 de diciembre de 2010. Unanimidad de votos. Ponente: Neófito López Ramos. Secretario: José Luis Evaristo Villegas.

De las tres etapas principales que conforman al Sistema penal mexicano la que otorga estructura a todo el procedimiento será la investigación, por eso los diferentes tipos de impugnaciones que hemos mencionado se encuentran habilitadas incluso desde la noticia criminal, es bien sabido que el encargado de investigar la existencia de hechos delictivos cometidos en agravio general es el Ministerio Publico, su objetivo principal en todo momento es el esclarecimiento del hecho, y con esto me refiero a que debemos ir descubriendo que fue lo que paso usando una investigación apropiada antes de encumbrar la creencia cotidiana de privar de la libertad a las personas por cualquier razón. Es muy común que ante todo acto que aparente ser delito se condene de manera social a quien participa en él, pues basta con un señalamiento mediático para propiciar graves violaciones a los derechos humanos de quienes son investigados. Lejos ha quedado ya la reforma del 18 de junio del año 2008 que estableció en nuestra Constitución Política un sistema penal del corte acusatorio, dando con esto un cambio completo en la práctica de prevenir e investigar delitos.

La reforma transformó de manera radical al ministerio público y dejo de ser todo en una sola autoridad como ya se mencionó anteriormente, pues no solamente realizaba funciones de investigar, si no también de acusar y juzgar, situación que poco garantizaba una verdadera administración e impartición de justicia debido a la inexistencia de contrapesos, pues trabajaba de manera parcial y poco objetiva ante el hecho investigado, incluso llegando a ser reiterativa la figura del llamado *chivo expiatorio* para hacer culpable de algo a otro con independencia de su inocencia. No se puede dejar a un lado que la manera de investigar también tuvo que cambiar, se dejó de buscar una verdad histórica absoluta y se comenzó a centrar la atención en una que tuviera que ser probada forzosamente por aquel que acusa, y ese precisamente es el principio que da vida al actual procedimiento que tenemos, quien acusa está obligado a probar.

La falta de pruebas adecuadas en una etapa de juicio implica necesariamente una incorrecta investigación y esto puede traer como consecuencia malas experiencias a los que intervienen principalmente en el procedimiento como son la víctima y el imputado, son ellos quienes esperan la justicia tan anhelada, por el contrario, suelen quedar con un mal sabor de boca por el actuar de una institución que tiene la obligación de velar por ellos sin cumplir su cometido. Son evidentes las constantes carencias del ministerio público en su accionar debido a varios factores, entre los más comunes están la falta de capacitación, herramientas, empatía y también la corrupción, por tal motivo son reconocibles los posibles fallos propios del ser humano, nada ajenos de una función judicial como servidor público, y por eso se crearon medios eficaces para evitarlos o se llegue a desvirtuar la administración de justicia según lo consignado en el artículo 17° de nuestra Constitución, razón por la cual el derecho de poder impugnar si es una formalidad esencial del procedimiento y a continuación detallaremos como erradicar y enmendar sin afectar la igualdad procesal y como conclusión los más recientes criterios aplicables publicados por la Suprema Corte de Justicia de la Nación.

REVOCACIÓN

Las resoluciones que no favorezcan mediáticamente a una persona pueden ser impugnadas en dos sentidos y los recursos utilizables están en la normativa respectiva sobre la materia en cuestión, hablando de materia penal unos asuntos se resuelven *ad quem* en tribunales distintos a los que emitieron el fallo y otros *a quo* por tribunales en donde ellos mismos resolvieron, para el caso del recurso de revocación le corresponde una autoevaluación del fallo al mismo juez emisor, este medio de impugnación está previsto en el artículo 465° del código nacional de procedimientos penales siendo utilizado en cualquiera de las etapas del procedimiento en las que interviene una autoridad judicial de mero trámite y en las cuales no hay análisis de fondo. Es un medio de impugnación en donde los agraviados buscan del mismo tribunal que resolvió, lo examine nuevamente y resuelva de nuevo como corresponda.

El recurso de revocación se presenta ante el mismo tribunal que dicto resolución, recordando que en el procedimiento penal reina la herramienta de oralidad, por lo tanto, será de este modo tratándose de aquellas que surjan en la audiencia, y por escrito todas las resoluciones que se dicten fuera de ella, teniendo presente siempre los términos de presentación conforme al artículo 466° como los son de manera inmediata en el caso de ser dentro de audiencia antes de que termine su desarrollo y por escrito dos días posteriores a que se notifique la resolución por escrito, reiterando que dará resolución el mismo juzgador ante quien se presentó el recurso.

APELACIÓN

Es la solicitud que hace una de las partes en el procedimiento, procurando se analice de nueva cuenta un asunto sobre el cual ya ha recaído una resolución que le resulta en afectación y que necesita se cambie sustituyéndola por otra que le beneficie. El recurso de apelación tiene como primera característica que se hace la impugnación ante el juez superior jerárquico, distinto al que dicto la decisión impugnada, en otras palabras, la apelación es la impugnación de un fallo resolutivo que emitió un tribunal, con la finalidad que otro tribunal con superioridad examine la legalidad de esa resolución y determine si debe confirmarse, modificarse o emitir otra cambiando completamente la de origen, entonces las resoluciones que un tribunal de alzada emite son:

1. Confirmando la resolución de origen.
2. Para modificar o revocar la resolución de origen impugnada.
3. Aquellas que ordenan una reposición del proceso.

Debemos poner mucha atención sobre qué autoridad se debe presentar nuestro recurso de apelación, pues debe ser ante el mismo juez que emitió el fallo impugnado y siempre exponiendo los agravios de manera escrita, posteriormente se turnara el expediente a una segunda instancia, un ejemplo en materia penal dentro de un momento procesal relevante, es cuando un juez de control conceda, niegue o revoque una suspensión condicional del proceso, cuya hipótesis se encuentra en la fracción VIII del artículo 467° del código nacional de procedimientos penales, circunstancia que ha ocurrido muchas veces en el Estado de Veracruz y que se menciona como ejemplo práctico debido al criterio que subsiste sobre el delito de violencia familiar, signado en el artículo 154° Bis del código penal para el estado de Veracruz, que dice:

A quien ejerza cualquier tipo de violencia física, psicológica, patrimonial, económica o sexual, dentro o fuera del domicilio familiar, comparta éste o no, en contra de su cónyuge, concubina o concubinario, pariente hasta el cuarto grado en ambas líneas o incapaz sobre el que sea tutor o curador, se le impondrán, independientemente de las sanciones que correspondan por cualquier otro delito, de cuatro a seis años de prisión.

En caso de que la víctima sea mujer, niña, niño o adolescente o persona de sesenta años de edad o más, se sancionará con pena de cuatro a siete años de prisión y multa de hasta setecientas unidades de medida y actualización.

Este último párrafo se considera inconstitucional por causar agravios violando los derechos de igualdad entre hombre y mujer establecidos en el artículo 4° de la constitución política de los estados unidos mexicanos, así como inconvencional por los preceptos establecidos en el artículo 24° de la convención interamericana sobre derechos humanos, lo anterior ya que se aplica una punibilidad diferente al hombre con más severidad, excluyéndolo de las hipótesis sobre una posible violencia también hacia su género, alejándolo de la posibilidad de un mecanismo alternativo de solución de controversias como lo es precisamente la suspensión condicional del proceso, ya que dicho artículo citado del código penal de Veracruz supera la media aritmética señalada en el artículo 192° del código nacional de procedimientos penales fracción I que es máximo cinco años.

Ante la anterior situación, será el mismo juez que niegue la solicitud de suspensión condicional del proceso ante quien se presente el recurso de impugnación de apelación y a su vez lo turnará con el superior jerárquico que después de un debido análisis de fondo sobre los agravios planteados, resolverá si cambia o no el origen del fallo. Tenemos que por criterio general en artículo 471° del código nacional de procedimientos penales el escrito debe presentarse dentro de los tres días siguientes, contados a partir de aquel momento o acto en el que surta efectos la notificación si se tratare de auto o cualquier otra providencia como en el caso anterior y de diez días si se tratare de definitiva por tribunal de enjuiciamiento, ante esta última posibilidad a manera práctica se recomienda se haga después de la emisión y exposición de la sentencia cuya existencia se encuentra en el artículo 411° del reiterado código procesal.

El juez superior jerárquico al recibir el expediente decreta la admisión o negativa según proceda, posteriormente señalará fecha y hora para la realización de una audiencia oral en la que se expondrán los motivos que dan sustento a los agravios pertinentes, llamados alegatos aclaratorios, en este caso es ampliamente sugerido la presencia en la mencionada audiencia del promovente, ya que de esta manera el tribunal de alzada podrá entender el fondo del asunto expuesto y que ha sido impugnado.

Es importante señalar que por regla general la interposición del recurso de apelación no suspende la ejecución de la resolución judicial que se impugna, aunque se debe decir que es muy común el criterio de jueces de control que prefieren no cumplir al pie de la letra este tema por cierto temor a una violación mayor que traiga consigo incluso una reposición, como ejemplo podemos mencionar una audiencia intermedia en donde luego del debate la defensa logra excluir medios de prueba ofrecidas en el escrito de acusación del ministerio público o de la víctima en el de Coadyuvancia respectivamente, al finalizar el juez dictara el auto de apertura a juicio y remitirá el proceso penal a otro pero ahora de enjuiciamiento, entonces será un hecho que no se va a convocar al desahogo de pruebas en el juicio porque al presentar la apelación se tendrá como efecto inmediato suspender el plazo de remisión en atención de lo que llegue a determinar el tribunal de alzada.

Las resoluciones del juez de control que podrán ser apelables respecto al artículo 467° del código nacional de procedimientos penales serán:

1. Las que nieguen el anticipo de prueba;

2. Las que nieguen la posibilidad de celebrar acuerdos reparatorios o no los ratifiquen;
3. La negativa o cancelación de orden de aprehensión;
4. La negativa a autorizar actos y técnicas de investigación que requieran control judicial previo;
5. Las que se pronuncien sobre las providencias precautorias o medidas cautelares;
6. Las que pongan término al procedimiento o lo suspendan;
7. El auto que resuelve la vinculación y la no vinculación del imputado a proceso;
8. Las que concedan, nieguen o revoquen la suspensión condicional del proceso;
9. La negativa de abrir el procedimiento abreviado;
10. La sentencia definitiva dictada en el procedimiento abreviado;
11. Las que excluyan algún medio de prueba o lo admitan cuando no cumpla con los requisitos legales, o sean ofrecidas fuera del término procesal correspondiente y no tengan el carácter de supervenientes y estén debidamente justificadas;
12. Las que determinen la ilicitud o ilegalidad de algún dato o medio de prueba, o la prueba, cuando ésta sea anticipada;
13. La que determine la legalidad o ilegalidad de la detención;
14. Las que determinen la incompetencia del órgano jurisdiccional;
15. La negativa a autorizar la prórroga del plazo en la investigación complementaria;
16. La que resuelva la solicitud de la orden de comparecencia;
17. Las que se pronuncien sobre la restitución de bienes, objetos, instrumentos o productos del delito, o;
18. La que se pronuncie sobre el no ejercicio de la acción penal.

En este punto analizaremos las más recientes reformas que fueron publicadas el 26 de enero de 2024 en el diario oficial de la federación sobre las causales de procedencia en el recurso de apelación ya expuestas previamente, pues algunas de ellas se consideran propias de un análisis crítico debido a su impacto en el mundo procesal y han logrado una causa de homologación ante criterios jurisprudenciales ya publicados previamente por la Suprema Corte de Justicia de la Nación.

La fracción IV menciona la impugnación sobre la negativa de autorizar actos y técnicas de investigación que requieran control judicial previo, e invariablemente hace referencia a la audiencia innominada de control judicial de la cual ya hemos hablado. En este caso se tiene que partir del sitio operativo en el que nos encontremos, si somos ministerio público o asesor jurídico nuestra representación activa sobre la victima versa respecto al último párrafo del artículo 258° del código nacional de procedimientos penales, en donde no admitirá recurso alguno sobre las resoluciones del juez de control en dicha audiencia con excepción de aquella en que se pronuncie sobre el no ejercicio de la acción penal en cuyo caso presentaremos el recurso pertinente, por el contrario en caso de ser defensa tendremos que esperar a la resolución final y recurrir muy seguramente al juicio de amparo indirecto si aquella es modificada en nuestro perjuicio.

La reforma sobre la fracción VII acerca del auto que resuelve la vinculación y la no vinculación del imputado a proceso, es un tema que solo necesitaba hacerse oficial pues la Suprema Corte de Justicia de la Nación desde el año 2020 através de la contradicción de tesis 355/2019 entró en el estudio del tema y determinó que ante esta hipótesis si procede el recurso de apelación respecto a la víctima o imputado. En el caso de la víctima, sobre este criterio se plasma un argumento en el que, aun cuando la interpretación de los numerales 459° y 467° del código nacional de procedimientos penales se pueden entender como restrictivos, la victima está legitimada para imponerse con el recurso en contra del auto de la no vinculación pues los derechos fundamentales al debido proceso y al acceso a la justicia exigen que la víctima cuente con un recurso ordinario efectivo que le permita inconformarse con las determinaciones que le afecten de manera directa o indirecta, conforme a los artículos 20° inciso C fracción VII de la Constitución Política de los Estados Unidos Mexicanos, 8.1 de la Convención Americana sobre Derechos Humanos y 14.1° del Pacto Internacional de los Derechos Civiles y Políticos.

Con relación al imputado el más reciente criterio jurisprudencial lo emitió la primera sala en septiembre del año 2023 bajo el número de registro 2027195, donde la interrogante acerca de determinar si era necesario que el imputado o quien se ostentara como tal, agotara el medio de defensa ordinario de control judicial previamente a promover el juicio de amparo cumpliendo con el principio de definitividad quedo más que resuelta. Realizando una interpretación al artículo en estudio, se advierte que las determinaciones impugnables en términos del referido son aquellas que afectan principalmente a la víctima u ofendido por las características propias de un auto a vinculación a proceso, ya que su objetivo es solo el de proporcionar elementos al juez de control para justificar un cierre de investigación, por lo tanto, conforme al principio de definitividad, se exige a la parte quejosa en caso de ser víctima que previo a la interposición del juicio, agote los recursos contemplados en la ley, mediante los cuales se pueda modificar, revocar o nulificar el acto impugnado, porque de no hacerlo así, se podría declarar su improcedencia, con base en las causales previstas en los artículos 61° y 113° de la Ley de Amparo, circunstancia que se plantea como panorama diferente al imputado, de una interpretación lógica jurídica al redactar el contenido del artículo 467° del código nacional de procedimientos penales el legislador coloca la conjugación serán y no utiliza el son apelables, quedando a criterio del imputado el cómo utilizar su recurso pertinente, pero quedando la posibilidad de acudir sin escala al juicio de amparo indirecto.

El procedimiento abreviado es la única manera de salida anticipada que contempla el código nacional de procedimientos penales en su artículo 201°, y en la reciente reforma de la cual hacemos este análisis crítico se actualiza la causa inmersa sobre el supuesto de apelación, cambiando radicalmente la sola procedencia de la apertura ante la ahora reconocida sentencia definitiva de dicha salida. Este mecanismo siempre ha sido criticable de alguna manera ya que se piensa es una especie de justicia negociada, pero indiscutiblemente y recordando la finalidad de este sistema penal, la idea es no llegar a juicio y procurar a la víctima reparando el daño, por lo cual no se comulga con ella, el aceptar la responsabilidad no es confesar una participación en el hecho delictivo.

Pero lo anterior no significa que existan tópicos que puedan causar agravios cuando un juzgador emita su sentencia, con los cambios se dejó de ver solo por el imputado y se actualizó a la víctima reconociendo su derecho a impugnar sus inconformidades, pues un requisito de procedencia es la no oposición fundada de su parte. Como ejemplo tenemos que un juez autorice un procedimiento abreviado y la víctima se adolezca por no estar garantizada la posible reparación, representando un agravio para la victima que ahora podrá hacerlo valer ante el tribunal de alzada.

En lo referente a la exclusión y admisión de medios de prueba respecto a la fracción XI se decidió ampliar el criterio acerca de las posibilidades que pueden ocurrir dentro de la audiencia intermedia, algo en lo que se concuerda, pero dejan fuera aquellas que procuran de manera efectiva otras posibilidades de igual relevancia y que pueden generar un desequilibrio entre las partes del proceso, tal es el caso de actos de investigación que generan muestras de voz de los justiciables, en términos del artículo 252° fracción IV del código nacional de procedimientos penales y que tiene como finalidad la realización de una audiencia para lograr una prueba pericial con resultados científicos que conlleven al esclarecimiento de los hechos, pero de darse el caso que un juez no permita la toma bajo el esquema de garantizar el derecho a la no autoincriminación del imputado deja a nuestra comprensión en estado de indefensión a la víctima, pues debería realizar un ejercicio argumentativo de ponderación y determinar a qué derecho se propicia menos afectación.

De manera concluyente, el recurso de apelación como medio de impugnación es muy oportuno en contra de resoluciones que causen agravios, y las adecuaciones que se le hicieron al código nacional de procedimientos penales de manera reciente han complementado en gran medida las carencias que dejaban muchas dudas ante la improcedencia del recurso ante el principio de definitividad previo al juicio de amparo.

QUEJA

La queja es un medio de impugnación que no se encuentra en el apartado que hemos analizado, en su contenido, el artículo 135° del código nacional de procedimientos penales indica que procederá la queja en contra del juzgador de primera instancia que no realice un acto procesal dentro de los plazos señalados en la normativa aplicable, además, la queja podrá ser promovida por cualquiera de las partes del procedimiento y se tramitará sin perjuicio de las otras consecuencias legales que tenga la omisión del juzgador. La queja será interpuesta ante el órgano jurisdiccional omiso y es por tal razón que desde su reforma el 17 de junio del año 2016 debería encontrarse en el apartado de los medios de impugnación junto a la revocación y apelación.

CONCLUSIONES

A partir de la implementación del sistema penal del corte acusatorio en nuestro país y posteriormente con la publicación del código nacional de procedimientos penales, el paradigma en la impartición de justicia cambio rotundamente, y el tema de los medios de impugnación no podían ser ajenos a esta adecuación. Las reformas aplicables recientemente han logrado homologar en gran medida los criterios ya existentes dentro de la materia federal de administración de justicia, en especial con las determinaciones acerca del recurso de apelación de parte de la Suprema Corte de Justicia de la Nación. A pesar de esto, aún falta una reforma para que la queja, el reconocimiento de inocencia del sentenciado y la anulación de sentencia, se adecuen y formen parte del artículo 456° del código nacional de procedimientos penales, debido a que tienen los mismos efectos jurídicos que los reconocidos medios de impugnación.

Solamente una crítica me queda dar a este tema del cual ha sido un gusto poder escribir, y que me ha permitido compartir una parte de mi experiencia en litigio penal, y es que los impartidores de justicia siguen siendo muy tibios en sus decisiones sobre otorgar la protección más amplia al probable responsable, denominándolo así porque que no es elección aplicar el derecho a la presunción de inocencia, es una obligación y, en definitiva se ha podido observar constantemente una balanza parcial en consideraciones que se han resuelto por los tribunales de alzada através del recurso de apelación. El hecho de agotar el principio de definitividad no significa que la apelación sea un medio de transición para aminorar solamente la carga de los juzgados de distrito, si no por el contrario, deberían evitar que los derechos de las personas sigan dilatándose en ser respetados, hace falta mucha mejoría y los cambios se visualizaran cuando se apliquen los principios básicos que se encuentran arraigados en el artículo 1° de la constitución política de los estados unidos mexicanos que concatenado con el artículo 133°, permiten un arsenal de oportunidades y criterios para cumplir con la encomienda principal, garantizar a la sociedad un estado de derecho sólido y adecuado.

El Criterio de Oportunidad. De la información esencial y eficaz

RODOLFO DE LA GUARDIA GARCÍA[1]

Palabras clave: Investigación, colaboración, acción penal, información esencial, control judicial, beneficio procesal y reparación del daño.

Resumen: El texto presenta un análisis sobre el concepto y aplicación del Criterio de Oportunidad. Fortaleza y debilidad de la figura procesal y la necesidad de su reglamentación para el caso de la fracción V del artículo 256 del Código Nacional de Procedimientos Penales.

INTRODUCCIÓN.

Agradezco a la Barra Mexicana de Abogados la invitación a participar en esta obra coordinada y reseñada por un selecto grupo de barristas de la Comisión de Derecho Penal.

La investigación del hecho delictivo y la negociación para obtener información de los imputados parecen principios excluyentes. En nuestro pasado procesal cercano no se vislumbraba la administración de la acción penal o la reducción de las penas a cambio de información eficaz a cargo de uno de los imputados para esclarecerlo. Ello, señalan algunos autores, implicaba el reconocimiento expreso de la ausencia de herramientas para la investigación por el Estado.

En cambio, hoy se sostiene que el Criterio de Oportunidad es una herramienta importante para la investigación, la justicia restaurativa, el derecho al a verdad y la eficacia del sistema de justicia penal. Su concesión debe apartarse de la discrecionalidad y la aplicación debe

---

1 Doctor en Derecho. Profesor en la Universidad Nacional Autónoma de México, Escuela Libre de Derecho e Instituto HeBo. Miembro de la Barra Mexicana de Abogados desde 2005. Integrante de las Comisiones de Derecho Penal y Lavado de Dinero.

ser cuidadosa y equitativa, evitando la impunidad de aquellos que colaboran y garantizando el respeto a los derechos humanos y el debido proceso de todas las partes involucradas.

La figura procesal es retomada de los orígenes del sistema adversarial. En los Estados Unidos de América, se le conoce como "*Plea bargaining*" que constituye un acuerdo entre el *US District Attorney* y el acusado para reducirla o la pena a cambio de una declaración de culpabilidad o de una cooperación en la investigación de estos o de otros hechos y delitos. Este mecanismo se utiliza con frecuencia en el sistema de justicia penal de los Estados Unidos de América; de hecho, el 90%[2] de las investigaciones y procesos penales se concluye con la sentencia a través de la referida figura. Es objeto de múltiples críticas debido a que es muestra de una justicia desigual, ya que los acusados que tienen acceso a mejores abogados o recursos financieros pueden negociar mejores acuerdos de culpabilidad.

En el Reino de España, al Criterio de Oportunidad se le conoce como la "*acusación pública condicionada*", que permite al Ministerio Fiscal suspender el proceso penal o renunciar a la acusación en ciertas circunstancias, como cuando el delito no tiene un gran impacto social o cuando el imputado reparó el daño causado. Este mecanismo no se utiliza con frecuencia y mantiene las críticas estadounidenses por la falta de transparencia y la posibilidad de que se utilice para evitar juicios complejos o controvertidos.

Nuestra constitución inserta a la figura en el artículo 20. Su concesión y aplicación resulta muy controvertida por la discrecionalidad que tiene el Ministerio Público.

¿Es el Criterio de Oportunidad necesario y útil? ¿Tiene una reglamentación rígida que evite discrecionalidad? ¿Bajo qué estándar se califica la eficacia de la información proporcionada por el beneficiario del criterio?

Las respuestas son tan divergentes a partir de la parte que se representa en el proceso penal.

2 http://criminet.ugr.es/recpc/20/recpc20-06.pdf

CONCEPTO

El Criterio de Oportunidad es la facultad y herramienta procesal de investigación que la legislación penal otorga al Ministerio Público para decidir si se ejercita acción penal, se acusa en un proceso o se reduce una pena a cambio de información que le permita conocer la mecánica de los hechos delictivos y sus participantes; es decir, que esclarezca el hecho investigado, siempre que su beneficiario rinda testimonio en juicio o en prueba anticipada.

Su objetivo principal es lograr el esclarecimiento del hecho, promover la eficiencia en la investigación y acreditación de los eventos delictivos, incentivar la colaboración de los imputados y testigos en la obtención de medios de convicción. Es una facultad del agente del Ministerio Público y su utilización debe ser analizada caso por caso, considerando las circunstancias específicas y los intereses de la justicia.

En adición al concepto propuesto, este tópico fue abordado por Hesbert Benavente Chorres,[3] su obra se enfoca en el análisis del uso del Criterio de Oportunidad en el proceso penal acusatorio y oral en México. Lo define como "*la facultad que tiene el Ministerio Público para no ejercer la acción penal o para abstenerse de continuarla, en virtud de la concurrencia de ciertas circunstancias que justifican esta decisión y siempre y cuando se satisfagan ciertos requisitos legales*".

Explora los diferentes tipos de Criterios de Oportunidad: i) Criterio de Oportunidad de colaboración eficaz, ii) Criterio de Oportunidad por reparación del daño y iii) Criterio de Oportunidad por conveniencia de la justicia y para explicarlos aborda su uso en hipótesis específicas, como los delitos Contra la Salud, Violencia de Género y Corrupción. Concluye que es una herramienta importante en el proceso penal acusatorio y oral, ya que ayuda a acelerar los procesos judiciales y a lograr una mejor administración de justicia.

---

3 Chorres, H. B. (2015). Los criterios de oportunidad en el proceso penal acusatorio y oral: conforme al Código Nacional de Procedimientos Penales: doctrina, legislación, jurisprudencia y formularios.

Héctor Carreón Perea en su obra "*Los Criterios de Oportunidad en el proceso penal mexicano. Teoría y práctica*"[4] realizó un análisis detallado sobre su utilización en el proceso penal mexicano. Lo define como *"la facultad que tiene el Ministerio Público para no ejercer la acción penal o para abstenerse de continuarla, en virtud de la concurrencia de ciertas circunstancias que justifican esta decisión"*. Esta obra ofrece una perspectiva crítica sobre la figura en el proceso penal mexicano, señalando los riesgos y desafíos que pueden surgir en su aplicación, como la posibilidad de impunidad y la falta de transparencia en la toma de decisiones. Propone varias medidas para mejorar su aplicación, como la necesidad de una regulación más clara y detallada, la implementación de mecanismos para su supervisión, control y la capacitación de los operadores jurídicos en su preparación y aplicación.

Debe entenderse al Criterio de Oportunidad como la prerrogativa que puede conceder el Ministerio Público a un investigado para abstenerse de continuar con la investigación siempre y cuando el sujeto se encuentre bajo alguna hipótesis normativa previstas en el artículo 256 del Código Nacional de Procedimientos Penales.

EL CRITERIO DE OPORTUNIDAD EN EL SISTEMA JURÍDICO MEXICANO

El antecedente inmediato del Criterio de Oportunidad se encuentra en la Ley Federal contra la Delincuencia Organizada publicada en el Diario Oficial de la Federación de 7 de noviembre de 1996[5] en donde se estableció dentro del Capítulo Séptimo denominado *"De la colaboración en la persecución de la Delincuencia Organizada"* la posibilidad de que un miembro de una célula criminal obtuviera beneficios[6] por su colaboración en la investigación y persecución de

[4] Perea, H. C. (2021). Los criterios de oportunidad en el proceso penal mexicano: teoría y práctica.

[5] Ley Federal contra la Delincuencia Organizada http://www.diputados.gob.mx/LeyesBiblio/ref/lfcdo/LFCDO_orig_07nov96.pdf

[6] **Artículo 35.-** El miembro de la delincuencia organizada que preste ayuda eficaz para la investigación y persecución de otros miembros de la misma, podrá recibir los beneficios siguientes:

ilícitos cometidos por otros miembros del grupo criminal. El alcance de esta disposición normativa estaba limitado a la comisión de ilícitos relacionados con la delincuencia organizada, por lo que no se permitió la concesión de prerrogativas procesales o extraprocesales para sujetos que hubiesen participado en diversas clasificaciones jurídicas.

Con motivo de la reforma Constitucional de 18 de junio de 2008[7] en materia de impartición y procuración de justicia, las facultades exclusivas de la Institución del Ministerio Público previstas en el artículo 21 de la Constitución Federal fueron modificadas. En el dictamen sobre esta reforma, las Comisiones Unidas de la Cámara de Diputados manifestó que *"La aplicación irrestricta del principio de oficialidad en la persecución de delitos menores que en nada afectan el interés público, pero que las autoridades de persecución penal se ven precisadas a perseguir, en virtud de una mal entendida inderogabilidad de la persecución penal, que provoca costos constantes de persecución en asuntos que no lo ameritan. En esa tesitura es que se considera necesario conferir al Ministerio Público la facultad para aplicar Criterios de Oportunidad, que le permitan administrar los*

I. Cuando no exista averiguación previa en su contra, los elementos de prueba que aporte o se deriven de la averiguación previa iniciada por su colaboración, no serán tomados en cuenta en su contra. Este beneficio sólo podrá otorgarse en una ocasión respecto de la misma persona;
II. Cuando exista una averiguación previa en la que el colaborador esté implicado y éste aporte indicios para la consignación de otros miembros de la delincuencia organizada, la pena que le correspondería por los delitos por él cometidos, podrá ser reducida hasta en dos terceras partes;
III. Cuando durante el proceso penal, el indiciado aporte pruebas ciertas, suficientes para sentenciar a otros miembros de la delincuencia organizada con funciones de administración, dirección o supervisión, la pena que le correspondería por los delitos por los que se le juzga, podrá reducirse hasta en una mitad, y
IV. Cuando un sentenciado aporte pruebas ciertas, suficientemente valoradas por el juez, para sentenciar a otros miembros de la delincuencia organizada con funciones de administración, dirección o supervisión, podrá otorgársele la remisión parcial de la pena, hasta en dos terceras partes de la privativa de libertad impuesta.
...

[7] Decreto por el que se reforman y adiciones diversas disposiciones de la Constitución Política de los Estados Unidos Mexicano. https://www.dof.gob.mx/nota_detalle.php?codigo=5046978&fecha=18/06/2008

recursos disponibles de persecución y aplicarlos a los delitos que más ofenden y lesionan a los bienes jurídicos de superior entidad."

Se dispuso en el artículo 21, párrafo séptimo, de la Constitución Política de los Estados Unidos Mexicanos[8] que el Ministerio Público podrá considerar Criterios de Oportunidad para el ejercicio de la acción penal, en los supuestos y condiciones que fije la ley. Así como el artículo 256[9] del Código Nacional de Procedimientos Penales que regula de manera específica, los supuestos y condiciones para la concesión de los Criterios de Oportunidad y cuando el Ministerio Público podrá abstenerse de ejercer la acción penal con base en la aplicación de estos.

El artículo 131, fracción XIV, del Código Nacional de Procedimientos Penales[10] señala como obligación del Ministerio Público el decidir sobre la aplicación de Criterios de Oportunidad, lo cual deberá realizarse protegiendo en todo momento la dignidad humana y reconociendo la titularidad de los derechos humanos de las personas involucradas en el procedimiento penal de que se trate. Entonces se dijo que el Ministerio Público aplicará los Criterios de Oportunidad sobre la base de razones objetivas y sin discriminación, valorando las circunstancias especiales en cada caso, de conformidad con lo dispuesto en el Código Nacional de Procedimientos Penales, así como

---

8 **Artículo 21.** La investigación de los delitos corresponde al Ministerio Público y a las policías, las cuales actuarán bajo la conducción y mando de aquél en el ejercicio de esta función.

...

El Ministerio Público podrá considerar criterios de oportunidad para el ejercicio de la acción penal, en los supuestos y condiciones que fije la ley.

9 **Artículo 256.** Iniciada la investigación y previo análisis objetivo de los datos que consten en la misma, conforme a las disposiciones normativas de cada Procuraduría, el Ministerio Público, podrá abstenerse de ejercer la acción penal con base en la aplicación de criterios de oportunidad, siempre que, en su caso, se hayan reparado o garantizado los daños causados a la víctima u ofendido.

10 **Artículo 131. Obligaciones del Ministerio Público**

Para los efectos del presente Código, el Ministerio Público tendrá las siguientes obligaciones:

...

XIV. Decidir la aplicación de criterios de oportunidad en los casos previstos en este Código;

...

en los criterios generales que al efecto emita el Procurador General de la República.

Con el objeto de facilitar a los agentes del Ministerio Público de la Federación la aplicación de los Criterios de Oportunidad, el 21 de enero de 2016, se publicó en el Diario Oficial de la Federación el Acuerdo A/003/16,[11] por el que se establecieron los criterios generales que deberían de observar los agentes del Ministerio Público de la Federación, para la aplicación de los Criterios de Oportunidad, mismo que fuera modificado mediante el diverso A/001/17,[12] publicado en el Diario Oficial de la Federación el 27 de enero de 2017 y posteriormente reformado mediante el semejante A/099/2017 de 4 de diciembre de 2017.

Cabe destacar que la reforma mencionada permitió que el texto constitucional adicionara el denominando *Principio de Oportunidad*, el cual faculta al órgano investigador que bajo una óptica de política criminal prescinda de la investigación de un delito menor para obtener información y medios de convicción que permitan la prosecución de un delito de mayor gravedad bajo los supuestos contemplados en la legislación secundaria. El Principio de Oportunidad faculta al Ministerio Público a dejar de ejercer la acción penal en ciertos casos, no obstante que existan datos de prueba de la probable participación y del hecho apariencia de delito.

Esto encuentra justificación en una política criminal menos severa para los delitos, por ejemplo, de menor lesión al bien jurídico, menor culpabilidad del autor, por interés público, o bien, irrelevancia de la pena en virtud de las lesiones que recibió el propio delincuente al momento de cometer el delito.

A través de este, se establece la posibilidad de que el Ministerio Público adopte una resolución pragmática en ciertos casos y renuncie a la persecución de ciertos delitos, que retire la acusación, o que se pueda acordar entre las partes el ejercicio de la acción penal o las formas de imposición de las penas.

---

11 http://dof.gob.mx/nota_detalle.php?codigo=5423183&fecha=21/01/2016

12 http://www.dof.gob.mx/nota_detalle.php?codigo=5470103&fecha=27/01/2017

Este Principio de Oportunidad no solo se plasmó en el párrafo séptimo del artículo 21 de la Constitución Política de los Estados Unidos Mexicanos antes transcrito, sino que, al incluirse en el Código Nacional de Procedimientos Penales, se sentaron algunas bases para su concesión y aplicación. Importante mencionar, que la aplicación de los criterios ha sido fuertemente criticada por diversos doctrinarios, en atención a los siguientes argumentos.

- El Principio de Oportunidad podría lesionar el principio de igualdad, en tanto que la respuesta sancionatoria a cada uno de los delitos susceptibles de ser tratados a través de los Criterios de Oportunidad dependería de la decisión que tomara el Ministerio Público en cada caso.
- La aplicación del Criterio de Oportunidad atentaría contra la garantía jurisdiccional, en razón de que la función de impartición de justicia es exclusivamente asignada a las autoridades judiciales según se dispone en el artículo 21 constitucional, y, en los casos de Criterio de Oportunidad, sería el Ministerio Público quien decidiría cuál es la solución procedente a cada caso concreto; y
- La aplicación del Criterio de Oportunidad pondría en entredicho la vigencia del principio de legalidad, sobre todo, en razón de que no todo hecho que tenga apariencia delictiva sería puesto en conocimiento de la autoridad judicial en términos de igualdad.

A pesar de que la doctrina los considera como una forma de terminación anticipada del proceso penal, éstos no se encuentran regulados en el mismo Título, debido a que la legislación procesal penal única los desarrolla en el Título III, Capítulo IV y los clasifica como formas de terminación de la investigación.

El Criterio de Oportunidad se encuentra regulado de manera específica en los ordinales 256, 257 y 258 del Código Nacional de Procedimientos Penales relativos a su otorgamiento, procedencia, efectos y notificación.

El artículo 256 del código adjetivo de la materia además de conceder exclusivamente al órgano investigador la discrecionalidad de aprobar o negar ese *beneficio* jurídico, obliga al Ministerio Público a vigilar el respeto al derecho humano de la víctima u ofendido de reparación del daño, ya sea porque quedó garantizado o ha sido atendido de manera eficaz. La reparación del daño constituye un derecho fundamental establecidos en los artículos 17, párrafos cuarto y quinto,[13] 20, apartado C, fracción IV y VII de la Constitución Política de los Estados Unidos Mexicanos que opera en favor de la víctima u ofendido dentro de un proceso penal

A través de dichos numerales el poder constituido designó al Congreso de la Unión como ente facultado para expedir legislación relativa a los mecanismos de reparación de daño para que su aplicación asegure el derecho de la víctima u ofendido. La reparación del daño debe ser de primordial observancia por la institución del Ministerio Público, ya que está obligado a solicitar la reparación del daño sin perjuicio de que este derecho puede ser solicitado directamente por la parte afectada. En ese sentido, la víctima se encuentra facultada para impugnar las determinaciones ministeriales en donde no se encuentre satisfecho este derecho fundamental.

La Ley General de Víctimas, publicada en el Diario Oficial de la Federación de 9 de enero de 2013, obliga a todas las autoridades, instituciones públicas y privadas a velar por la protección de la víctima, proporcionar ayuda, asistencia o reparación integral, la cual comprende las medidas de restitución, rehabilitación, compensación, satisfacción y garantías de no repetición, puesto que su objeto radica en reconocer y garantizar los derechos de las víctimas del delito y de violaciones a derechos humanos en donde destacan los derechos a la verdad, protección, justicia y reparación integral.[14]

---

13 **Artículo 17**...
El Congreso de la Unión expedirá las leyes que regulen las acciones colectivas. Tales leyes determinarán las materias de aplicación, los procedimientos judiciales y los mecanismos de reparación del daño. Los jueces federales conocerán de forma exclusiva sobre estos procedimientos y mecanismos.
Las leyes preverán mecanismos alternativos de solución de controversias. En la materia penal regularán su aplicación, asegurarán la reparación del daño y establecerán los casos en los que se requerirá supervisión judicial.
...

14 Véase artículo 1, párrafo cuarto de la Ley General de Víctimas
Artículo 1...
La reparación integral comprende las medidas de restitución, rehabilitación, compensación, satisfacción y garantías de no repetición, en sus dimensiones in-

Por su parte, el artículo 109, fracción XXIV[15] del Código Nacional de Procedimientos Penales establece el derecho a la víctima a que se le garantice la reparación del daño durante el procedimiento en cualquiera de las formas que para ello prevea[16] la legislación procesal penal, incluso el diverso numeral 131 del código en cita señala en la fracción XXII[17] como una obligación de la fiscalía el solicitar el pago de la reparación del daño en favor de la víctima u ofendido.

En la hipótesis de la fracción V del artículo 256 del código adjetivo de la materia señala que una vez que se inicie la investigación de un hecho con apariencia de delito, el Ministerio Público debe analizar de manera objetiva los registros que obren en la carpeta de investigación para determinar la procedencia de un Criterio de Oportunidad en vista de que la información con que cuente el investigado deba ser útil para perseguir un ilícito *de mayor trascendencia.*

Así, para la procedencia y aplicación del Criterio de Oportunidad deben cumplirse los siguientes supuestos:

---

dividual, colectiva, material, moral y simbólica. Cada una de estas medidas será implementada a favor de la víctima teniendo en cuenta la gravedad y magnitud del hecho victimizante cometido o la gravedad y magnitud de la violación de sus derechos, así como las circunstancias y características del hecho victimizante. http://www.diputados.gob.mx/LeyesBiblio/pdf/LGV_030117.pdf

15 **Artículo 109. Derechos de la víctima u ofendido**

...

XXIV. A que se le garantice la reparación del daño durante el procedimiento en cualquiera de las formas previstas en este Código;

...

16 **Artículo 138. Providencias precautorias para la restitución de derechos de la víctima**

...

Para garantizar la reparación del daño, la víctima, el ofendido o el Ministerio Público, podrán solicitar al juez las siguientes providencias precautorias:
I. El embargo de bienes, y
II. La inmovilización de cuentas y demás valores que se encuentren dentro del sistema financiero.

...

17 **Artículo 131. Obligaciones del Ministerio Público**

...

XXII. Solicitar el pago de la reparación del daño a favor de la víctima u ofendido del delito, sin perjuicio de que éstos lo pudieran solicitar directamente;

...

1. Que el hecho delictivo que se investiga no tenga pena privativa de libertad; en caso de preverla, su punibilidad máxima sea de cinco años o bien, que establezca una pena alternativa.

Este supuesto atiende a la poca relevancia que pueden tener los ilícitos cuya penalidad no rebasa los cinco años de pena privativa de libertad, los doctrinarios consideran que los efectos de este tipo de sanciones resultan intrascendentes y que en atención al Principio de Oportunidad acogido en la constitución, la abstención de perseguir este tipo de hechos ilícitos a cambio de obtener registros que sirvan para investigar o procesar a otro sujeto por un ilícito de mayor magnitud tienen resultados benéficos que permiten obtener mejores resultados en la impartición y procuración de justicia. A través del otorgamiento de Criterio de Oportunidad se persiguen ilícitos de mayor gravedad, se protege un bien jurídico tutelado superior, la carga de trabajo del órgano de investigación y jurisdiccional disminuye permitiendo economía procesal.

El Ministerio Público debe realizar un ejercicio de ponderación y optar por la forma de terminación de la investigación cuando de los registros y datos de prueba se desprenda que no poner en marcha la maquinaria procesal en contra de los investigados de delitos de menor lesividad, traería como consecuencia consolidar una investigación relevante y en beneficio del interés social. La condicionante impuesta por el legislador dentro de la primera fracción[18] del artículo 256 del Código Nacional de Procedimientos Penales, permite concluir que es el resultado de la valoración de la punibilidad prevista en la clasificación jurídica, en donde la pena —y sus características[19]—

---

18 **Artículo 256. Casos en que operan los criterios de oportunidad**

...

I. Se trate de un delito que no tenga pena privativa de libertad, tenga pena alternativa o tenga pena privativa de libertad cuya punibilidad máxima sea de cinco años de prisión, siempre que el delito no se haya cometido con violencia;

...

19 a) Intimidatoria: Debe preocupar o causar temor al sujeto para que, al intimidarlo, no delinca.

b) Aflictiva: Debe causar cierta afectación o aflicción al delincuente, para evitar futuros delitos.

c) Ejemplar: Cumpliendo con los planos individual y generar para el cumplimiento de la prevención.

actúa en menor grado sobre la persona que comete el ilícito sin que se soslaye su justificación como medio de represión indispensable para mantener las condiciones fundamentales para la convivencia de las personas en sociedad.

Solo como ejemplo, los siguientes ilícitos se encuentran dentro de las hipótesis previstas en la fracción I, del citado numeral 256, de acuerdo con sus características.

a) **Que no tenga pena privativa de libertad**; hipótesis legal que se aprecia en el artículo 173[20] del Código Penal Federal referente al ilícito de Violación de correspondencia en donde la pena se traduce en la imposición de una obligación del sujeto a prestar trabajo en favor de la comunidad.

b) **Que tenga pena alternativa**; esta circunstancia se aprecia dentro del ilícito previsto en el artículo 149 Ter[21] del Código Penal

---

d) Legal: Debe provenir de una norma, se traduce en el principio de legalidad.
e) Correctiva: Es decir, el sujeto debe modificar su conducta y evitar la reincidencia.
Amuchategui Requena, Griselda, Derecho penal, 4ª. ed., México, Oxford, 2012, p. 127.

20 **Violación de correspondencia**
Artículo 173.- Se aplicarán de tres a ciento ochenta jornadas de trabajo en favor de la comunidad:
I.- Al que abra indebidamente una comunicación escrita que no esté dirigida a él, y
II.- Al que indebidamente intercepte una comunicación escrita que no esté dirigida a él, aunque la conserve cerrada y no se imponga de su contenido.
Los delitos previstos en este artículo se perseguirán por querella.

21 **Discriminación**
Artículo 149 Ter. Se aplicará sanción de uno a tres años de prisión o de ciento cincuenta a trescientos días de trabajo a favor de la comunidad y hasta doscientos días multa al que por razones de origen o pertenencia étnica o nacional, raza, color de piel, lengua, género, sexo, preferencia sexual, edad, estado civil, origen nacional o social, condición social o económica, condición de salud, embarazo, opiniones políticas o de cualquier otra índole atente contra la dignidad humana o anule o menoscabe los derechos y libertades de las personas mediante la realización de cualquiera de las siguientes conductas:
I. Niegue a una persona un servicio o una prestación a la que tenga derecho;
II. Niegue o restrinja derechos laborales, principalmente por razón de género o embarazo; o límite un servicio de salud, principalmente a la mujer en relación con el embarazo; o
III. Niegue o restrinja derechos educativos.

Federal dentro del tipo penal de Discriminación el cual contempla la aplicación de una sanción de uno a tres años de prisión o de ciento cincuenta a trescientos días de trabajo a favor de la comunidad y hasta doscientos días multa.

La existencia de la pena alternativa atiende a que el derecho penal contempla en determinados delitos la *elección* de diversas formas de sanción en atención al bien jurídico tutelado por la norma y la magnitud del hecho delictivo, puesto que con base a estos criterios se determinan las sanciones, siendo que la más gravosa es la pena privativa de libertad al afectar uno de los derechos humanos de mayor valía —libertad—, y por ello se asocia a los ilícitos de mayor afectación.

c) **Que tenga pena privativa de libertad con punibilidad máxima de cinco años, siempre que el delito no se haya cometido con violencia**; el delito de Abandono de Personas previsto en el artículo 335[22] del Código Penal Federal prevé una punibilidad de un mes a cuatro años de prisión a quien teniendo la obligación de cuidar a un menor incapaz de cuidarse a sí mismo o a un enfermo teniendo la obligación de cuidarlos.

Es importante señalar que este supuesto no realiza una distinción entre los delitos dolosos o culposos y la aplicación del Criterio de Oportunidad para los supuestos señalados no impide la concesión de este beneficio para sujetos que detenten una calidad específica —servidores públicos—.

2. El ilícito que se investiga a la persona a la que se le pretende conceder un Criterio de Oportunidad sea de contenido patrimonial, cometido sin violencia o se trate de un delito culposo,[23]

...

22 **Abandono de personas**
Artículo 335.- Al que abandone a un niño incapaz de cuidarse a sí mismo o a una persona enferma, teniendo obligación de cuidarlos, se le aplicarán de un mes a cuatro años de prisión, sí no resultare daño alguno, privándolo, además, de la patria potestad o de la tutela, si el delincuente fuere ascendiente o tutor del ofendido.

23 Véase Artículo 9 del Código Penal Federal.
Artículo 9o.- ...
Obra culposamente el que produce el resultado típico, que no previó siendo previsible o previó confiando en que no se produciría, en virtud de la violación

con la condicionante de que no se actualice alguna de las causales para agravar la culpa, verbigracia de lo anterior, estado de ebriedad, influjo de narcóticos o cualquier otra sustancia que produzca efectos similares.

Este supuesto legal previsto en el código procesal único,[24] en la parte conducente a los delitos de contenido patrimonial no señala un *quantum* del daño causado. No existe un límite designado en la legislación procesal que haya de observarse de manera obligatoria, por lo que permite que el Ministerio Público actúe de manera discrecional sin ceñirse a lineamientos preestablecidos para vigilar su actuación.

La hipótesis materia de estudio realiza un pronunciamiento expreso —tasado— sobre el elemento del tipo penal de culpabilidad que puede ser materia de un Criterio de Oportunidad —culpa—, los delitos cometidos de forma dolosa no son compatibles con esta figura jurídica, el Ministerio Público cuenta con impedimento legal para conceder un Criterio de Oportunidad dentro de esta previsión legal respecto a delitos dolosos sin importar la punibilidad del tipo penal.

También impone una carga extra al Ministerio Público de verificar que aquellos ilícitos cometidos de manera culposa no se encuentren con una agravante —culpa grave[25]— por falta de previsión. Es

---

a un deber de cuidado, que debía y podía observar según las circunstancias y condiciones personales.
https://www.gob.mx/cms/uploads/attachment/file/235549/Co_digo_Penal_Federal_22_06_2017.pdf

24 **Artículo 256. Casos en que operan los criterios de oportunidad**
...
II. Se trate de delitos de contenido patrimonial cometidos sin violencia sobre las personas o de delitos culposos, siempre que el imputado no hubiere actuado en estado de ebriedad, bajo el influjo de narcóticos o de cualquier otra sustancia que produzca efectos similares;
...

25 Véase Artículo 60 del Código Penal Federal
Aplicación de sanciones a los delitos culposos
Artículo 60.-...
La calificación de la gravedad de la culpa queda al prudente arbitrio del juez, quien deberá tomar en consideración las circunstancias generales señaladas en el artículo 52, y las especiales siguientes:
I.- La mayor o menor facilidad de prever y evitar el daño que resultó;

decir, debe validar que el imputado no haya actuado en estado de ebriedad, bajo el influjo de narcóticos o de cualquier otra substancia que produzca efectos similares.

3. Que el imputado haya sufrido como consecuencia directa de su probable participación en la comisión del hecho que se investiga.

La fracción III,[26] del artículo 256 del Código Nacional de Procedimientos Penales acoge los criterios establecidos en el último párrafo[27] del artículo 55 del Código Penal Federal. El código sustantivo de la materia prevé la falta de necesidad de que un sujeto compurgue una pena cuando con motivo de la comisión del hecho delictivo sufra consecuencias graves —con sus excepciones— en su persona o se encuentre en un estado grave de salud.

El daño que se ha producido el agente al haber realizado la conducta típica, antijurídica y culpable es arropado por la pena natural

---

II.- El deber del cuidado del inculpado que le es exigible por las circunstancias y condiciones personales que el oficio o actividad que desempeñe le impongan;
III.- Si el inculpado ha delinquido anteriormente en circunstancias semejantes;
IV.- Si tuvo tiempo para obrar con la reflexión y cuidado necesarios, y
V.- El estado del equipo, vías y demás condiciones de funcionamiento mecánico, tratándose de infracciones cometidas en los servicios de empresas transportadoras, y en general, por conductores de vehículos.
...

26 **Artículo 256. Casos en que operan los criterios de oportunidad**
...
III. Cuando el imputado haya sufrido como consecuencia directa del hecho delictivo un daño físico o psicoemocional grave, o cuando el imputado haya contraído una enfermedad terminal que torne notoriamente innecesaria o desproporcional la aplicación de una pena;
...

27 **Artículo 55.-** ...
Una vez dictada la sentencia ejecutoriada, la pena podrá ser sustituida por una medida de seguridad, a juicio del juez o tribunal que la imponga de oficio o a petición de parte, cuando por haber sufrido el sujeto activo consecuencias graves en su persona, o por su senilidad o su precario estado de salud, fuere notoriamente innecesario que se compurgue dicha pena, a excepción de los sentenciados por las conductas previstas en el artículo 9 de la Ley General para Prevenir y Sancionar los Delitos en Materia de Secuestro, Reglamentaria de la fracción XXI del artículo 73 de la Constitución Política de los Estados Unidos Mexicanos, que en todo caso deberán cumplir la pena impuesta.

"poena naturalis" que se define como el mal que sufre el sujeto que comete el ilícito, estableciendo que, de componerse la pena estatal sin referirse al daño infligido, la respuesta punitiva excedería la medida señalada por el principio de proporcionalidad[28] entre el delito y la pena y el principio de humanidad sería seriamente lesionado por la extrema irracionalidad por el poder punitivo. La *pena natural* puede aplicarse en diversos momentos, el Código Penal Federal la contempla una vez que se ha emitido sentencia condenatoria firme mientras que el Código Nacional de Procedimientos Penales establece la posibilidad de que el Ministerio Público observe esta circunstancia incluso desde la etapa de investigación. Esta previsión atiende a la falta de sentido que tendría el someter a un sujeto a un proceso penal y llevar a cabo cada una de las etapas procesales[29] para finalmente imponer una pena excesiva e inhumana.

4. La pena o medida de seguridad que pudieran imponerse carecieran de importancia en consideración a la pena o medida de seguridad impuesta o la que podría imponerse por otro delito por el que esté siendo procesado.

---

[28] El principio de proporcionalidad en sentido estricto se aplica una vez aceptada la idoneidad y necesidad de una medida, con el fin de determinar, mediante la utilización de las técnicas de contrapeso de bienes o valores y la ponderación de intereses según las circunstancias del caso concreto, si el sacrificio de los intereses individuales que comporta la injerencia guarda una relación razonable o proporcionada con la importancia del interés estatal que se trata de salvaguardar.
https://archivos.juridicas.unam.mx/www/bjv/libros/6/2937/15.pdf

[29] Véase Artículo 211 del Código Nacional de Procedimientos Penales
Artículo 211. Etapas del procedimiento penal
El procedimiento penal comprende las siguientes etapas:
I. La de investigación, que comprende las siguientes fases:
a) Investigación inicial, que comienza con la presentación de la denuncia, querella u otro requisito equivalente y concluye cuando el imputado queda a disposición del Juez de control para que se le formule imputación, e
b) Investigación complementaria, que comprende desde la formulación de la imputación y se agota una vez que se haya cerrado la investigación;
II. La intermedia o de preparación del juicio, que comprende desde la formulación de la acusación hasta el auto de apertura del juicio, y
III. La de juicio, que comprende desde que se recibe el auto de apertura a juicio hasta la sentencia emitida por el Tribunal de enjuiciamiento.
...

La fracción IV[30] del artículo 256 del código adjetivo de la materia establece la procedencia del Criterio de Oportunidad cuando **i)** el sujeto activo se encuentre compurgando una pena o bajo una medida de seguridad y alguna de ellas sea mayor a la pena o medida que se le pudiera imponer en relación con el hecho delictivo que se le investiga o **ii)** que el investigado este siendo procesado por un delito de mayor gravedad —atendiendo a su punibilidad— y con independencia del fuero —federal o local—.

Esta previsión legal deja abierta la posibilidad de que el Ministerio Público interprete el precepto legal en favor del imputado ya que la redacción es ambigua y no precisa que se entiende por "*carezca de importancia en consideración a la pena o medida de seguridad*", empero, de una interpretación de la hipótesis se desprende que este criterio atiende a la punibilidad del hecho con apariencia de delito que se investiga.

Es importante destacar que durante las etapas del procedimiento penal el Ministerio Público tiene la posibilidad de realizar una clasificación jurídica distinta de acuerdo con los hechos, ello puede acarrear el incorrecto otorgamiento de un Criterio de Oportunidad y relacionarse con actos de corrupción; por esa razón, se debe reflexionar sobre la idoneidad de la fracción IV del numeral 256 del código procesal único y sus posibles efectos negativos.

5. Que el imputado aporte información esencial para perseguir un delito de mayor gravedad.

En la praxis, la hipótesis legal establecida en la fracción V[31] del artículo 256 del Código Nacional de Procedimientos es comúnmen-

---

30 **Artículo 256. Casos en que operan los criterios de oportunidad**

...

IV. La pena o medida de seguridad que pudiera imponerse por el hecho delictivo que carezca de importancia en consideración a la pena o medida de seguridad ya impuesta o a la que podría imponerse por otro delito por el que esté siendo procesado con independencia del fuero;

...

31 **Artículo 256. Casos en que operan los criterios de oportunidad**

...

V. Cuando el imputado aporte información esencial y eficaz para la persecución de un delito más grave del que se le imputa, y se comprometa a comparecer en juicio;

te invocada por la Representación Social para el otorgamiento de Criterios de Oportunidad. Al ser la fracción más utilizada para su otorgamiento es fuertemente criticada, pues se cataloga como una puerta a la impunidad que muchas veces obedece fines políticos debido a que una persona de la que se presume, a manera de indicio, su participación en la comisión de un hecho delictivo, obtiene esta prerrogativa a cambio de aportar información eficaz para perseguir a otros sujetos.

La actuación del Ministerio Público durante la investigación de un hecho delictivo en donde existen datos de investigación que arrojan la posibilidad de que exista una pluralidad de sujetos activos, suele regirse bajo la óptica de obtener la colaboración de alguno de los investigados para ser utilizado como medio de convicción de cargo y así consolidar la investigación —compleja—, lograr procesar a otros sujetos relacionados con el mismo hecho o alguno diverso y eventualmente solicitar su comparecencia en audiencia de juicio para convencer al Juzgador.

El elemento indispensable en esta hipótesis consiste en la aportación de *información esencial* por parte de una persona eventualmente responsable de la comisión de un delito, cuyas declaraciones y comparecencia ante el Tribunal de Enjuiciamiento sirvan para evitar que el hecho que se investiga permanezca —con agravantes— o que se cometan diversos hechos relevantes para el derecho penal.

6. Cuando de acuerdo con las causas que rodean al hecho delictivo, su prosecución resulte irracional.

El representante social en términos de lo dispuesto en la fracción VI[32] deberá ponderar racionalmente las causas y circunstancias particulares de cada caso en concreto a fin de que pueda determinar si la persecución penal no guarda la debida proporción con la conducta reprochada o no existe razón objetiva para continuar con la investi-

---

...

[32] **Artículo 256. Casos en que operan los criterios de oportunidad**

...

VI. Cuando, a razón de las causas o circunstancias que rodean la comisión de la conducta punible, resulte desproporcionada o irrazonable la persecución penal.

...

gación penal. Esta fracción obedece al principio de economía procesal en donde se le impone al órgano investigador el deber de analizar si de acuerdo con el caso particular resulta conveniente abstenerse de la investigación cuando de los datos de investigación y el análisis concreto se desprenda la irracionalidad de perseguir un ilícito.

TIPOS DE CRITERIO DE OPORTUNIDAD

En atención a la interpretación de la fuente legal, el Segundo Tribunal Colegiado en Materia Penal del Segundo Circuito, al resolver el amparo indirecto en revisión 25/2022, advierte la existencia de dos tipos o clasificación del Criterio de Oportunidad: *ordinario y excepcional.*

El primero de ellos denominado de *aplicación ordinaria* regula la hipótesis de delitos de reducida penalidad *—denominados doctrinalmente como "delitos de bagatela"—;* y, por otra parte, el de *aplicación excepcional* previsto en la fracción V de la porción normativa referida en los que no se atiende a la clasificación jurídica ni a su penalidad como un factor que impida su concesión, sino que la finalidad se justifica por razones de política criminal e implica una herramienta efectiva para la persecución de delitos de mayor trascendencia para el sistema integral de justicia punitiva, lo anterior quedó establecido en la tesis de rubro:

> ***CRITERIOS DE OPORTUNIDAD. DIFERENCIA ENTRE LOS DE APLICACIÓN ORDINARIA Y EXCEPCIONAL ESTABLECIDOS EN EL ARTÍCULO 256 DEL CÓDIGO NACIONAL DE PROCEDIMIENTOS PENALES.***[33]
>
> *Hechos: En un juicio de amparo indirecto el quejoso (vinculado a proceso y bajo la medida cautelar de prisión preventiva oficiosa) señaló como acto reclamado la negativa del Juez de Control de aplicar un criterio de oportunidad dentro de su proceso penal, por el hecho de que el delito respecto del que se pretendió aplicar no era de aquellos considerados como de "bagatela", sino de un marcado impacto social o de mayor gravedad. El Juez de Distrito negó la protección constitucional, por lo que interpuso recurso de revisión.*

---

[33] Registro digital: 2026200, Instancia: Tribunales Colegiados de Circuito Undécima Época, Materias(s): Penal, Tesis: II.2o.P.13 P (11a.), Fuente: Semanario Judicial de la Federación. Tipo: Aislada.

> *Criterio jurídico: Este Tribunal Colegiado de Circuito determina que en el sistema procesal penal mexicano el criterio de oportunidad abarca dos hipótesis diferentes: una que corresponde con lo que la teoría considera como lo "ordinario", que se refiere a montos de reducida penalidad (delitos de poca monta, o considerados doctrinariamente como de "bagatela"), y otra derivada de la fracción V del artículo 256 del Código Nacional de Procedimientos Penales, que evidencia el reconocimiento del criterio de oportunidad y su aplicabilidad a casos diferentes en los que no se atiende a la naturaleza del delito ni a su penalidad como un factor que, de inicio, impida su concesión.*
>
> *Justificación: El criterio de oportunidad en México podemos definirlo en unos supuestos como de aplicación ordinaria y en otros excepcional, por escapar a los parámetros propios de la doctrina mayoritaria que suele identificar dicha institución con supuestos caracterizados por tratarse de delitos de poca gravedad o menor impacto social. No obstante, el Código Nacional de Procedimientos Penales, por marcadas razones de política criminal dirigida a lograr herramientas para la persecución efectiva de otra clase de delitos de mayor impacto y trascendencia para el sistema integral de justicia punitiva, establece en la fracción V de su artículo 256 el supuesto específico de excepción que pretende alcanzar justificación precisamente en tal finalidad.*

La aplicación del Criterio de Oportunidad *ordinario* consiste en abstenerse de investigar y suspender el ejercicio de la acción penal, esta figura puede ser empleada por los Ministerios Públicos en el lapso en que actúa como autoridad, es decir, desde el inicio de la investigación hasta antes de ejercer la acción penal, debido a que una vez judicializada, según el operador colegiado consultado, el Juez de Control es quien tiene la rectoría del proceso y le asiste el carácter de autoridad.

El Criterio de Oportunidad *ordinario* atenúa el principio de oficialidad en el ejercicio de la acción penal, su aplicación es excepcional y limitada debido a que la persecución de delitos es una cuestión de orden público e interés social y únicamente puede ser empleado en las hipótesis previstas en la legislación procesal tales como razones de humanidad por consecuencias del delito en el sujeto activo, naturaleza culposa del hecho reprochado, desproporcionalidad de consumo de recursos, entre otras diversas.

Existe una restricción tasada consistente en que no podrá aplicarse en los casos de delitos contra el libre desarrollo de la personalidad, violencia familiar, delitos fiscales o aquellos que afecten gravemente el interés público. La aplicación del Criterio de Oportunidad *ordinario* quedó establecida en la tesis de rubro:

> ***CRITERIOS DE OPORTUNIDAD. NATURALEZA Y CONDICIONES PARA LA APLICACIÓN DE LOS CONSIDERADOS POR EL CÓDIGO NACIONAL DE PROCEDIMIENTOS PENALES Y LA DOCTRINA COMO DE CARÁCTER ORDINARIO.***[34]
>
> *Hechos: En un juicio de amparo indirecto el quejoso (vinculado a proceso y bajo la medida cautelar de prisión preventiva oficiosa) señaló como acto reclamado la negativa del Juez de Control de aplicar un criterio de oportunidad dentro de su proceso penal, por el hecho de que el delito respecto del que se pretendió aplicar no era de aquellos considerados como de "bagatela", sino de un marcado impacto social o de mayor gravedad. El Juez de Distrito negó la protección constitucional, por lo que interpuso recurso de revisión.*
>
> *Criterio jurídico: Este Tribunal Colegiado de Circuito determina que el sistema procesal penal mexicano recoge conforme a la doctrina, la Constitución General y la exposición de motivos del Código Nacional de Procedimientos Penales, un tipo de criterio de oportunidad que podemos denominar "ordinario" el cual, conforme al párrafo séptimo del artículo 21 de la Constitución Política de los Estados Unidos Mexicanos, en relación con los artículos 256 y 257 del Código Nacional de Procedimientos Penales (con excepción de la fracción V del artículo 256), exige ciertas condiciones relativas a que iniciada la investigación y previo análisis objetivo de los datos que consten en ella conforme a las disposiciones normativas de cada Fiscalía, el Ministerio Público podrá abstenerse de ejercer la acción penal con base en su aplicación, siempre que, en su caso, se hayan reparado o garantizado los daños causados a la víctima u ofendido y se trate de delitos cuya pena no exceda de ciertos límites. De igual manera, se prevé la restricción de que no podrá aplicarse en los casos de delitos contra el libre desarrollo de la personalidad, violencia familiar, ni tratándose de delitos fiscales o aquellos que afecten gravemente el interés público. Asimismo, se plantea que el Ministerio Público aplicará los criterios de oportunidad sobre la base de razones objetivas y sin discriminación, valorando las circunstancias especiales en cada caso, de conformidad con el citado código, así como que podrán ordenarse en cualquier momento y hasta antes de que se dicte el auto de apertura a juicio; y que deberán ser autorizados por el fiscal o por el servidor público en quien se delegue esa facultad, en términos de la normatividad aplicable.*

---

[34] Registro digital: 2026201, Instancia: Tribunales Colegiados de Circuito, Undécima Época, Materia(s): Penal, Tesis: II.2o.P.14 P (11a.), Fuente: Semanario Judicial de la Federación. Tipo: Aislada

Justificación: Por regla general, los criterios de oportunidad de carácter ordinario se refieren a una forma de atenuación del principio de oficialidad en el ejercicio de la acción penal y consecuente persecución obligada de los delitos, por ser una cuestión de orden público e interés social, por lo que se trata de una facultad excepcional y limitada de aquellos supuestos en los que, por diversas razones, como la poca gravedad del delito; reducida penalidad aplicable; razones de humanidad por consecuencias del delito en el sujeto activo; naturaleza culposa y leve del delito imputado; desproporcionalidad de consumo de recursos de todo tipo, en comparación con la utilidad derivada de la potencial aplicación de las penas, entre otros casos; en realidad no se justifica razonablemente la persecución de esos eventuales hechos delictivos (conocidos en la doctrina como de "bagatela"), a pesar del impacto de saturación y afectación por obstaculizar la mejor y debida investigación ministerial de otro tipo de delitos (de mayor gravedad), cuya persecución es de mayor interés público, por su trascendencia e impacto social. Es por eso que el criterio de oportunidad así entendido, tiene límites y condiciones, como el quantum de la pena (menor a cinco años), haber garantizado el pago de la reparación del daño (en el caso de que así lo requiera), y otras características que evidencien el por qué se justifica su aplicación sin abusos o arbitrariedades que conduzcan a la impunidad formalizada. Además, al tratarse de una facultad otorgada a las Fiscalías y consistir en la abstención y suspensión del ejercicio de la acción penal, con la posibilidad de decidir sobre la extinción definitiva, por razones obvias, el lapso en el que actuando como autoridad para esos efectos es precisamente la Fiscalía la que la aplica, tal temporalidad, por regla general, no podría ser otra que aquella que va del inicio de la investigación no judicializada hasta antes de ejercer la acción penal, precisamente mediante la judicialización, pues a partir de ese momento es únicamente el Juez el que para efecto de la rectoría del procedimiento tiene carácter de autoridad. Siendo esencialmente esas las peculiaridades del que puede denominarse como criterio de oportunidad en su connotación ordinaria.

El artículo 256 es contradictorio al señalar la improcedencia del Criterio de Oportunidad en contra de delitos fiscales ya que en las líneas siguientes de dicho numeral contempla la salvedad de que para el caso de delitos fiscales y financieros el Ministerio Público debe obtener la aprobación de la Secretaría de Hacienda y Crédito Público, a través de la Procuraduría Fiscal de la Federación para poder aplicar únicamente el supuesto previsto en la fracción V.

"...

V. Cuando el imputado aporte información esencial y eficaz para la persecución de un delito más grave del que se le imputa, y se comprometa a comparecer en juicio;

..."

La excepción a su vez contempla una causa de procedencia para el caso de que el imputado aporte información objetiva que coadyuve con la investigación ministerial y prosecución del beneficiario final[35] del ilícito investigado quien será legalmente el obligado a reparar el daño. La última hipótesis taxativa de prohibición —afectación grave al interés público—, se trata de un concepto ambiguo que permite a la autoridad actuar de forma arbitraria y vulnera derecho humano de exacta aplicación de la ley, máxime que los criterios orientadores aún no han definido que se debe entender por afectación grave.

En su contraste, la aplicación del Criterio de Oportunidad *excepcional* puede ser en sede ministerial previo a la judicialización y durante la investigación complementaria, siempre bajo la premisa de realizar un análisis teleológico[36] y sistemático[37] de la fracción V relatada.

Lo relevante de la interpretación que ahora se invoca es que el tribunal colegiado concluyó que en el Criterio de Oportunidad *ordinario* y *excepcional* el Ministerio Público actúa de manera unilateral, autónoma e independiente previo a la judicialización, lo que no puede ocurrir cuando la implementación de la figura ya se encuentra durante la etapa de audiencia inicial del proceso penal, ello por la participación del Juez de Control. Entonces, ¿Qué participación tiene el Juez de Control en la concesión del Criterio de Oportunidad?

El desarrollo de la investigación bajo el escrutinio judicial no implica que el Ministerio Público pierda la facultad de decidir sobre el otorgamiento del Criterio de Oportunidad; sin embargo, la interpretación jurisprudencial orienta que en su concesión debe participar el Juez de Control. Afirmación muy debatible. Y es que existe un vacío

---

35 *...se refiere a la(s) persona(s) natural(es) que finalmente poseen o controlan a un cliente y/o la persona natural en cuyo nombre se realiza una transacción. Incluye también a las personas que ejercen el control efectivo final sobre una persona jurídica u otra estructura jurídica...* *https://www.infolaft.com/el-gafi-sobre-el-beneficiario-final/#:~:text=Beneficiario%20final%20(%E2%80%A6),jur%C3%ADdica%20u%20otra%20estructura%20jur%C3%ADdica.*

36 Interpretación que pretende hallar la finalidad o propósito buscado por el legislador.

37 Interpretación que se realiza concatenada con el contenido general de la ley.

procesal. Durante la investigación complementaria ¿Cómo se obtiene la entrevista/declaración de un imputado que desea acogerse al Criterio de Oportunidad *excepcional*?

El Código Nacional de Procedimientos Penales soslaya el procedimiento para el otorgamiento y la aplicación del Criterio de Oportunidad durante el transcurso de la investigación complementaria; lo que implica, en la opinión de diversos autores, una omisión legislativa que genera una disyuntiva que, según el tribunal colegiado, debe ser resuelta por los órganos jurisdiccionales. El tribunal colegiado no resolvió en definitiva esa laguna legal. Sugiere una ruta procesal para la recabar la declaración del imputado que, durante la etapa de la investigación complementaria, solicita la concesión del Criterio de Oportunidad *excepcional*.

Estima que las porciones normativas disponibles son el desahogo de prueba anticipada prevista en el artículo 304 del Código Nacional de Procedimientos Penales, particularmente porque se actualiza su fracción III, consistente en "*que sea por motivos fundados y de extrema necesidad y para evitar la pérdida o alteración del medio probatorio*",[38] en relación con el artículo 331, fracción IV, que prevé que el proceso "*podrá ser suspendido en los casos que establezca la ley*",[39] lo anterior, se ve reflejado en las tesis de rubros:

---

38 **Artículo 304. Prueba anticipada**
Hasta antes de la celebración de la audiencia de juicio se podrá desahogar anticipadamente cualquier medio de prueba pertinente, siempre que se satisfagan los siguientes requisitos:
Que sea practicada ante el Juez de control;
I. Que sea solicitada por alguna de las partes, quienes deberán expresar las razones por las cuales el acto se debe realizar con anticipación a la audiencia de juicio a la que se pretende desahogar y se torna indispensable en virtud de que se estime probable que algún testigo no podrá concurrir a la audiencia de juicio, por vivir en el extranjero, por existir motivo que hiciere temer su muerte, o por su estado de salud o incapacidad física o mental que le impidiese declarar;
II. Que sea por motivos fundados y de extrema necesidad y para evitar la pérdida o alteración del medio probatorio, y
III. Que se practique en audiencia y en cumplimiento de las reglas previstas para la práctica de pruebas en el juicio.

39 **Artículo 331. Suspensión del proceso**
El Juez de control competente decretará la suspensión del proceso cuando: ...
IV. En los demás casos que la ley señale.

CRITERIO DE OPORTUNIDAD PREVISTO EN LA FRACCIÓN V DEL ARTÍCULO 256 DEL CÓDIGO NACIONAL DE PROCEDIMIENTOS PENALES. EL JUEZ DE CONTROL DEBE RESOLVER SOBRE LAS CONSECUENCIAS PROCESALES DE SU APLICACIÓN EXCEPCIONAL EN ASUNTOS JUDICIALIZADOS[40]

Hechos: En un juicio de amparo indirecto el quejoso (vinculado a proceso por delito grave y bajo la medida cautelar de prisión preventiva oficiosa) señaló como acto reclamado la negativa del Juez de Control de aplicar un criterio de oportunidad dentro de su proceso penal, por el hecho de que el delito respecto del que se pretendió aplicar no era de aquellos considerados como de "bagatela", sino de un marcado impacto social o de mayor gravedad. El Juez de Distrito negó la protección constitucional, por lo que interpuso recurso de revisión.

Criterio jurídico: Este Tribunal Colegiado de Circuito determina que los criterios de oportunidad, en términos del Código Nacional de Procedimientos Penales, pueden aplicarse hasta antes del auto de apertura a juicio; sin embargo, de una interpretación sistemática de los artículos 256 y 257 del mismo código, se colige que cuando su aplicación puede impedir el "ejercicio de la acción penal" es evidente que, por regla general, aquéllos encuentran su momento apropiado para su ejercicio unilateral y totalmente autónomo e independiente bajo la responsabilidad del Ministerio Público, antes de judicializar la carpeta de investigación, pues es en ese momento cuando la Fiscalía tiene el carácter de autoridad para tales efectos y puede impedir o extinguir bajo su criterio unilateral el posible ejercicio de la acción penal; no obstante, en la diversa hipótesis de que se puede hacer valer hasta antes del auto de apertura a juicio, se debe considerar como un supuesto de excepción que necesariamente tendrá que ser ventilado para su potencial aplicación ante el Juez de Control correspondiente, lo cual no significa que el Ministerio Público deje de ser el titular de esa facultad de decidir sobre el otorgamiento de los criterios de oportunidad, sino que es necesaria, por la etapa procesal en la que se está actuando, la intervención del Juez de Control, para que sea éste el que determine las consecuencias procesales derivadas de la decisión ministerial de aplicar el criterio después de judicializar.

Justificación: Del análisis teleológico y sistemático de la fracción V del artículo 256, en relación con el párrafo segundo del artículo 257, ambos del Código Nacional de Procedimientos Penales, así como de los artículos 304, fracción III y 331, fracción IV, del mismo ordenamiento, se advierte que si bien puede plantearse por la Fiscalía la potencial aplicación de un

---

[40] Registro digital: 2026198, Instancia: Tribunales Colegiados de Circuito, Undécima Época, Materia(s): Penal, Tesis: II.2o.P.16 P (11a.), Fuente: Semanario Judicial de la Federación. Tipo: Aislada

criterio de oportunidad en favor de una persona respecto de la que ya se ejerció la acción penal al judicializar el asunto y hasta antes del dictado del auto de apertura a juicio; en ese caso tendrá que ser el Juez el que resuelva sobre la procedencia de las posibles consecuencias dentro del procedimiento que ya obra instaurado (incluso si se hubiese dictado auto de vinculación a proceso), las cuales no se advierten suficiente y claramente reguladas en el código referido, lo que implica un vacío o ausencia de normatividad que genera un dilema que, en su caso, debe ser resuelto por el órgano jurisdiccional, sobre todo de orden constitucional, ante la problemática de interpretar y aplicar los aludidos preceptos que se invocan en el caso concreto, como necesariamente concurrentes para dilucidar en el juicio de amparo la expectativa de la aplicabilidad sin vulneración de los derechos de los involucrados que se ubiquen frente a los actos de autoridad que se pronuncien al respecto.

CRITERIO DE OPORTUNIDAD PREVISTO EN LA FRACCIÓN V DEL ARTÍCULO 256 DEL CÓDIGO NACIONAL DE PROCEDIMIENTOS PENALES. SU NATURALEZA PECULIAR Y APLICACIÓN EXCEPCIONAL BASADA EN UNA INTERPRETACIÓN SISTEMÁTICA EN ASUNTOS JUDICIALIZADOS, EN FAVOR DE QUIEN YA FUE VINCULADO A PROCESO POR DELITO GRAVE.[41]

Hechos: En un juicio de amparo indirecto el quejoso (vinculado a proceso por delito grave y bajo la medida cautelar de prisión preventiva oficiosa) señaló como acto reclamado la negativa del Juez de Control de aplicar un criterio de oportunidad dentro de su proceso penal, por el hecho de que el delito respecto del que se pretendió aplicar no era de aquellos considerados como de "bagatela", sino de un marcado impacto social o de mayor gravedad. El Juez de Distrito negó la protección constitucional, por lo que interpuso recurso de revisión.

Criterio jurídico: Este Tribunal Colegiado de Circuito determina que la institución del criterio de oportunidad en México admite dos supuestos diversos, uno de tipo ordinario y otro de aplicación excepcional, el cual está previsto en la fracción V del artículo 256 del Código Nacional de Procedimientos Penales. Ahora bien, esa excepcionalidad deriva de que no se rige por los criterios de que el delito sea de una pena menor a cinco años, que se haya reparado el daño, de ser procedente o, en general, que se trate de delitos considerados doctrinariamente como de "bagatela"; además de que también puede operar en cualquier momento antes del auto de apertura a juicio, entre otros supuestos. No obstante, a pesar de reconocer

---

41 Registro digital: 2026199, Instancia: Tribunales Colegiados de Circuito, Undécima Época, Materia(s): Penal, Tesis: II.2o.P.15 P (11a.), Fuente: Semanario Judicial de la Federación. Tipo: Aislada

esa decisión legislativa de política criminal diferenciada (cuya constitucionalidad no se ha cuestionado como parte del sistema acusatorio), hasta el momento no encuentra un suficiente desarrollo normativo; sin embargo, ante la eventualidad de su aplicación potencial se hace necesario hacer una interpretación sistemática de los artículos 256, fracción V y 257, en relación con los diversos 304, fracción III y 331, fracción IV, todos del citado código, para factibilizar su aplicabilidad en favor de la persona que ya fue vinculada a proceso por delito grave.

Justificación: La posibilidad de otorgar criterios de oportunidad tratándose de delitos graves, de alto impacto o cuya persecución es de interés público (incluso de seguridad nacional), como los de delincuencia organizada, o bien, para obtener declaraciones de "colaboradores" y perseguir a terceros (a pesar de ser delitos de gravedad y con penas muy elevadas), atribuibles al eventual beneficiado del criterio de oportunidad, en principio, no son cuestiones que correspondan con la naturaleza ordinaria que doctrinal, constitucional y legalmente se reconoce a esa institución, ni tampoco con la finalidad y teleología plasmada en la exposición de motivos que dio pauta a la incorporación de la institución procesal en comento a partir de la reforma constitucional de 18 de junio de 2008, que fue para que dejando de perseguir delitos de "bagatela" (no graves), se eficientizara la persecución del resto de los delitos, en especial aquellos de mucha gravedad e impacto social. No obstante, es claro que esas disposiciones que reconocen un supuesto de excepción, existen como parte del marco legal positivo y aplicable, lo que genera una expectativa de la validez de su aplicación, es decir, que también se prevé la procedencia legal de ese tipo de criterio de oportunidad. Por ese motivo, es que debe reconocerse que en el sistema penal mexicano coexisten esas dos vertientes o connotaciones respecto de las características, condiciones, limitaciones y alcances de los referidos criterios de oportunidad. Una de carácter ordinario o coincidente con la regla general de su comprensión y supuestos de aplicación conforme a la doctrina y el orden constitucional y normativo; y otra que excepcionalmente se recoge y describe como factible en términos (aunque ambiguos) de los artículos 256, fracción V y 257 del Código Nacional de Procedimientos Penales. Por tanto, ante la pretensión de aplicación legalmente posible del criterio de oportunidad planteada ante el Juez, en casos de excepción (como cuando se trata de delitos de alto impacto o mayor gravedad en los que ya se judicializó el asunto y se vinculó a proceso al sujeto a quien se dirige), se requiere de una interpretación sistemática que involucre, además, en lo conducente, lo dispuesto en los artículos 304, fracción III y 331, fracción IV, del mismo cuerpo normativo, pues de lo contrario se estaría ante una omisión legislativa irresoluble.

APLICACIÓN DE LOS CRITERIOS DE OPORTUNIDAD

El Ministerio Público debe conceder y aplicar el Criterio de Oportunidad sobre razones objetivas y sin discriminación, valorando las circunstancias personales y particulares de cada caso bajo los estándares establecidos en la norma procesal penal y los criterios[42] que expida el Procurador General de la República o su equivalente. En términos de lo previsto en el penúltimo párrafo del ordinal 256 del código adjetivo, podrá ordenar la concesión desde la integración de la carpeta de investigación y hasta antes de que se dicte auto de apertura a juicio oral. La aplicación de esta figura jurídica debe ser autorizada por el Fiscal General de la República o por el servidor público a quien se le delegue esa facultad.

El Acuerdo A/099/17 publicado en el Diario Oficial de la Federación el 4 de diciembre de 2017 establece criterios que deben observar los agentes del Ministerio Público de la Federación para la aplicación de Criterios de Oportunidad. Realiza precisiones e impone diversas obligaciones relacionadas a las causales de procedencia.

- Señala la obligación de obtener la declaración expresa de la víctima u ofendido —o su representante legal— respecto a que se ha satisfizo la reparación integral del daño y los documentos que sirvan para su acreditación.
- Si el ilícito por el que se pretende conceder el Criterio de Oportunidad establece pena privativa de libertad de máximo cinco años de prisión, este debe incluir atenuantes o excluir agravantes y que no haya sido cometido con violencia. Hecho que deberá ser sustentados con los datos que obren en la carpeta de investigación.
- Para la aplicación de criterios de oportunidad por delitos patrimoniales cometidos sin violencia o sobre delitos culposos en donde se impone la condicionante que el sujeto activo no se encuentre bajo los influjos de alcohol o cualquier otra sustancia que produzca efectos similares, esta situación debe es-

---

[42] Acuerdo A/099/17 por el que se establecen los criterios generales para la aplicación de los criterios de oportunidad.

tar acreditada mediante un dictamen glosado a la carpeta de investigación.

- Si el fiscal otorga un Criterio de Oportunidad a un imputado que se haya causado una afectación grave con motivo de la comisión del hecho, debe acreditar que el daño se causó en ese momento, que el sujeto no representa un riesgo para la sociedad y el tiempo de sanación del daño será mayor a la pena.
- También se prevé que lo ilícitos por los cuales se intente otorgar el Criterio de Oportunidad no amerite prisión preventiva oficiosa o justificada, no obstante, este criterio es poco claro puesto que la prisión justificada atiende a los datos con que cuente el fiscal y su argumentación ante el órgano jurisdiccional.

Los efectos que producen los Criterios de Oportunidad se encuentran señalados en el artículo 257[43] del Código Nacional de Procedimientos Penales en donde se prevé la extinción de la acción penal con respecto al probable autor o partícipe del ilícito —ya que hasta ese momento procesal no se ha emitido una sentencia condenatoria—, que ha colaborado con el Ministerio Público. En el caso de que exista una pluralidad de sujetos activos la investigación de ilícitos que se hayan cometido sin violencia, que no ameriten pena privativa de libertad, en caso de que su punibilidad no exceda cinco años de prisión o cuenten con una pena alternativa los efectos del otorgamiento de un Criterio de Oportunidad se harán extensivos para todos los imputados.

---

43 **Artículo 257. Efectos del criterio de oportunidad**
La aplicación de los criterios de oportunidad extinguirá la acción penal con respecto al autor o partícipe en cuyo beneficio se dispuso la aplicación de dicho criterio. Si la decisión del Ministerio Público se sustentara en alguno de los supuestos de procedibilidad establecidos en las fracciones I y II del artículo anterior, sus efectos se extenderán a todos los imputados que reúnan las mismas condiciones.
En el caso de la fracción V del artículo anterior, se suspenderá el ejercicio de la acción penal, así como el plazo de la prescripción de la acción penal, hasta en tanto el imputado comparezca a rendir su testimonio en el procedimiento respecto del que aportó información, momento a partir del cual, el agente del Ministerio Público contará con quince días para resolver definitivamente sobre la procedencia de la extinción de la acción penal.
En el supuesto a que se refiere la fracción V del artículo anterior, se suspenderá el plazo de la prescripción de la acción penal.

Efectos que se replican si se trata de lícitos de contenido patrimonial cometidos sin violencia o de delitos culposos cuando no exista ninguna agravante, de suerte que el representante social al conceder un Criterio de Oportunidad a un colaborador que se encuentre relacionado en la misma carpeta de investigación que su coacusado debería otorgarle también el Criterio de Oportunidad.

El artículo 257 del código adjetivo es enfático en señalar que la fracción V del diverso 256 motiva la suspensión de la prescripción del hecho delictivo por el cual se ha concedido un Criterio de Oportunidad en tanto el imputado cumpla con las obligaciones derivadas de ese beneficio procesal, así como el ejercicio de la acción penal en su contra. Para mantener la prerrogativa que el fiscal puede conceder al imputado, es necesario que este comparezca (a Juicio o en prueba anticipada) a rendir su testimonio para sostener la información esencial y eficaz proporcionada ante el órgano jurisdiccional. A partir de ese momento el fiscal contará con un plazo de quince días para resolver en definitiva si es procedente la extinción de la acción penal. ¿Cuál es el estándar que utiliza el Ministerio Público para determinar la eficacia de la información producida por el beneficiario del Criterio de Oportunidad? Si se dictara sentencia absolutoria por razón diversa a la calidad de la información proporcionada, ¿El beneficiario del criterio mantiene el beneficio?

El artículo 258 del Código Nacional de Procedimiento Penales[44] prevé el control judicial para la aplicación de Criterios de Oportunidad, con la finalidad de evitar alguna arbitrariedad en su conce-

---

[44] **Artículo 258. Notificaciones y control judicial**
Las determinaciones del Ministerio Público sobre la abstención de investigar, el archivo temporal, la aplicación de un criterio de oportunidad y el no ejercicio de la acción penal deberán ser notificadas a la víctima u ofendido quienes las podrán impugnar ante el Juez de control dentro de los diez días posteriores a que sean notificadas de dicha resolución. En estos casos, el Juez de control convocará a una audiencia para decidir en definitiva, citando al efecto a la víctima u ofendido, al Ministerio Público y, en su caso, al imputado y a su Defensor. En caso de que la víctima, el ofendido o sus representantes legales no comparezcan a la audiencia a pesar de haber sido debidamente citados, el Juez de control declarará sin materia la impugnación.
La resolución que el Juez de control dicte en estos casos no admitirá recurso alguno

sión. El precepto de referencia establece que la determinación del Ministerio Público de conceder un Criterio de Oportunidad deberá ser notificada a la víctima u ofendido, quien podrá impugnar ante el Juez de Control dentro de los diez días posteriores a su notificación.[45]

Con motivo de esa impugnación, el Juez de Control convocará a una audiencia[46] para decidir en definitiva sobre la misma, a la cual acudirán la víctima u ofendido, el Ministerio Público y, en su caso, el imputado y su Defensor. Si la víctima el ofendido o sus representantes no comparecen a la audiencia a pesar de haber sido debidamente citados, el órgano jurisdiccional declarará sin materia la impugnación. La resolución que dicte el Juez de Control no admite recurso alguno en su contra. Es pertinente señalar que dicho artículo no alude a la negativa ministerial para otorgar el criterio solicitado por el imputado, en ese sentido será procedente combatir la determinación mediante juicio de control constitucional en la vía indirecta.

El Cuarto Tribunal Colegiado en Materia Penal del Segundo Circuito emitió criterio en donde concluye la procedencia de la demanda de amparo indirecto al representar un acto de imposible repara-

---

45 **Artículo 82. Formas de notificación**
Las notificaciones se practicarán personalmente, por lista, estrado o boletín judicial según corresponda y por edictos:
I. Personalmente podrán ser:
...
II. Lista, Estrado o Boletín Judicial según corresponda, y
...
III. Por edictos, cuando se desconozca la identidad o domicilio del interesado, en cuyo caso se publicará por una sola ocasión en el medio de publicación oficial de la Federación o de las Entidades federativas y en un periódico de circulación nacional, los cuales deberán contener un resumen de la resolución que deba notificarse.
Las notificaciones previstas en la fracción I de este artículo surtirán efectos al día siguiente en que hubieren sido practicadas y las efectuadas en las fracciones II y III surtirán efectos el día siguiente de su publicación.

46 **Artículo 91. Forma de realizar las citaciones**
Cuando sea necesaria la presencia de una persona para la realización de un acto procesal, la autoridad que conoce del asunto deberá ordenar su citación mediante oficio, correo certificado o telegrama con aviso de entrega en el domicilio proporcionado, cuando menos con cuarenta y ocho horas de anticipación a la celebración del acto.
...

ción debido a que si la determinación del fiscal es favorable para el imputado extingue la acción penal, y si es contraria a sus intereses afecta de manera irreparable su esfera jurídica.

> ***"CRITERIOS DE OPORTUNIDAD. LA DETERMINACIÓN MINISTERIAL QUE DECIDE SOBRE SU INAPLICABILIDAD, UNA VEZ QUE EL MINISTERIO PÚBLICO HA JUDICIALIZADO LA CARPETA DE INVESTIGACIÓN, PERO ANTES DE LA EMISIÓN DEL AUTO DE APERTURA A JUICIO ORAL, CONSTITUYE UN ACTO DENTRO DE JUICIO DE IMPOSIBLE REPARACIÓN, RECLAMABLE EN EL AMPARO INDIRECTO".***[47]

LA REALIDAD DEL CRITERIO DE OPORTUNIDAD. LA INFORMACIÓN EFICAZ Y ESENCIAL

Obtener el beneficio del no ejercicio de la acción penal en favor de un investigado de quien existen datos de prueba suficientes de su probable participación en un hecho con apariencia de delito constituye un aliciente para que el beneficiario del Criterio de Oportunidad proporcione al Ministerio Público información falsa.

En nuestro pasado reciente, esta práctica fue muy utilizada en el marco del combate a la delincuencia con los denominados *testigos colaboradores,* miembros de las organizaciones que, detenidos en flagrancia, proporcionaban información esencial y eficaz para evitar su consignación ante los tribunales o una pena reducida. La contradicción y la propia investigación ministerial demostró que la información proporcionada no tenía anclaje en la realidad. El resultado fue que los testigos colaboradores huyeron del sistema institucional de protección de testigos y no enfrentaron proceso penal.

Con la implementación del sistema adversarial, ese beneficio procesal derivado de la Ley Federal contra la Delincuencia Organizada se mantiene en la citada ley especializada, y se transforma en el Criterio de Oportunidad. La figura procesal tiene sus bondades como herramienta de investigación y es que en un entorno globalizado, el

---

[47] Época: Décima Época, Registro: 2019452, Instancia: Tribunales Colegiados de Circuito, Tipo de Tesis: Aislada Fuente: Gaceta del Semanario Judicial de la Federación, Libro 64, Marzo de 2019, Tomo III, Materia(s): Común Penal, Tesis: II.4o.P4.P (10a.). Página: 2653.

Ministerio Público debe contar con esa facultad para esclarecer el hecho.

El punto de toque es que su concesión y aplicación se ha desvirtuado. Las investigaciones descansan única y exclusivamente en lo narrado por el beneficiario del criterio. La información eficaz constituye el bastión de la teoría del caso ministerial. Si, se reconoce que se realizan actos de investigación indirectos, pero no se investigan o no se logran acreditar los extremos de la *información eficaz* y *esencial* proporcionada. Y es que la información eficaz por sí misma no resulta ser una manifestación o señalamiento, sino que la misma debe estar acreditada.

Las judicializaciones que apuestan al número de imputados, su detención, vinculación a proceso y la concesión de Criterio de Oportunidad para algunos de ellos, a propósito de que se indicien, es una incorrecta pretensión procesal de investigación.

No obstante, la existencia de acuerdos institucionales que sólo reproducen el contenido de fuente legal, no existen reglas claras para la concesión, aplicación y calificación del Criterio de Oportunidad.

En mi opinión, el Criterio de Oportunidad debe mantenerse como facultad del Ministerio Público, pero con control judicial. Me explico. Aquella persona que busque acogerse al Criterio de Oportunidad, bajo la hipótesis de aportar información esencial y eficaz, debería en fase inicial y juicio:

i) Ser entrevistado por el Ministerio Público en calidad de imputado; se afirma lo anterior, pues con frecuencia se simula que son testigos ordinarios, cuando en realidad sus entrevistas parten de autoincriminaciones.

ii) Otorgársele término para aportar ante el Ministerio Público los datos de prueba necesarios que acrediten sus señalamientos; el beneficiario es entrevistado sin la obligación de aportar el material probatorio que acredite sus indicios.

iii) Investigar la información esencial aportada por el beneficiario; el Ministerio Público debe de manera exhaustiva explorar todas las líneas de investigación para corroborar lo manifestado por el beneficiario y su congruencia con el resto de los actos de investigación.

iv) Notificar a Juez de Control que se ha iniciado un procedimiento de concesión de Criterio de Oportunidad y del término concedido para que el beneficiario y el Ministerio Publico acredite e investigue la información esencial y eficaz aportada; es necesario que la autoridad judicial conozca del inicio y califique provisionalmente la concesión del criterio a propósito de dotar de seguridad jurídica a los imputados; y

v) Concluido el plazo, el Ministerio Público solicitará audiencia privada al Juez de Control para la calificación provisional y del conocimiento de las acciones ministeriales relativas a comprobar la información eficaz —sin calificar el valor probatorio o su eficacia—, guardando un registro —que llegado el caso será descubierto a los diversos imputados previo a audiencia inicial o juicio—.

vi) En etapa de Juicio, el Tribunal de Enjuiciamiento escuchará el testimonio del beneficiario (o reproducirá su desahogo en prueba anticipada), —lo calificará bajo sometimiento a contrainterrogatorio, prueba superveniente o de refutación— y dictará sentencia; en el contenido del fallo deberá identificar valor individual y colectivo del testimonio para encontrar su eficacia y esencia.

La calificación judicial provisional tiene el propósito de identificar cuál es la información eficaz y esencial y que datos de prueba existen hasta ese momento. Esta calificación provisional no impide la continuación de la investigación hasta su cierre y si abona a la seguridad jurídica de las partes; es decir, el Ministerio Público deberá investigar los indicios aportados por el imputado/beneficiario del criterio incluso hasta el cierre de la investigación complementaria.

En juicio, el tribunal debe pronunciarse en su fallo definitivo sobre la esencia y eficacia de la información producida por el beneficiario del Criterio de Oportunidad, como testigo de cargo ministerial, su sometimiento a la contradicción y su adminiculación con las demás pruebas desahogadas. El grado de convicción alcanzado será en gran medida la calificación definitiva para que el Ministerio Público proceda a dictar el no ejercicio de la acción penal.

Lo anterior permitirá que testimonios no eficaces o esenciales reciban el beneficio procesal y se genere impunidad. Atendiendo al principio de publicidad, quedará evidenciado en la sala de audiencias, la fortaleza y legalidad del Criterio de Oportunidad ofrecido en sede ministerial y desahogado en Juicio.

El Criterio de Oportunidad es una facultad ministerial que le permite esclarecer el hecho, pero que dejaría impune al beneficiario si la información no resulta eficaz o esencial, esta ponderación de principios constitucionales obliga a que exista un control judicial para su calificación.

Desahogo dato, medio o prueba

DANIEL DÍAZ CUEVAS

NOTA INTRODUCTORIA

Han transcurrido varios años desde aquel ocho de junio de dos mil ocho, día en que, por medio de una publicación en el Diario Oficial de la Federación, se reformaron diversos dispositivos constitucionales que cambiarían por completo el sistema penal de nuestro país con el objetivo de establecer un sistema penal garantista exigido por diversos tratados e instrumentos internacionales de los que México es parte; es decir, el respeto a los derechos humanos de las personas involucradas en los procesos penales (tanto víctimas, como imputados) fue el eje o base de esta trascendental reforma constitucional.

A más de quince años de la implementación del nuevo sistema penal acusatorio y en apariencia un largo camino transitado en esta materia, tanto los operadores del sistema penal, como abogados postulantes y académicos, continuamos aprendiendo y generando nuevas experiencias a través de las cuales se ha ido fortaleciendo el sistema penal acusatorio en México.

Este breve pero significativo ensayo, es una muestra de lo anterior, pues a través de él se busca no sólo un análisis desde el punto de vista académico, sino también, que su lectura contribuya en la consulta y práctica jurídica de los operadores del sistema penal acusatorio en aras de una ampliación y fortalecimiento de la cultura jurídica en los temas propuestos para su análisis.

Como bien refiere el título de este texto, nuestro estudio se centrará en las figuras procesales: dato de prueba, medio de prueba y prueba, respecto a los que hoy en día hay multiplicidad de herramientas para su estudio, dentro de los cuales encontramos textos, cursos o talleres dirigidos a analizar la teoría de la prueba (dentro de la cual caben los aspectos ya referidos); a pesar de lo anterior, considero que nunca está demás seguir contribuyendo a un mejor entendimiento del tema.

Es importante aclarar que, si bien el texto en estudio se relaciona con la teoría de la prueba, en este apartado enfocaremos nuestro análisis en los elementos ya referidos sin profundizar en todos los factores que se analizan alrededor de dicha teoría.

Una vez aclarado lo anterior, es importante señalar que, a lo largo de este texto se plantea un estudio del desahogo del dato de prueba, del medio de prueba y de la prueba en el sistema penal, por lo que se propone en un primer momento el análisis de estos tópicos desde su concepto; posteriormente se analizará cómo es el procedimiento del desahogo de los datos, medios y pruebas en el sistema penal acusatorio para finalmente, establecer las conclusiones que haya generado el análisis de estos elementos fundamentales del proceso penal.

¿QUÉ ES DATO, MEDIO Y PRUEBA EN EL PROCESO PENAL?

Como hemos anticipado, en este apartado analizaremos los conceptos de dato, medio y prueba ya que, considero que no podríamos alcanzar el objetivo planteado si no contamos con las bases pertinentes a partir de las cuales podamos entender de mejor manera la intervención y por supuesto, el desahogo de estos elementos dentro del proceso penal.

Previo a seguir profundizando en nuestro tema central, considero que es de gran importancia puntualizar que, con la reforma ya referida en la parte introductoria de este texto, a nivel constitucional destaca la trascendencia de la prueba dentro del proceso penal acusatorio; esto es así, pues podemos notar dicha relevancia en preceptos tales como el párrafo tercero del artículo 16, el párrafo primero del artículo 19, así como el Apartado A, fracciones II, III, V y IX del artículo 20 todos ellos de la Constitución Política de los Estados Unidos Mexicanos,[1] por citar algunos ejemplos.

Pues bien, de acuerdo con el primer párrafo del artículo 261 del Código Nacional de Procedimientos Penales,[2] se entiende como

---

1 En adelante CPEUM.

2 En adelante CNPP.

dato de prueba la referencia al contenido de un determinado medio de convicción aún no desahogado ante el Órgano jurisdiccional, que se advierta idóneo y pertinente para establecer razonablemente la existencia de un hecho delictivo y la probable participación del imputado.

Destaca de la lectura al precepto antes citado, que el dato de prueba es una referencia sobre un medio de convicción, éste no ha sido desahogado ante el órgano jurisdiccional, y que tiene que ser idóneo y pertinente; es decir "*…, cuando hablamos de dato de prueba, necesariamente nos constreñimos a un antecedente referenciado en la carpeta de investigación, que va a tener utilidad jurídica en el procedimiento penal.*"[3]

Si bien, el dato de prueba es una referencia que constituye un antecedente contenido en la carpeta de investigación, éste es trascendental para el futuro de las teorías del caso planteadas por las partes intervinientes; es así, ya que como lo establece la ley sustantiva, éste tiene que ser idóneo y pertinente, lo cual significa que tiene que tener relación con el hecho delictivo y de él se debe desprender razonablemente la existencia del hecho ilícito, así como la probable participación del sujeto investigado en la comisión del delito que se pretende atribuirle.

Así, tenemos que, el dato de prueba no es desahogado ante un órgano jurisdiccional porque aún no se le ha constituido como prueba, pero sobre todo porque en una etapa temprana del proceso penal como lo es la investigación inicial, tanto la CPEUM, como el CNPP exigen que únicamente se desprenda razonablemente de los antecedentes de investigación la comisión de un hecho ilícito, así como la probable participación del imputado en su comisión; es decir, no se requiere un análisis profundo de los datos de prueba, sino un estudio somero del que se desprenda la idoneidad de éstos con el hecho ilícito señalado en la carpeta de investigación.

"Ahora bien, sabiendo de antemano que el dato de prueba es un antecedente, se hace necesario precisar que constituye precisamente el antecedente de un hecho, cuyos elementos tienden a generar la certeza jurídica de que algo acon-

---

3 Zeferín Hernández, I. A., *La prueba libre y lógica. Sistema penal acusatorio mexicano*, Instituto de la Judicatura Federal, México, 2016, *p.* 32.

teció de determinada circunstancia;... "[4] es decir, el dato de prueba es el elemento a partir del cual se impulsa o instaura un proceso penal en contra de determinada persona por la comisión de un hecho ilícito; por lo tanto, tenemos que, es en la etapa de investigación (compuesta a su vez por las fases de investigación inicial y complementaria), que hablamos de datos de prueba al configurar los antecedentes de investigación.

Respecto a los medios de prueba, el párrafo segundo del artículo 261 del CNPP, refiere que son toda fuente de información que permite reconstruir los hechos, respetando las formalidades procedimentales previstas para cada uno de ellos; de ello se desprende que los medios probatorios no se han constituido aún como prueba en esta etapa del proceso penal; para ello, es importante anunciar que, los medios de prueba tienen su intervención durante la etapa intermedia que es la etapa en la que se prepara el juicio oral, por lo que, se puede afirmar que es esta etapa del proceso en que a través de los medios probatorios, se están preparando o configurando los elementos que serán considerados como prueba durante la etapa correspondiente.

Asimismo, podemos afirmar que, un medio de prueba al considerarse como una fuente de información, significa que es el origen del elemento probatorio; es decir, a partir de ellos surge la prueba derivado de que, permite la reconstrucción de los hechos siempre que se hayan respetado las formalidades procedimentales exigidas para cada uno de los medios probatorios.

De esta manera, el medio de prueba como fuente de información, "*... permite reconstruir los hechos, porque precisamente los medios de prueba no son, en sentido estricto, prueba, sino que son el instrumento o medio a través del cual se presenta la prueba en la etapa de juicio...* ";[5] lo anterior es así, pues como afirmamos con anterioridad, es a partir de ellos que se van construyendo las pruebas, en primer lugar porque son su origen y, en segundo porque a partir de ellos se pueden reconstruir los hechos ilícitos atribuidos al sujeto imputado, o bien, se puede comprobar que éstos no existieron en el mundo fáctico tal como lo

---

4 *Idem.*

5 Zeferín Hernández, *Op. Cit, p.* 45.

plantea el Ministerio Público hablando desde el punto de vista de la defensa del imputado.

> *"Así entonces, la fuente de información se va a incorporar al proceso para reconstruir los hechos, es decir, para recrearlos o trasladarlos al órgano jurisdiccional bajo los lineamientos que establece la ley, lo cual se hace a partir de darle un distingo de medio de prueba;..."*[6]

De esta manera, al ser los medios de prueba el instrumento que permite la reconstrucción de los hechos, tienen como fin mostrarle al órgano jurisdiccional cómo sucedieron los hechos en el mundo fáctico; es decir, cómo se materializaron por el probable responsable (como se ha señalado, ya sea en la versión ministerial o desde el punto de vista de la defensa), con el fin de ser lo más certeros posibles, lo cual significa que tienen que ser lo más apegados a la verdad para poder trasladarse al órgano jurisdiccional y que éste tome una decisión apegada a derecho al celebrarse el juicio oral.

Por ello, desde etapas tempranas se exige la coherencia, pertinencia e idoneidad de los elementos probatorios, pues su importancia radica precisamente en que son el origen de la información a partir de la cual se reconstruyen los hechos por los cuales se inició la carpeta de investigación.

Ahora bien, respecto a la prueba, la Constitución Política de los Estados Unidos Mexicanos en su artículo 20, Apartado A, fracción III determina que sólo se considerarán como prueba aquellas que hayan sido desahogadas en la audiencia de juicio; asimismo, refiere que la ley establecerá las excepciones y requisitos para admitir en juicio la prueba anticipada que es aquella que por su naturaleza requiere desahogo previo.

Lo antes señalado, es sumamente relevante para el sistema penal, pues de ello se desprende que la Constitución le da a la prueba la connotación de su validez; es decir, establece los parámetros que deben seguirse para que una prueba sea considerada como tal; esto es, solo aquellas que hayan sido desahogadas durante la audiencia de juicio podrán ser consideradas como prueba.

---

6 Zeferín Hernández, *Op. Cit, p.* 46.

Continuando con la tesitura de los conceptos anteriores, de la lectura al tercer párrafo del artículo 261, tenemos que *se denomina prueba a todo conocimiento cierto o probable sobre un hecho, que ingresando al proceso como medio de prueba en una audiencia y desahogada bajo los principios de inmediación y contradicción, sirve al Tribunal de enjuiciamiento como elemento de juicio para llegar a una conclusión cierta sobre los hechos materia de la acusación.*

De la lectura al precepto anteriormente transcrito, se desprende que, prueba es todo conocimiento de grado cierto o probable sobre un determinado hecho del cual se exige haber sido ingresado al proceso a través de un medio de prueba, ¿en qué momento? durante una audiencia en la que se desahogó siguiendo los principios de inmediación y contradicción; es decir, frente al órgano jurisdiccional y que ha sido sometida a debate entre las partes contendientes.

Asimismo, tenemos como elemento del concepto de prueba proporcionado por el CNPP, que ésta sirve al Tribunal de enjuiciamiento como elemento con base en el cual dicho órgano jurisdiccional determina si el hecho existió o no en el mundo fáctico.

> *"Conocimiento cierto o probable sobre un hecho. Que es el resultado que se busca con la prueba, aquello que los litigantes persiguen con su esfuerzo de llevarle al tribunal de enjuiciamiento sus medios de prueba, que permitan al mismo arribar a una determinada conclusión sobre la verdad de aquello que las partes sostienen en sus afirmaciones sobre lo que realmente habría acontecido en el pasado. Por cierto, se hace cargo que, el grado de conocimiento que se postula como el resultado de este proceso que culmina con el razonamiento judicial de valoración de la prueba desahogada durante el juicio debe ser a lo menos probable, pues hay también desahogo de medios de prueba durante la etapa de la investigación."*[7]

Así, la prueba es el medio a través del cual el Tribunal de enjuiciamiento razona respecto a su valor para que, finalmente éste concluya si los hechos que fueron materia de la acusación se materializaron o no de la manera en que las partes argumentan; en conclusión, es a partir de ella que se demuestra la existencia o no de un hecho ilícito por lo menos de manera probable.

---

7 Decap Fernández, M. A., *La prueba de los hechos en el proceso penal acusatorio*, Gallardo Ediciones, México, 2022, *p.* 49.

"Es así, entonces, que vamos a entender que probar los hechos en el proceso penal significa que la parte que prueba logra que el tribunal de enjuiciamiento dé por satisfecho un determinado estándar de conocimiento acerca de las afirmaciones sobre un suceso criminal concreto que ha acontecido en el pasado.[8]

DESAHOGO DEL DATO, MEDIO Y PRUEBA

Como sabemos, los elementos probatorios se van transformando de dato de prueba a prueba conforme trascienden las etapas del proceso penal, en un primer momento, se le conoce como dato de prueba durante la etapa inicial, es medio de prueba una vez que se ha transitado a la etapa intermedia y, finalmente, será prueba durante la etapa de juicio oral que es en donde realmente se llevará a cabo su desahogo pues, previamente el desahogo de las pruebas es parte esencial en su tratamiento para que el Tribunal de enjuiciamiento llegue a la verdad de los hechos o bien, se aproxime a ella.

Así, salvo la prueba anticipada, tanto el dato de prueba, como el medio de prueba tienen un tratamiento diverso al desahogo de la prueba que se efectúa, como ya he mencionado, durante la etapa de juicio oral; es así que, por lo que hace al dato de prueba, este se procesa a través de la cadena de custodia que es un requisito procedimental que se exige para recabar, procesar y resguardar los antecedentes de la investigación.

"En este entendido, cabe resaltar que debe existir lo que se conoce como 'cadena de custodia', con la finalidad de que exista un minucioso registro de cómo se recopilan las fuentes de prueba, identificación fehaciente de la fuente de prueba, en qué condiciones se encontraba esa fuente de prueba al momento de su recolección, quién recopila las fuentes de prueba, así como el registro de todas las personas que justamente han custodiado dicha fuente de prueba, incluyendo quienes realizan el análisis que en su caso se lleve a cabo sobre la fuente de prueba, dónde se guarda la citada fuente de prueba y quién es el responsable de dicha custodia final, así como quién o quiénes pueden tener

---

8 *Op. Cit. p.* 37.

acceso a lo largo del procedimiento penal a dichas fuentes de prueba y bajo qué controles se les puede conceder tal acceso."[9]

"Al momento de recopilar, se debe hacer con el debido cuidado evitando en todo momento la contaminación de la fuente de prueba. Con posterioridad hay que identificar plenamente a cada una de las fuentes de prueba, inclusive distinguiéndolas del resto de las fuentes de prueba, con la finalidad de que desde el momento de su recolección pueda ser plenamente identificada evitando en todo caso y a lo largo del procedimiento penal la alteración de las mismas."[10]

"Con posterioridad hay que trasladar la citada fuente de prueba hasta el lugar donde deberá ser, en su caso, examinada (en caso de que requiera algún análisis de laboratorio) y, posteriormente, resguardada. Desde el momento de la recolección, inventario, traslado, examinación y resguardo, se requiere de un control de la plena identificación de la fuente de prueba, así como la plena identificación de quien o quienes la recopilan, la inventarían, la trasladan, la examinan y la resguardan."[11]

"Respecto al resguardo, hay que comentar que debe existir un inmueble inteligente donde puedan ser debidamente resguardadas todas las fuentes de prueba, por parte de las diversas fiscalías..."[12]

Artículo 227, 229, 230.

Etapa intermedia exclusión de los medios de prueba artículo 346 del CNPP.

Ofrecimiento de prueba artículo 334 del CNPP

Descubrimiento probatorio

"El descubrimiento probatorio a cargo del Ministerio Público, consiste en la entrega material a la defensa, de copia de los registros de la investigación, como del acceso que debe dar a la defensa respecto de las evidencias materiales recabadas durante la investigación..."[13]

Artículo 337 párrafo primero del CNPP.

---

9 Dagdug Kalife, A., *Manual de Derecho Procesal Penal. Teoría y práctica*, INACIPE, Editorial UBIJUS, México, 2016, *p.* 333.

10 *Op. Cit. p.* 335.

11 *Idem.*

12 *Idem.*

13 Ruíz Sánchez, Miguel Ángel, *Derecho Procesal Penal Acusatorio*, Editorial Flores, Segunda Edición, México, 2016, *p.* 354.

TESIS JURISPRUDENCIALES Y AISLADAS

Como bien sabemos, los criterios emanados del Poder Judicial de la Federación, nos sirven para aclarar dudas o aspectos respecto a los cuales la legislación no es tan clara o bien, para complementar algunos elementos de las normas; en ese sentido, a continuación enlistaré una serie de criterios jurisprudenciales o de tesis aisladas que me han parecido relevantes en relación con el tema que nos ocupa, pues nos ayudan a complementar los temas que han sido expuestos a lo largo de este texto.

Para efectos de lo anterior, debo aclarar que, a falta de espacio me limito a señalar el registro de la tesis, así como el rubro de la misma para una mayor identificación si es de interés del lector, esperando que en un futuro podamos abordar su análisis.

Registro digital: 2017728

AUTO DE VINCULACIÓN A PROCESO. TEST DE RACIONALIDAD QUE PROCEDE APLICAR PARA EL ESTUDIO DE LOS DATOS DE PRUEBA, A PARTIR DE LOS CUALES PUEDE ESTABLECERSE QUE SE HA COMETIDO UN HECHO IMPUTADO COMO DELITO [MODIFICACIÓN DE LA TESIS XVII.1o.P.A.31 P (10a.)].

Registro digital: 2015953

AUTO DE VINCULACIÓN A PROCESO. EL ESTÁNDAR DE VALORACIÓN PARA SU DICTADO NO DEBE REBASAR EL DEL DATO, AUN CUANDO EN LA CARPETA DE INVESTIGACIÓN EL MINISTERIO PÚBLICO O LA DEFENSA EN LA AUDIENCIA INICIAL, HAYAN INTEGRADO ALGÚN MEDIO DE PRUEBA.

Registro digital: 2024442

ESTÁNDAR DE PRUEBA PARA LA VINCULACIÓN A PROCESO. CONDICIONES PARA CONSIDERAR PROBADA ALGUNA DE LAS HIPÓTESIS FÁCTICAS QUE DERIVEN DEL ACERVO PROBATORIO INCORPORADO POR LAS PARTES EN LA AUDIENCIA RELATIVA.

Registro digital: 2023148

MEDIOS DE PRUEBA OFRECIDOS POR EL IMPUTADO O SU DEFENSOR PARA SU INCORPORACIÓN EN LA AUDIENCIA INICIAL. SU DESECHAMIENTO NO PUEDE SUSTENTARSE A PARTIR DEL ESTÁNDAR DE PRUEBA REDUCIDO QUE RIGE EL DICTADO DEL AUTO DE VINCULACIÓN A PROCESO, EN ESPECÍFICO, RESPECTO DE LA PROBLEMÁTICA ATINENTE AL ÁMBITO FÁCTICO.

Registro digital: 2023128

ORDEN DE APREHENSIÓN EN EL SISTEMA DE JUSTICIA PENAL ACUSATORIO. POR SU NATURALEZA RESTRICTIVA DE LA LIBERTAD AMERITA CERTEZA JURÍDICA, PERO NO IMPLICA SOMETER A ESCRUTINIO LOS DATOS DE PRUEBA BAJO EL ESTÁNDAR DE ETAPAS MÁS TARDÍAS DEL PROCESO.

Registro digital: 2015954

AUTO DE VINCULACIÓN A PROCESO. TEST DE RACIONALIDAD QUE PROCEDE APLICAR PARA EL ESTUDIO DE LOS DATOS DE PRUEBA, A PARTIR DE LOS CUALES PUEDE ESTABLECERSE QUE SE HA COMETIDO UN HECHO IMPUTADO COMO DELITO [MODIFICACIÓN DE LA TESIS XVII.1o.P.A.31 P (10a.)].

Registro digital: 2015953

AUTO DE VINCULACIÓN A PROCESO. EL ESTÁNDAR DE VALORACIÓN PARA SU DICTADO NO DEBE REBASAR EL DEL DATO, AUN CUANDO EN LA CARPETA DE INVESTIGACIÓN EL MINISTERIO PÚBLICO O LA DEFENSA EN LA AUDIENCIA INICIAL, HAYAN INTEGRADO ALGÚN MEDIO DE PRUEBA.

Registro digital: 2023589

JUICIO DE AMPARO INDIRECTO EN EL PROCESO PENAL ACUSATORIO. POR REGLA GENERAL, ES IMPROCEDENTE EN CONTRA DEL AUTO DE APERTURA A JUICIO QUE ADMITE MEDIOS DE PRUEBA, Y PARA IDENTIFICAR LOS CASOS DE EXCEPCIÓN, ES NECESARIO REALIZAR UN ANÁLISIS

HERMENÉUTICO TENDIENTE A DILUCIDAR SI AFECTA MATERIALMENTE DERECHOS SUSTANTIVOS.

Registro digital: 2023341

RECURSO DE APELACIÓN PREVISTO EN EL ARTÍCULO 467, FRACCIÓN XI, DEL CÓDIGO NACIONAL DE PROCEDIMIENTOS PENALES. PROCEDE CONTRA LA RESOLUCIÓN DEL JUEZ DE CONTROL QUE EXCLUYA ALGÚN MEDIO DE PRUEBA, CON ALGUNA EXPRESIÓN O VOCABLO QUE SE IDENTIFIQUE CON DESCARTAR, RECHAZAR, DESECHAR, NEGAR O INADMITIR.

Registro digital: 2023147

MEDIOS DE PRUEBA OFRECIDOS POR EL IMPUTADO O SU DEFENSOR PARA SU INCORPORACIÓN EN LA AUDIENCIA INICIAL. PARA JUSTIFICAR SU PERTINENCIA O RELEVANCIA Y SE ADMITA SU DESAHOGO, BASTA FIJAR LA CONEXIÓN LÓGICA ENTRE AQUÉLLOS Y LOS SUCESOS DELICTIVOS, SALVO QUE EXISTAN EXCEPCIONES AL PRINCIPIO DE INCLUSIÓN PROBATORIA.

Registro digital: 2019188

MEDIOS DE PRUEBA EN LA ETAPA DE JUICIO ORAL DEL SISTEMA PENAL ACUSATORIO. EL TRIBUNAL DE ENJUICIAMIENTO NO PUEDE, DE OFICIO, NEGAR EL DESAHOGO DE AQUELLOS QUE FUERON ADMITIDOS EN EL AUTO DE APERTURA A JUICIO ORAL.

Registro digital: 2017649

VIOLACIONES PROCESALES COMETIDAS PREVIO AL DICTADO DEL AUTO DE VINCULACIÓN A PROCESO (INADMISIÓN DE MEDIOS DE PRUEBA). DEBEN RECLAMARSE, EN SU CASO, CUANDO SE IMPUGNE DICHO AUTO EN EL JUICIO DE AMPARO INDIRECTO.

Registro digital: 2017059

ETAPA INTERMEDIA DEL PROCESO PENAL ACUSATORIO. UNO DE SUS OBJETIVOS ES DEPURAR EL MATERIAL PRO-

BATORIO QUE SE VA A DESAHOGAR EN JUICIO ORAL, EXCLUYENDO AQUEL QUE SE HAYA OBTENIDO CON VULNERACIÓN DE DERECHOS FUNDAMENTALES.

Registro digital: 2014421

MEDIOS DE PRUEBA EN LA AUDIENCIA INTERMEDIA. EL HECHO DE QUE EL JUEZ DE CONTROL EXCLUYA LOS QUE OFRECIÓ EL IMPUTADO PARA JUSTIFICAR SU VERSIÓN DEFENSIVA O TEORÍA DEL CASO, POR NO TENERSE REGISTROS DE ÉSTOS EN LA CARPETA DE INVESTIGACIÓN, CONSTITUYE UNA VIOLACIÓN A LAS LEYES DEL PROCEDIMIENTO QUE AMERITA SU REPOSICIÓN, POR AFECTAR EL DERECHO DE DEFENSA ADECUADA Y TRASCENDER AL RESULTADO DE LA SENTENCIA CONDENATORIA.

Registro digital: 2017076

PRINCIPIO DE INMEDIACIÓN. SE VULNERA CUANDO LA SENTENCIA CONDENATORIA LA DICTA UN JUEZ DISTINTO AL QUE DIRIGIÓ LA PRODUCCIÓN DE LAS PRUEBAS E IRREMEDIABLEMENTE CONDUCE A REPETIR LA AUDIENCIA DE JUICIO.

Registro digital: 2017055

DIFERENCIAS EN EL DEBATE PROBATORIO DE LA ETAPA INTERMEDIA Y EL JUICIO ORAL EN RELACIÓN CON LA VULNERACIÓN DE DERECHOS FUNDAMENTALES.

Registro digital: 2016826

OMISIONES DEL MINISTERIO PÚBLICO EN LA INVESTIGACIÓN DE LOS DELITOS. EL JUEZ DE AMPARO, REAFIRMANDO EL CARÁCTER DE RECURSO JUDICIAL EFECTIVO DEL JUICIO CONSTITUCIONAL, ESTÁ FACULTADO PARA CONSTATAR SI CON AQUÉLLAS SE VIOLAN LOS DERECHOS HUMANOS DEL QUEJOSO Y, EN SU CASO, A FIN DE CONTRIBUIR A SU CESE, ORDENAR A LA AUTORIDAD MINISTERIAL LA REALIZACIÓN DE DETERMINADAS DILIGENCIAS, SIN PERJUICIO DE LAS DIVERSAS ACTUACIONES QUE, A JUICIO DE ÉSTA, DEBAN LLEVARSE A CABO.

Registro digital: 2015220

SENTENCIA DEFINITIVA EMITIDA EN EL PROCEDIMIENTO PENAL ACUSATORIO Y ORAL. EL TRIBUNAL DE ENJUICIAMIENTO Y EL TRIBUNAL DE APELACIÓN, AL DICTARLA O REVISARLA, NO TIENEN OBLIGACIÓN DE ANALIZAR LAS ACTUACIONES REGISTRADAS EN LA CARPETA DE INVESTIGACIÓN.

Registro digital: 2011883

PROCESO PENAL ACUSATORIO Y ORAL. EN ÉSTE SÓLO PUEDEN REPUTARSE COMO PRUEBAS LAS DESAHOGADAS PÚBLICAMENTE ANTE EL TRIBUNAL RESPECTIVO, EN PRESENCIA DE LAS PARTES.

Registro digital: 2026818

PRUEBAS EN EL SISTEMA PROCESAL PENAL ACUSATORIO. SI EL TESTIMONIO DE LA VÍCTIMA NO SE DESAHOGÓ EN EL JUICIO ORAL, ELLO NO IMPLICA, EN AUTOMÁTICO, QUE NO SE ACREDITEN LOS HECHOS MATERIA DE LA ACUSACIÓN, POR LO QUE PUEDE DICTARSE SENTENCIA CONDENATORIA SI DE LA VALORACIÓN LIBRE Y LÓGICA DE LAS QUE SÍ SE DESAHOGARON, SE ACREDITAN EL HECHO DELICTIVO Y LA RESPONSABILIDAD DEL ACUSADO.

Registro digital: 2019197

REPOSICIÓN TOTAL DE LA ETAPA DE JUICIO ORAL DEL SISTEMA PENAL ACUSATORIO. EL TRIBUNAL DE ALZADA DEBE ORDENARLA, PREVIA DECLARACIÓN DE NULIDAD DE LA DETERMINACIÓN EMITIDA POR EL TRIBUNAL DE ENJUICIAMIENTO, SI ÉSTE NEGÓ OFICIOSAMENTE EL DESAHOGO DE UN MEDIO DE PRUEBA ADMITIDO EN EL AUTO DE APERTURA A JUICIO ORAL.

Registro digital: 2019188

MEDIOS DE PRUEBA EN LA ETAPA DE JUICIO ORAL DEL SISTEMA PENAL ACUSATORIO. EL TRIBUNAL DE ENJUICIAMIENTO NO PUEDE, DE OFICIO, NEGAR EL DESAHOGO

DE AQUELLOS QUE FUERON ADMITIDOS EN EL AUTO DE APERTURA A JUICIO ORAL.

Registro digital: 164544

PRUEBAS EN EL PROCEDIMIENTO PENAL. PROCEDE REPONERLO SI ALGUNA DE LAS OFRECIDAS Y ADMITIDAS NO ES DESAHOGADA.

Registro digital: 162311

PRUEBAS OFRECIDAS Y ADMITIDAS POR LA AUTORIDAD JUDICIAL EN LA PREINSTRUCCIÓN. CUANDO SU DESAHOGO ES MATERIAL Y TEMPORALMENTE POSIBLE DURANTE EL PLAZO CONSTITUCIONAL, EXISTE OMISIÓN INJUSTIFICADA DE ÉSTA DE HACERLO Y ELLO TRASCIENDE AL DICTADO DE LA RESOLUCIÓN DE PLAZO CONSTITUCIONAL, PROCEDE CONCEDER EL AMPARO PARA EFECTO DE DEJARLA INSUBSISTENTE Y REPONER EL PROCEDIMIENTO.

CONCLUSIONES

Como podemos observar, la importancia del dato de prueba, del medio de prueba y de la prueba, se extiende a lo largo de todo el proceso penal; si bien es cierto que, la carga de la prueba le corresponde al Ministerio Público, también lo es que, resulta también de gran relevancia para la defensa del imputado conocer los aspectos en torno a estos elementos procesales ya que una teoría del caso bien construida con base en elementos de prueba sólidos, puede significar una condena absolutoria.

En este sentido, queda claro que no solo la autoridad ministerial construye casos, sino que también es tarea de la defensa del imputado sustentar su versión de los hechos y aportar los elementos probatorios necesarios para que ésta resulte más convincente para el órgano jurisdiccional al que le corresponde razonar respecto a las pruebas aportadas.

Lo anterior es así, pues como hemos visto, la prueba se va construyendo poco a poco tras acontecer las etapas del proceso penal y se van configurando conforme dichas etapas se van cerrando para, finalmente durante la etapa de juicio oral ser presentadas en forma de prueba para ser valoradas por el Tribunal de enjuiciamiento.

En conclusión, es importante prestar atención a los elementos de prueba que se van presentando durante el proceso penal para concaternarlos entre sí y, con base en ellos sustentar el caso planteado, ya sea que se busque o no, una sentencia condenatoria; asimismo, dichos elementos probatorios tienen que ser certeros o probablemente ciertos, lo que se traduce en que, tienen que ser lo más apegado a la realidad y lo más claro posibles de manera que el órgano jurisdiccional logre percibir cómo acontecieron los hechos que se le han hecho de su conocimiento.

BIBLIOGRAFÍA

Dagdug Kalife, Alfredo, Manual de Derecho Procesal Penal. Teoría y práctica, INACIPE, Editorial UBIJUS, México, 2016

Decap Fernández, Mauricio Alejandro, La prueba de los hechos en el proceso penal acusatorio, Gallardo Ediciones, México, 2022.

Ruíz Sánchez, Miguel Ángel, Derecho Procesal Penal Acusatorio, Editorial Flores, Segunda Edición, México, 2016.

Zeferín Hernández, Iván Aarón, La prueba libre y lógica. Sistema penal acusatorio mexicano, Instituto de la Judicatura Federal, México, 2016.

LEGISLACIÓN

Constitución Política de Los Estados Unidos Mexicanos.

Código Nacional de Procedimientos Penales.

Ejecución penal

SAMUEL IBARRA VARGAS[1]

ESTADO ACTUAL DEL SISTEMA PENITENCIARIO EN MÉXICO

La metodología seguida en el presente análisis, se basó en un análisis de cifras oficiales, en conjunción con la experiencia en materia penitenciaria del autor de este artículo, y muy especialmente, en haber participado en las mesas de elaboración de la Ley Nacional de Ejecución Penal, en el Senado de la República y en la Cámara de Diputados.

---

[1] Abogado por la Escuela Libre de Derecho, titulado con mención honorífica, y Maestro en Procuración de Justicia, titulado también con mención honorífica. Autor y coautor de diversas obras sobre delitos ambientales y medidas cautelares, y articulista sobre temas de derecho penal, seguridad, sistema penal acusatorio, derecho ambiental y derecho genético, de 1995 a la fecha. Ha sido catedrático y ponente en licenciatura, especialización, maestría, posgrado y Webinars en instituciones como ELD, INACIPE, ITAM, Universidad Ibero Americana, Universidad Anáhuac, ITESM, CEJI y UNAM. Maestro honorario de la EPED, donde coordinó el Posgrado en Derecho Penal. Diseñó e impartió el primer curso sobre Derecho Genético en México (2002, ADIAT). Fue Fiscal de Delitos Ambientales en la Ciudad de México de 2006 a 2012, Director General en la Oficina del Comisionado del Órgano Desconcentrado Prevención y Readaptación Social (2014-2016), donde participó en la elaboración de la Ley Nacional de Ejecución Penal, presidió el Comité de Información, coordinó la capacitación a los más de 9,300 empleados en centros federales en sistema penal acusatorio, un curso nacional sobre primer respondiente enfocado a personal de seguridad de centros penitenciarios y 2 cursos nacionales sobre la Ley Nacional de Ejecución Penal. Fue hasta noviembre de 2018, Director General en la Oficina del Comisionado Nacional de Seguridad, encargado de coordinar la operación, a nivel nacional, de la Unidad de Seguimiento y Supervisión de Medidas Cautelares y Suspensión Condicional del Proceso. Actualmente es socio fundador de "Consilia Consulting, S.C.", firma especializada en *lobbying*, consultoría y capacitación en derecho penal, seguridad, derecho ambiental y derecho genético.

Es muy importante partir de las cifras estadísticas oficiales, pues eso nos permite un análisis más profundo y sistematizado de un determinado tema. No es viable realizar un análisis serio sobre políticas públicas si no se tienen referencias estadísticas. Y también se tiene que partir del marco jurídico vigente en sistema penal acusatorio, seguridad y materia penitenciaria, que esencialmente se resume en la Constitución Política de los Estados Unidos Mexicanos,[2] en el Código Nacional de Procedimientos Penales[3] y en la Ley Nacional de Ejecución Penal.[4] Y las cifras oficiales se han encontrado en el cuaderno mensual de estadística penitenciaria correspondiente a enero de 2024,[5] que emite en su página oficial de internet, la Guardia Nacional, de quien ahora depende el Órgano Administrativo Desconcentrado Prevención y Readaptación Social (OADPRS). Igualmente, se ha acudido a cifras oficiales de la Secretaría de Gobernación, a través de la Unidad de Apoyo al Sistema de Justicia, que está a cargo del Modelo de Evaluación y Seguimiento de la Consolidación del Sistema de Justicia Penal (MES),[6] que es lo más parecido que nos queda después de haberse extinguido la SETEC, desafortunadamente. Estas cifras sobre la realidad penitenciaria en México, también coinciden con lo establecido en el Diagnóstico Nacional de Supervisión Penitenciaria de 2022, elaborado por la Comisión Nacional de Derechos

---

2 Cámara de Diputados. Leyes federales vigentes. Constitución Política de los Estados Unidos Mexicanos.
https://www.diputados.gob.mx/LeyesBiblio/ref/cpeum.htm

3 Cámara de Diputados. Leyes federales vigentes. Código Nacional de Procedimientos Penales.
https://www.diputados.gob.mx/LeyesBiblio/ref/cnpp.htm

4 Cámara de Diputados. Leyes federales vigentes. Ley Nacional de Ejecución Penal.
https://www.diputados.gob.mx/LeyesBiblio/ref/lnep.htm

5 Cuaderno Nacional de Estadística Penitenciaria Nacional. Enero de 2024. Secretaría de Seguridad y Protección Ciudadana. Órgano Administrativo Desconcentrado Prevención y Readaptación Social (OADPRS). Gobierno de México.
https://www.gob.mx/cms/uploads/attachment/file/882353/CE_2022_12.pdf

6 MES. Modelo de Evaluación y Seguimiento de la Consolidación del Sistema de Justicia Penal. Secretaría de Gobernación. Gobierno de México.
https://mes.segob.gob.mx/

Humanos.[7] Por último, se ha tomado información del Consejo de la Judicatura Federal, que se puede consultar en el Anexo Estadístico 2023.[8]

La reforma constitucional que incorporó el sistema penal acusatorio en materia de justicia penal, entró en vigor, en todo el país, 8 años después de su publicación en el Diario Oficial de la Federación, es decir, el 18 de junio de 2016. Día y medio antes, en la edición vespertina del Diario Oficial de la Federación, del 16 de junio de 2016, se publicó la Ley Nacional de Ejecución Penal, aplicable tanto para materia federal como local. Por su parte, el Código Nacional de Procedimientos Penales, que contempla un solo procedimiento penal aplicable a delitos federales y locales, y que plasma el sistema penal acusatorio, entró en vigor en el año 2014.

La aplicación adecuada del "nuevo" sistema de justicia penal, traería consigo mayor eficacia en la investigación ministerial y policial, así como en la actuación de órganos jurisdiccionales. Derivado de esto, como se analizará a continuación, es fácil entender que debería de disminuir el número de personas privadas de su libertad, y al tener a quienes cometieron un delito, de vuelta a la calles, no debe generar mayores problemas de seguridad, si partimos de una correcta reinserción social. En teoría, estas serían las bondades de una aplicación integral del marco penal previsto desde el año 2008.

Cabe recordar que el sistema penal acusatorio tiene importantes diferencias en relación con el sistema inquisitivo mixto, entre las cuales se destacan, por tener aplicación con el presente artículo y con la materia penitenciaria, los siguientes principios y las siguientes características:

- Prevalencia del principio de presunción de inocencia. Bajo este principio, pilar del sistema penal acusatorio, previsto ex-

---

7 Diagnóstico Nacional de Supervisión Penitenciaria 2022. Comisión Nacional de Derechos Humanos. México. https://www.cndh.org.mx/sites/default/files/documentos/2023-06/DNSP_2022.pdf

8 Anexo estadístico 2023. Consejo de la Judicatura Federal. Dirección General de Estadística Judicial. https://www.scjn.gob.mx/sites/default/files/informe_labores_transparencia/anexo_estadistico/2023-12/INTRO_2023.pdf

presamente en la Constitución, debe partirse de que mientras no haya una sentencia condenatoria firme, la persona es inocente. Por ello, debe evitarse como regla general, el uso de la prisión preventiva, para no privar de la libertad a una persona mientras no haya certeza de su culpabilidad.

- Salidas alternas, que traen como consecuencia que en cierta categoría de delitos, con bienes penalmente tutelados disponibles por sus titulares y con afectaciones más individuales que colectivas, y cubriendo ciertos requisitos, se pueden dar múltiples opciones para resolver una problemática penal, no saturando ni a las autoridades judiciales ni a los centros penitenciarios. Las negociaciones en materia penal, que antes se daban tras bambalinas pues no estaban previstas, hoy están permitidas y tienen reglas claras. Ejemplo de esto son los acuerdos reparatorios y la suspensión condicional del proceso, cuyos resultados evitan la prisión, de manera temporal primero y de manera definitiva, al terminarse de pagarse la reparación del acuerdo, en los términos previstos, y cuando se termine de cumplir con las condiciones previstas en la suspensión condicional del proceso.
- Excepcionalidad de la prisión preventiva, la cual se supone que tendría que aplicarse sólo cuando otras de las 13 medidas cautelares distintas a la prisión preventiva, fallaran en su objetivo de evitar riesgos procesales de fuga, obstaculización del proceso y hacia la integridad de la víctima, ofendido, testigos o comunidad. En la propia Constitución se establece que la prisión preventiva debe ser la excepción.
- Como forma de terminación anticipada, se prevé Procedimientos abreviados, donde se acuerda reconocer la culpabilidad en un cierto delito, y a cambio de ello, se otorga una pena menor que puede permitir incluso, no pisar la cárcel. Esto, igualmente, favorece que no sea necesario llegar a una prisión como sentencia, o en ocuparla lo menos posible, cuando la persona reconoce que cometió un delito.

Ahora bien, si analizamos cifras oficiales, hay que intentar responder las siguientes preguntas, y considerando esencialmente cifras del año 2023:

¿Cuántas carpetas de investigación se abrieron durante el año 2023? Conforme al MES, con personas detenidas, se abrieron 261,458 carpetas de investigación en el país, y sin personas detenidas, 1,900,769; en total, 2,162,227 carpetas abiertas. De estas carpetas, 1,598,305 corresponden a denuncias, y 783,850 corresponden a querellas.[9] Esta información se puede consultar en el MES, en lo que se identifican como etapas 1 y 2; hay discrepancias en las sumas totales, aunque todas se refieren a la misma fuente. Sin embargo, como referencias, resultan útiles.

Ahora bien, cuando una investigación ya no ha progresado y no se tiene suficiente información para judicializar la carpeta de investigación, ni suficientes elementos para determinar el no ejercicio de la acción penal, entonces terminan en el archivo temporal dichas carpetas de investigación. ¿Cuántas determinaciones de archivo temporal se dieron en el año 2023? De acuerdo a la misma fuente anterior —MES—, se determinaron 574,970 archivos temporales, y si utilizamos como referencia las aperturadas en 2023, equivalen al 26.59% de las mismas. Una cifra muy elevada, que lleva a concluir que hace mucha falta perfeccionar la investigación de los delitos cometidos, tanto por ministerio público como por las policías. Y si como conclusión de la investigación, no se pudo esclarecer la existencia de un delito o a quién atribuírselo, entonces la resolución es la de no ejercicio de la acción penal, que en 2023 se realizó respecto de 202,530 carpetas, es decir un 9.3% de las aperturadas.

Y si nos enfocamos en el sistema penal acusatorio, conforme a la misma fuente, ¿se han usado las nuevas figuras que permiten mayor despresurización de la procuración de justicia, de los órganos jurisdiccionales y de las cárceles? Difícilmente: únicamente se emplearon 27,858 criterios de oportunidad, que equivalen al 1.28% de las carpetas aperturadas en 2023. Respecto a mediación, conciliación y por junta restaurativa, como mecanismos alternativos de solución a controversias de naturaleza penal, se resolvieron 86,192 carpetas, es decir, sólo el 3.98% de las carpetas aperturadas en un año. Y por lo que toca al procedimiento abreviado, se resolvieron 9,161 carpetas,

---

9 MES. *Op. cit.*

es decir, un 0.42% en relación con carpetas de investigación abiertas en el mismo periodo de tiempo.

Por estas cifras, resulta claro que no se han aprovechado o usado adecuadamente, los mecanismos propios del sistema penal acusatorio, y que seguimos con prácticas que privilegian la investigación, y una mala investigación, pues entre no ejercicios de la acción penal y resoluciones de archivo, hay un número muy elevado de carpetas de investigación que hubieran requerido una mejor investigación.

Y la consecuencia natural de estas cifras, también del MES, es que únicamente se resolvieron 2,228 carpetas de investigación, en el año 2023, en una audiencia de juicio oral. Es decir, ¡0.1% de las carpetas iniciadas en un año! Cifra escandalosa pero que refleja en blanco y negro todo lo que se necesita para perfeccionar el sistema penal acusatorio en México.

Y lo anterior lleva, entre otras consecuencias, a una elevada población carcelaria, en donde también puede deducirse que ni ministerios públicos ni órganos jurisdiccionales han entendido correctamente que la prisión preventiva debe ser la excepción y no la regla. Basta analizar la información de las medidas cautelares dictadas en el año 2023. Hay que recordar la prisión preventiva es una de 14 medidas cautelares existentes en el proceso penal, de conformidad con el artículo 155 del Código Nacional de Procedimientos Penales, y tal medida debe ser la excepción conforme al texto constitucional. Sin embargo, el MES nos indica que se dictaron en total 99,948 medidas cautelares en 2023, de las cuales, 48,046 corresponden a la prisión preventiva, oficiosa y justificada, es decir, un 48% del total de medidas cautelares… ¡casi la mitad! Esto refleja que, lejos de ser la excepción, la prisión preventiva sigue siendo un vicio del sistema inquisitivo que predomina en el sistema de justicia penal, a casi 8 años de haber entrado en vigor en todo el país. Y además, el exceso de carpetas de investigación y de causas judiciales, lleva a concluir, también fácilmente, que es una utopía pensar que un proceso penal puede resolverse en 2 años, y al superarse el tiempo de investigación pensado como promedio, esto lleva a que judicialmente, aún habiendo transcurrido 2 años de una personas privada de su libertad —sin que este plazo se le pueda atribuir a la persona procesada—, ésta permanece en prisión, pensando, más que en violentar derechos humanos, en la repercusión mediática y social de que se reproche a un juez que libera a una persona cuando aún hay una investigación en curso o cuando aún no se llega a una audiencia de juicio oral.

Ahora bien, en el caso del sistema penitenciario mexicano, es importante analizar las cifras de personas privadas de la libertad a raíz de la reforma constitucional de 2008, donde además de adoptarse el sistema penal acusatorio, se toma un nuevo fin de la pena (reinserción social en lugar de readaptación social), se crean jueces de ejecución y se diseñó y expidió la Ley Nacional de Ejecución Penal, precisamente para regular, a nivel federal y estatal, la materia penitenciaria, para dar mayor certidumbre jurídica a los actos administrativos y procesos judiciales, ahora llevados ante una nueva categoría de jueces —de ejecución—.

A raíz de la entrada en vigor del sistema penal acusatorio, vale la pena analizar los datos duros, proporcionados por el cuaderno mensual de información estadística penitenciaria, emitido por la Guardia Nacional, que concentra información de los 32 sistemas penitenciarios locales y del sistema penitenciario federal,[10] que tomaremos como base en los siguientes párrafos.

De tener 247,488 personas privadas de su libertad en el año 2015, en 2016 bajó ese número a 217,488, y nuevamente disminuyó esa cifra, con total congruencia a la reforma constitucional, en el año 2017, bajando a 204,617 personas privadas de su libertad en cárceles mexicanas. Y en el año 2018, se llegó a un mínimo histórico cuando se tuvieron presas a 197,988 personas en ese año, es decir, se rompió el piso de las 200,000 personas.

Y del año 2018 al 2024, los números volvieron a elevarse: en el año 2019, aumentaron a más de 200,000 las personas privadas de la libertad, llegando a 200,936. Después, en 2020, se llegó a 214,231, y en 2021, se elevó a 222,369, y en 2022, aumentó de nuevo a 228,530, misma cifra que se elevó en 2023, hasta llegar a 231,906 personas.

---

[10] Cuaderno Mensual de Estadística Penitenciaria. *Op. cit.*

Si partimos que en 2024, el número aproximado de mexicanos se calcula en 126,705,138.[11] La cantidad de personas privadas de su libertad, equivale al 0.18% de la población nacional.

¿Y ese número es mucho o poco? En relación con el total de población, puede parecer menor, pero si partimos de que la personas privadas de su libertad (PPL) son poco más de un cuarto de millón de seres humanos, es demasiado, en términos absolutos.

Y además, si relacionamos estas cifras con las ya analizadas del sistema penal acusatorio, es fácil concluir que la falta de madurez del sistema de justicia penal en México, también está generando que aún no se resuelvan las problemáticas penitenciarias ya existentes en nuestro país. Esencialmente, persiste el resabio de un sistema inquisitivo, en donde se sigue privilegiando la prisión por sobre las otras medidas cautelares, que de nada sirve que sean 14, cuando los ministerios públicos es la que más solicitan judicialmente, sin siquiera bases mínimas de cautela procesal, y en casi la totalidad de los casos, los jueces de control conceden dicha privación de libertad, incluso sin una evaluación de riesgos procesales elaborada por una unidad de medidas cautelares, violentando incluso el artículo 164 del Código Nacional de Procedimientos Penales.

A lo anterior, se suma que en 2022 y 2023, se emitieron 2 resoluciones relevantes por la Corte Interamericana de Derechos Humanos: la sentencia del caso Tzompaxtle Tecpile y otros Vs. México, dictada el 7 de noviembre de 2022, y la del caso García Rodríguez y otros Vs. México, dictada el 25 de enero de 2023. En estas sentencias, se determinó que la prisión preventiva oficiosa en México es inconvencional, por violentar principios de tratados internacionales como la Convención Americana de Derechos Humanos (Pacto de San José), relacionados con la presunción de inocencia y con la excepcionalidad de la prisión, por ejemplo, que paradójicamente ahora ya están incluso reflejados constitucionalmente, y no lo estaban en el sistema inquisitivo mixto. Y aunque baste leer los dos primeros

---

11 Datos macro.com https://datosmacro.expansion.com/paises/mexico#:~:text=M%C3%A9xico%2C%20con%20una%20poblaci%C3%B3n%20de,15%20por%20volumen%20de%20PIB

párrafos de la Constitución Política de los Estados Unidos Mexicanos para entender el principio *Pro Persona,* tal parece que nuestros jueces y nuestras autoridades ministeriales, insisten en que primero se debe dar una reforma constitucional antes de aplicar la inconvencionalidad, y también olvidan que la "Declaración para el reconocimiento de la competencia contenciosa de la Corte Interamericana de Derechos Humanos", fue aceptada por el gobierno de México el 16 de diciembre de 1998 y se publicó en el Diario Oficial de la Federación el 24 de febrero de 1999, señalándose en su artículo primero que "*1. Los Estados Unidos Mexicanos reconocen como obligatoria de pleno derecho, la competencia contenciosa de la Corte Interamericana de Derechos Humanos, sobre los casos relativos a la interpretación o aplicación de la Convención Americana sobre Derechos Humanos...*". La prisión preventiva oficiosa, de conformidad con el artículo 19 constitucional, es aquella que se da automáticamente en ciertos delitos, sin análisis de riesgos procesales, y la inconvencionalidad debe tener como efecto, no la libertad automática, sino la generación de una audiencia para revisión de medida cautelar a efecto de analizar los riesgos procesales. Caso por caso, como se hace en cualquier país civilizado. El problema es que nuestra Constitución no sólo conserva un aroma a sistema inquisitivo, sino que también creó, y de manera expresa, situaciones propias de un derecho penal del enemigo, que hacen que Jakobs se sintiera orgulloso de sus teorías. Y este tema que se burla de los derechos humanos, aunque puede resolverse de manera fácil gracias a las sentencias de la Corte Interamericana de Derechos Humanos, se ha vuelto un obstáculo más para mantener a las personas fuera de las cárceles.

Estas sentencias internacionales, relacionadas con el sistema de justicia penal en México, ahora de corte acusatorio, y con la Ley Nacional de Ejecución Penal, nos hacen ver que, en primer lugar, se requiere un cambio constitucional para eliminar disposiciones propias de un derecho penal del enemigo, y más allá de una normatividad actualizada y específica en materia penitenciaria, se necesitan políticas públicas que, apegadas a derechos humanos y a un verdadero sistema penal acusatorio impulsen el cumplimiento cabal de la Constitución y de la Ley. Así de simple.

FALTA DE APLICACIÓN PLENA DE LA LEY NACIONAL DE EJECUCIÓN PENAL

El autor de este artículo tuvo el honor de pertenecer al grupo redactor de la Ley Nacional de Ejecución Penal, representando al Órgano Administrativo Desconcentrado Prevención y Readaptación Social, donde originalmente llegamos a alzar la voz pues no se había incluido a los sistemas penitenciarios en la redacción de esta Ley y el proyecto del Senado que estaba a punto de aprobarse, era francamente utópico pues se redactó por un ex visitador general de la Comisión Nacional de Derechos Humanos, que aunque tenía gran experiencia en esa materia, nunca había trabajado al interior de ningún sistema penitenciario y desconocía la realidad cotidiana que enfrentan las cárceles mexicanas. Ese proyecto, de haber permanecido intocado, hubiera generado no sólo un caos en su aplicación sino que colapsaría en un par de semanas todo el sistema penitenciario federal y local en nuestro país. Afortunadamente, muchas de las opiniones de autoridades penitenciarias, no sólo federales sino estatales, fueron escuchadas, y aunque no todas se plasmaron en la Ley, podemos decir que hoy contamos con un cuerpo normativo en materia de ejecución penal que recoge principios de instrumentos internacionales, que es garantista, y que en términos generales es aplicable, y más cuando se hizo una revisión final, artículo por artículo, para programar su vigencia, dependiendo de los esfuerzos penitenciarios que serían necesarios para su plena aplicación. La *vacatio legis* llegaba a 3 años, y dependía de recursos presupuestales federales y estatales, así como de esfuerzos administrativos para ser apoyados por el gobierno federal y, sobre todo, por los gobiernos estatales y municipales.

Sin embargo, a casi 6 años de haber entrado en vigor la Ley Nacional de Ejecución Penal, hoy siguen muchos temas pendientes de aplicarse, de manera generalizada, analizando a continuación los principales.

Principios rectores del sistema penitenciario

El principio de dignidad es letra muerta mientras siga habiendo sobrepoblación penitenciaria. En cifras oficiales, a enero de 2024, de las 286 cárceles que hay en el país, hay 127 con sobrepoblación, es decir, el 44.56%[12]

La sobrepoblación favorece la inobservancia de derechos humanos y el autogobierno. En muchos casos, también permite la existencia de estratos penitenciarios o "clases sociales" al interior de los centros penitenciarios. Por tanto, casi la mitad de las cárceles del país son letra muerta en el tema de la dignidad, en cuanto se refiere a sobrepoblación.

La dignidad de quienes están privados de su libertad también se da cuando las instalaciones están desatendidas, donde no se respetan derechos humanos básicos como la alimentación sana y de calidad, o la salud. Decir que no se cuenta con recursos porque los legisladores federales o locales no etiquetaron el presupuesto específico para mantenimiento, limpieza, alimentación o administración, en general, no es una justificación validada desde la perspectiva de derechos humanos.

El autogobierno, o las permisiones a ciertos sectores penitenciarios, que van desde celdas de lujo hasta el consumo de drogas y el uso de teléfonos celulares para extorsionar a personas al exterior, son prácticas no raras, desgraciadamente, y la única explicación que puede darse es la corrupción. Cuando un sistema penitenciario está dispuesto a no recibir prebendas, pagos ilegales en dinero o en especie, es entonces cuando puede cimentarse el camino hacia un país más justo y a cárceles dignas.

La igualdad es otro principio que, obviamente no se observa, cuando se habla de estratos penitenciarios, íntimamente relacionados con sobrepoblación y autogobierno. Además, aunque es un tópico obscuro y no se conoce oficialmente de manera precisa, la discriminación por cuestiones étnicas o de orientaciones/preferencias sexuales, sigue siendo un flagelo al interior de las cárceles.

La legalidad y el debido proceso son principios rectores del sistema penitenciario, pero no se observan en temas tan simples como al solicitar la revisión de medidas cautelares. Al interior del país, cuando se trata de temas locales, no importa que la Ley Nacional

---

12 Cuaderno Nacional de Estadística Penitenciaria Nacional. Enero de 2024. *Idem.*

de Ejecución Penal señale que la audiencia de revisión de medidas cautelares debe darse dentro de las 48 horas siguientes a su petición, pues cuando se atraviesa un fin de semana, en ocasiones se notifica una resolución hasta las 72 horas, y en muchas ocasiones es una explicación de no haber podido notificar en tiempo por haber sólo notificadores judiciales de guardia los fines de semana. Esta anomalía se da muy frecuentemente en diversas Entidades Federativas.

Igualmente, la violación a los principios de legalidad y de debido proceso se violentan cuando aún habiendo permanecido en prisión más de 2 años una persona, al momento de solicitar su revisión de medida cautelar, ésta se niega, y por múltiples motivos. Dichas explicaciones, que sobran puesto que la Constitución es clara (nadie puede permanecer más de 2 años en prisión preventiva), pueden señalar que "pronto" se dará una audiencia de juicio oral, por ejemplo. Y aún cuando se llegan a dar audiencia, se resuelve judicialmente que la persona permanezca en prisión al darse riesgos procesales, sin importar que el artículo 20 constitucional, apartado B, fracción IX, segundo párrafo, no prevé excepciones sino que es una disposición que tajantemente prohíbe la prisión preventiva por más de 2 años. Cuando se da la revisión por más de 2 años en prisión preventiva oficiosa, en ocasiones se llega a cambiar por prisión preventiva justificada y eso es darle la vuelta al texto constitucional: "... *La prisión preventiva no podrá exceder del tiempo que como máximo de pena fije la ley al delito que motivare el proceso y en ningún caso será superior a dos años, salvo que su prolongación se deba al ejercicio del derecho de defensa del imputado. Si cumplido este término no se ha pronunciado sentencia, el imputado será puesto en libertad de inmediato mientras se sigue el proceso, sin que ello obste para imponer otras medidas cautelares*".

La razón de ser de esta disposición constitucional es que si ha transcurrido el plazo de 2 años sin que se hubiere dictado sentencia, es culpa del sistema, no es un hecho imputable a la persona privada de su libertad. Es en la exposición de motivos de la reforma constitucional en materia de justicia penal, del 18 de junio de 2008, donde se estableció que la prisión preventiva no podría extenderse más allá de 2 años. Si se analiza el Diario de los Debates del 12 de diciembre de 2007, claramente se indica, de manera expresa, que hay una limitación de dos años a la prisión preventiva, "SI LA DEMORA ES IMPUTABLE AL ESTADO". Así, cuando haya situaciones por las que no se haya dado una audiencia de juicio oral, por ejemplo, y estas circunstancias son atribuibles a la Fiscalía General de la República, a las Fiscalías o Procuradurías estatales, al Poder Judicial Federal, o a los Tribunales Superiores de Justicia locales, es claro que la demora es imputable al Estado, no al imputado, y esto no justifica la automática libertad de la persona que sufre prisión preventiva por más de 2 años.

Y por último, el principio quizá más relevante, la reinserción, menos aún se observa cabalmente. En muchos casos, y no sin razón, se afirma que las cárceles son verdaderas escuelas del crimen. Se reitera que la corrupción es el cáncer verdadero en cualquier gobierno, y este mal no es ajeno a los sistemas penitenciarios. Si queremos una verdadera reinserción, cuando una persona ha purgado su pena, se requiere que tanto el gobierno (autoridades corresponsables y no sólo la autoridad penitenciaria) le haya dado armas para poder dedicarse a una actividad lícita saliendo de su encierro, como que la sociedad no le estigmatice. Y este cambio de convicción en la sociedad, además de antojarse por demás complicado dada nuestra historia, también implica que el propio gobierno se encargue de fomentar un cambio de visión en la ciudadanía, que permita entender que quien ya purgó su pena, quien ya sufrió por su error, debe tener una nueva oportunidad de serle útil a sí mismo, a su familia y a la sociedad. ¿Cuántas campañas de concientización sobre ex presos, han tenido impacto social? ¿Existen? Aquí otro espacio de oportunidad que debe implementarse a la brevedad. De nada sirve que —aunque no sea el caso— una persona salga de la cárcel con conocimientos para vivir de un trabajo honesto, si el mundo exterior no le dará trabajo. Y más tarde me referiré al trabajo, pues es esencial su reacondicionamiento constitucional para poder aspirar a una reinserción real en nuestro país, y para buscar prácticas sanas, que sí favorezcan el trato digno y respetuoso al interior de las cárceles y que permitan contar con habilidades para poder vivir honradamente al salir de la cárcel.

Derechos de las personas privadas de su libertad

Aunque la Ley Nacional de Ejecución Penal goza de una redacción garantista, y pese a que tiene perfectamente señalados los derechos mínimos de las personas privadas de su libertad previstos en los artículos 9 y 10, la corrupción y las malas prácticas históricas siguen impidiendo el pleno ejercicio de estos derechos.

Afortunadamente, la Ley prevé, en primer término, un procedimiento administrativo-penitenciario para hacer valer los derechos de las personas privadas de su libertad, directamente ante una autoridad penitenciaria, y de fallar esta vía, se puede recurrir dicha resolución ante un juez de ejecución para que resuelva sobre los derechos de las personas privadas de la libertad. Y además, no hay que olvidar que esta Ley prevé la visita de observadores —que aunque es una figura que puede generar vulneraciones a la seguridad penitenciaria y hasta a la seguridad nacional, ofrece bondades en materia de derechos humanos—, que también puede dar constancia de casos en los cuales no se respeten los derechos de las personas internas. Y además se puede recurrir a instancias autónomas como las comisiones nacional y estatales de derechos humanos, y se pueden presentar incluso denuncias penales por delitos cometidos por servidores públicos. Desgraciadamente, conocer todas estas vías para garantizar la observancia de los derechos de las personas privadas de su libertad, no se conoce por toda la población penitenciaria, pues uno de sus derechos, que es estar informados de los mismos, no siempre se da.

Los posibles problemas asociados con la inobservancia de derechos penitenciarios, también se van alejando de la cotidianidad si pensamos que constitucionalmente, los defensores de oficio deben ser licenciados en derecho, y ya ganan el mismo salario que un ministerio público, por lo cual se ha profesionalizado esta figura que antes se veía como una debilidad del sistema de justicia. Hay cada vez mejores defensores, pero aún así, estamos no cercanos a conseguir una defensoría de oficio profesional y conocedora de derechos penitenciarios. Aún se requiere mayor capacitación y contratación de mucho personal federal y localmente.

Autoridades para supervisión de libertad, beneficios preliberacionales y prisión preventiva

Conforme a la Ley Nacional de Ejecución Penal, hay dos beneficios preliberacionales: la libertad anticipada y la libertad condicionada. La primera extingue la pena, mientras que en la segunda, la persona puede llevar en libertad total o parcial, su última etapa de compurgamiento de la pena, con o sin instrumentos de geolocalización.

Una persona que purga su pena en libertad condicionada, requiere de una autoridad que supervise la misma. Esta figura es similar a las unidades de medidas cautelares (UMECAS), pero expresamente el artículo 26 de la Ley Nacional de Ejecución Penal prohíbe que se trate de autoridades policiales o penitenciarias, lo cual resulta lógico por la naturaleza de esta supervisión, apegada a derechos humanos y que apela no sólo a la confianza que el Estado debe ir teniendo de las personas internas, diferente a un Estado policial. Desgraciadamente, aún no operan estas autoridades o no se han constituido y, por ignorancia en algunos casos, y por falta de recursos en otros, se llega a ordenar a la UMECA local o federal, que se encargue de esta supervisión, lo cual es una violación al artículo 26 mencionado, pues las UMECAS en casi la totalidad de los casos en el país (30 de 32), pertenecen a las Secretarías de Seguridad, que son autoridades policiales.

Una problemática similar se da cuando se presenta la excepción en la ejecución de la prisión preventiva, de acuerdo al artículo 166 del Código Nacional de Procedimientos Penales, que claramente establece que cuando la persona interna tenga más de setenta años cumplidos, una enfermedad grave o terminal, o si se trata de una mujer embarazada o en periodo de lactancia, puede ejecutarse la prisión en su domicilio. Esta figura de la prisión preventiva domiciliaria es una medida cautelar de prisión preventiva (artículo 155, fracción XIV del Código Nacional de Procedimientos Penales), excepcional para la compurga de la prisión preventiva, pero no deja de ser cárcel. En cambio, el resguardo domiciliario (artículo 155, fracción XIII del Código Nacional de Procedimientos Penales), es una medida cautelar diferente de la prisión preventiva. Aunque por fuera se vea la misma situación, su naturaleza es esencial pues la supervisión de medidas cautelares distintas a la prisión preventiva debe darse por las UMECAs, de conformidad con el artículo 164, primer párrafo, del mencionado Código Nacional, mientras que la prisión preventiva corresponde supervisarse a la autoridad penitenciaria, tal y como lo señala el último párrafo del mismo artículo 164 y el artículo 166. Por eso, si la medida cautelar es prisión preventiva y se permite que una persona la lleve en su domicilio, es una excepción en su ejecución y su supervisión y vigilancia corresponde al personal de custodia del centro penitenciario donde la persona estaba privada de su libertad. En cambio, en el resguardo domiciliario, sí es una medida cautelar que puede y debe supervisarse por personal de la UMECA competente. En la práctica, parece increíble, pero ha generado múltiples imprecisiones y peticiones no sólo ilógicas sino hasta ilegales, por parte de autoridades judiciales que ordenan la supervisión de prisión preventiva domiciliaria a las UMECAs.

El conocer la diferencia entre prisión preventiva domiciliaria y resguardo domiciliario, tristemente sigue siendo un reto que requiere capacitación judicial y ministerial, y el contar con una defensa preparada que sepa solicitar una excepción en la ejecución de la prisión preventiva o un cambio de medida cautelar.

Y regresando al tema de los beneficios preliberacionales, estos se regulan de los artículos 136 a 141 de la Ley Nacional de Ejecución Penal. Sus requisitos son muy sencillos, favorecen la libertad de las personas, aunque ya no exista presunción de inocencia por existir sentencia condenatoria, pero sí conservan la esencia de derechos humanos de la misma Ley y de la reinserción social, que es el fin de la pena conforme al artículo 18 de la Constitución Política de los Estados Unidos Mexicanos. Si se buscara privilegiar un México con personas libres, y en donde se entienda y atienda la esencia de la reinserción social, se debe pensar en que la propia autoridad penitenciaria debería avisar a las personas privadas de su libertad que ya se dieron los supuestos para que solicite su libertad condicionada o anticipada, pero desgraciadamente vivimos en un país donde tal pareciere que en cuanto más tiempo esté una persona presa, es mejor para el Estado. Por ello, no apostando a que la autoridad penitenciaria o ministerial hagan valer este beneficio —la judicial no puede hacerlo pues es imparcial—, la defensa de las personas sentenciadas en prisión, debe estar siempre atenta a que si se dan las hipótesis normativas para contar con este beneficio, de inmediato lo comparta con su defenso o defensa, y se haga ver ante el órgano jurisdiccional competente. Esta es otra tarea pendiente, en un tema sensible, de la mayor relevancia, como es la libertad.

En el caso de la libertad condicionada, su supervisión puede darse con o sin monitoreo electrónico, de conformidad con el artículo 136 de la Ley Nacional de Ejecución Penal, y en este caso, es absolutamente responsabilidad de la autoridad penitenciaria, la adquisición de estas tobilleras electrónicas para geolocalización electrónica de personas. Vulgarmente se les llama "brazaletes", porque en sus orígenes se usaban en las muñecas, pero las tecnologías contemporáneas permiten utilizar estos dispositivos de geolocalización en los tobillos, y llevando pantalón, ni siquiera se notan. Al no ser estigmatizantes, y no generar un rechazo social a primera vista, se usa prácticamente ya en todo el mundo, de manera generalizada, el uso de tobilleras más que de brazaletes. El acudir a "casas de medio camino", o el poder trabajar afuera de una cárcel, son parte esencial para la correcta reinserción social de las personas, y por eso es tan importante el tener seguridad por la autoridad penitenciaria al poder localizar en todo momento a la persona interna y saber exactamente dónde se localiza.

Y pues bien, en este caso, desgraciadamente debe señalarse que prácticamente casi ninguna autoridad penitenciaria local tiene tobilleras electrónicas para geolocalización, o el software y hardware necesario, como son las antenas repetidoras, computadoras para su monitoreo permanente, etc. Sonora llegó a tener hace varios años estas tobilleras y usaba las antenas de la Secretaría de Seguridad Pública para la cabal localización de estos dispositivos, pero al parecer ya no se usan. Su adquisición es una obligación, de conformidad con el artículo 137 de la Ley Nacional de Ejecución Penal. Habrá que interpretar que su adquisición pueda ser mediante compra o incluso arrendamiento, pensando que lo que se requiere es que se tenga la disponibilidad inmediata de geolocalizadores para ser usados en los casos de libertad condicionada donde una autoridad judicial obligue a contar con monitoreo electrónico.

Y en nuestro país no hay aún suficientes ofertas tecnológicas que permitan contar con monitoreo electrónico a través de dispositivos de geolocalización, como "Koor intercomercial", "Equs GPS", "CC-IOD technologies" o "GPS Monitor", entre otras. Y aquí viene otro problema: no es suficiente que haya aún pocas empresas que presten servicios de geolocalización en tiempo real a través de dispositivos electrónicos, sino que las autoridades, como la Guardia Nacional —encargada de la UMECA federal— o algunos sistemas penitenciarios, exigen que se trate de empresas "certificadas", cuando esta disposición no la exige ni la Ley Nacional de Ejecución Penal ni el Código Nacional de Procedimientos Penales para el uso de dispositivos electrónicos como medidas cautelares (Art. 155, fracción XII), y cuando ni siquiera hay una norma oficial mexicana o un estándar que señale las características técnicas de estos dispositivos. Aunque hay dichos de familiares de personas internas que han señalado en diversos medios que en algunos sistemas penitenciarios o en algunas UMECA se les exige dinero para poder autorizar este beneficio, la realidad es que no hay bases para establecer con certeza que hay actos de corrupción, pero sí hay otros en los que puede afirmarse extrema ignorancia de nuestras autoridades, que impiden el ejercicio del legítimo derecho a la libertad, de quienes tienen impuesta la prisión preventiva como medida cautelar o a quienes se les dictó la cárcel como pena, por pedir exigencias normativas que sólo existen en su imaginación.

Información del sistema penitenciario

El contenido de la base de datos de las personas privadas de su libertad, que debe tener toda autoridad penitenciaria, está previsto en el artículo 27 de la Ley Nacional de Ejecución Penal, y el contenido de bases de datos generales, se encuentra previsto en el artículo 28 de la misma Ley, y cuando se redactaron estos preceptos, se buscó, como un presupuesto lógico, que se contara con sistemas electrónicos para tener la información en un sistema electrónico de gestión penitenciaria, que sirviera incluso para emplearse en tareas de inteligencia penitenciaria. Por ello, hablar de un sistema nacional de información estadística penitenciaria, previsto en el artículo 29 de este ordenamiento, se pensó como una consecuencia natural de dicha automatización de datos y procesos.

Se pensó en contar, también, con equipo de biométricos al ingresar o salir una persona presa, y con tabletas electrónicas empleadas por el personal de custodia para poder realizar el pase de lista con biométricos y con mayor seguridad, incluso al estar las personas al interior de sus celdas. Igualmente, dicho equipo podría emplearse cuando se dieran inspecciones o revisiones al interior de celdas o cuando se generara un incidente al interior de un centro penitenciario, puesto que el personal de custodia penitenciaria serían los primeros respondientes al conocerse de un delito o falta administrativa al interior de las cárceles.

Esta mecánica no es irreal, y es propia de sistemas penitenciarios de países europeos o de Estados Unidos de América, donde en cárceles de Los Ángeles, incluso desde que una persona ingresa, parte de la toma de biométricos implica el fotografiar tatuajes de su cuerpo, que automáticamente general las sugerencias del grupo delictivo al que pertenece o ha pertenecido. Esto es de suma utilidad puesto que en Estados Unidos de América no se tiene un flagelo como la delincuencia organizada, pero las pandillas ocupan la principal preocupación de seguridad, pues aunque hay delincuentes solitarios —francotiradores de escuelas, como ejemplo— son las pandillas quienes en las calles cometen la mayor parte de actos de violencia, venden drogas, cometen asaltos, etc. Y las principales pandillas, en la actualidad, son las de orígenes mexicano o centroamericano —*maras*—.¿Por qué no pensar en un sistema penitenciario de excelencia y bien equipado en México?

Además, contar con un mecanismo automatizado de información, manejado a través de un sistema electrónico de gestión penitenciaria, permite que los directivos década cárcel conozcan en cualquier momento cuando se tiene sobrepoblación en su centro penitenciario, o puede ser que en cualquier momento el titular del sistema penitenciario local o federal sepa, por medio de alertas, cuando hay un ingreso que sobrepasa la capacidad penitenciaria.

Igualmente, piénsese en la utilidad que en un par de segundos se pueda conocer la sobrepoblación de cualquier centro penitenciario, cuántas personas ya cumplen los requisitos para poder alcanzar un beneficio preliberacional, quienes son los internos con medidas de vigilancia especial y cuándo se terminan las mismas, o hasta temas más profundos de inteligencia penitenciaria, como conocer cuántas personas de qué asociación delictiva se encuentran en cada centro penitenciario, para poder reubicarlos dentro o fuera de dicho centro, y para tomar previsiones que eviten confrontaciones o incidentes al interior de las cárceles. Literalmente, un sistema de gestión penitenciaria puede salvar vidas al interior de las cárceles. El problema es que no hay un sistema de gestión integral desarrollado por ningún sistema penitenciario local ni en el ámbito federal. La información se conoce, en el mejor de los casos, por formar parte de las bases de datos —en ocasiones en Word o Excel— de ciertas áreas penitenciarias, pero no es información automatizada que pueda consultarse en cualquier momento de manera directa por directores de centros penitenciarios o por titulares de sistemas penitenciarios.

En el mercado ya existen sistemas de gestión específicos para centros penitenciarios, como el software "SIIP - Solución Integral de Información e Inteligencia Penitenciaria", elaborado por la empresa *Integra. Intelligence Solutions,* pero no se han adquirido por las autoridades penitenciarias. Incluso, si se busca evitar gastos o si no se cuenta con recursos presupuestarios específicos, se puede buscar que el mismo gobierno, federal o local, a través de diversas áreas y dependencias, desarrollen un sistema electrónico de gestión penitenciaria. Esto, desgraciadamente, tampoco se ha hecho.

Mediación penitenciaria

El derecho de la paz apenas ha sido tomado en cuenta en México en las últimas 2 décadas, y buscar mecanismos alternos a un proceso judicial ya es un tema cotidiano en México. Los tribunales superiores de justicia del país, son quienes habilitan a los mediadores para que puedan intervenir en procesos para judiciales, siempre que hayan cursado determinado número de horas en su capacitación impartida por la misma autoridad judicial, y habiendo aprobado un examen.

Esta figura también se incorporó en la Ley Nacional de Ejecución Penal, pensando en que podría ser una instancia que resolviera los problemas entre los mismos internos o entre los internos y la autoridad penitenciaria. Sin embargo, no existen cursos especializados, diseñados por ningún tribunal superior de justicia, que permitan perfeccionar a los mediadores en materia penitenciaria. En pocas palabras, es letra muerta esta figura, mientras los órganos judiciales no preparen un módulo de actualización para poder crear mediadores penitenciarios, no bastando la formación de un mediador convencional para poder lograr los fines previstos en la Ley Nacional de Ejecución Penal.

Trabajo penitenciario

La primera limitante para redactar este apartado de la Ley Nacional de Ejecución Penal, es el texto constitucional. Lo idóneo, sin duda alguna, es reformar la Constitución Política de los Estados Unidos

Mexicanos para incluir un apartado C en el artículo 123, específicamente denominado "Trabajo penitenciario".

Ante la falta de limitantes constitucionales específicas y ante la inexistencia de disposiciones expresas que desarrollen el tema, sólo sirve aplicar el sentido común, pero no puede negarse que existen mecanismos jurídicos, incluso como el amparo, que podrían interponerse para exigir aguinaldo o, llevado al extremo —quasi fársico—, vacaciones pagadas, que son derechos de las personas que trabajan, constitucionalmente.

Tomemos como ejemplo el régimen laboral en cárceles de Estados Unidos. Hay cárceles donde incluso se han construido anexos a las prisiones para establecer talleres de armado de autos, para que los internos puedan capacitarse y trabajar en el mismo espacio penitenciario y tengan un contacto directo con automóviles, que les permita aspirar a un empleo formal incluso el mismo día que salgan de prisión.

Así las cosas, ¿qué se necesitaría establecer constitucionalmente para el desarrollo del trabajo penitenciario?

- Sólo jornada matutina, por seguridad y orden de los centros penitenciarios.
- Jornadas de trabajo inferior a las 8 horas diarias.
- Prohibición de ciertos trabajos que comprometan la seguridad del centro penitenciario o la integridad de las personas que habiten, trabajen o visiten al mismo.
- Salario inferior al mínimo, para que pueda ser una situación atractiva para patrones y contratistas, y además por no trabajar tantas horas diarias, como se hace en Estados Unidos de América.
- Excepción de ciertas prestaciones y derechos laborales: pago de aguinaldo; pago de vacaciones; tomar vacaciones —al interior o al exterior del centro penitenciario—; no generación de derechos de antigüedad para el patrón; inaplicación de contratación preferente; etcétera.
- Prohibición de desarrollar un trabajo fuera de las instalaciones penitenciarias, para evitar traslados y eventuales riesgos de

fuga o hacia la integridad física de las personas privadas de la libertad.

- Vigencia libre del contrato respectivo, sin que haya un tiempo mínimo de contratación obligatorio.
- Beneficios fiscales para las empresas y personas físicas que contraten personas privadas de su libertad para trabajar.
- Visto bueno del Comité Técnico sobre el trabajo a desarrollar por la persona privadas de su libertad, previo a su contratación.
- Visto bueno del área de seguridad penitenciaria sobre los artículos de protección civil que deban usar las personas privadas de su libertad en el lugar destinado a desarrollar su trabajo.
- Desarrollar un sistema de pago a través de tarjetas de débito para evitar el flujo de efectivo al interior de los centros penitenciarios.
- Imposibilidad de usar estas tarjetas de débito, fuera del ámbito penitenciario.
- Distribución del ingreso por trabajo penitenciario en cuatro apartados: separar una parte de los ingresos para el pago de obligaciones alimentarias de las que la personas privada de la libertad sea deudor; otra parte para la reparación del daño a la víctima; otra parte para un fondo de apoyo para su manutención dentro del centro penitenciario y una última y cuarta parte, se queda para su personal peculio, que podrá utilizar para comprar objetos permitidos o que dejará como ahorro al salir de la cárcel, cuando el banco donde tenga sus ahorros por ingresos laborales, le deberá de entregar su saldo completo al día en se solicite, cerrando entonces su "cuenta penitenciaria".
- La posibilidad de que las personas privadas de su libertad puedan efectuar compras lícitas de objetos al interior de la cárcel, con catálogos de productos previamente autorizados por el sistema penitenciario federal o local, y con empresas que reúnan requisitos mínimos, como que estén legalmente constituidas, que operen en México y que expliquen el origen de sus productos.
- El uso de las tarjetas de débito como único mecanismo para la adquisición de objetos que puedan usar al interior de un cen-

tro penitenciario, igualmente para desechar la vieja y viciosa práctica del uso de efectivo al interior de las cárceles.

- Se deben prever expresamente los tipos de trabajo considerados en la Ley Nacional de Ejecución Penal.
- No se puede considerar a la autoridad penitenciaria como patrón sustituto.

Valgan estos 6 temas como ejemplo, de lo mucho que nos falta para lograr una plena aplicación de la Ley Nacional de Ejecución Penal. Y por último, se necesita también que tanto la Cámara de Diputados del Congreso de la Unión, como las legislaturas locales, doten anualmente de recursos a los sistemas penitenciarios federal y locales, respectivamente, para el debido mantenimiento de los centros penitenciarios, para realizar gastos operativos como adquisición de equipo de seguridad y táctico, compra de chalecos antibalas que sustituyan a los próximos a caducar o ya caducados, mantenimiento y adquisición de unidades de traslado y operativas, y para contratar más personal penitenciario así como para capacitar al ya existente. Además, en temas como intérpretes de lenguas indígenas o mediadores penitenciarios, no es que estén disponibles gratuitamente a las órdenes de los sistemas penitenciarios, sino que hay que pagar sus servicios, y siendo imposible que haya expertos de diversas lenguas en cada centro penitenciario del país, el presupuesto para su contratación debe ir de la mano de la contratación de tecnologías que permitan videollamadas en tiempo real entre las oficinas centrales de un sistema penitenciario y el lugar donde se necesita un intérprete o un mediador penitenciario. Desgraciadamente, en muchísimos casos, los recursos penitenciarios se disminuyen de un año a otro, más que aumentarse, desconociendo la importancia de contar con equipamiento adecuado, con instalaciones funcionales y con personal suficiente y profesionalizado.

¿Y LAS CÁRCELES PARA MIGRANTES?

En realidad, no son cárceles, y por tanto, la privación de la libertad en las estancias migratorias, es claramente inconstitucional, como se explicará a continuación.

Si una persona comete una falta administrativa, y se le sanciona con privación de la libertad, ésta no puede exceder de 36 horas en una prisión administrativa (Art. 21 constitucional, párrafo cuarto). Si alguien comete un delito flagrante, estará a disposición del ministerio público hasta por 48 horas —ó 96, tratándose de delincuencia organizada— (Art. 16 constitucional, párrafo décimo), y una vez que el juez le vincule a proceso, podrá establecer prisión preventiva, que no podrá exceder de 2 años (Art. 20 constitucional, apartado B, fracción IX). El sitio para permanecer privados de su libertad por un delito, es un centro penitenciario, no una estación migratoria. En las estaciones migratorias, se encuentran los extranjeros, no que hayan cometido un delito ni una falta, sino que están en espera de una resolución sobre su estancia en el país, que generalmente será el retorno a su país de origen. No se debe olvidar el artículo 33 constitucional.

¿Cuánto tiempo puede estar un extranjero privado de su libertad en una estación migratoria? No se establece ni en la Constitución Política de los Estados Unidos Mexicanos ni en la Ley de Migración, pero ni es prisión por un delito ni es sanción administrativa.

De los artículos 99, 101 y 102, de la Ley de Migración, se deriva que si se dan garantías, pueden evitar los extranjeros permanecer en las estaciones. La realidad es que, aún si conocieran estas disposiciones, los migrantes carecen de recursos para garantizar su libertad, como una fianza o geolocalizadores, por ejemplo.

Asó, la realidad es que es un camino aparentemente sin salida: ni dejarlos fuera por motivos prácticos, pues intentarán cruzar ilegalmente hacia USA, ni privarlos de su libertad por semanas pues se violan derechos humanos de adultos, mujeres y menores, y se pone en peligro su vida e integridad corporal, además de ser inconstitucional, pues al no dejarlos salir de una estación migratoria, se da una privación ilegal de la libertad.

Lo ideal sería que las estaciones migratorias sólo fueran oficinas donde las personas estuvieren sólo un par de horas en lo que responde la representación consular de su gobierno en México, para trasladarlos ahí el mismo día, o mientras se les aplica el procedimiento del artículo 33 constitucional, para expulsarlos del país y evitar así el aumento de población irregular en territorio nacional, pues su incremento exponencial ha generado que ya no se cuente con recursos para albergarlos ni siquiera como asilados políticos.

Y aunque fuere por un breve tiempo que se utilizaran por migrantes, lo adecuado sería que se acondicionaran como centros penitenciarios, no porque sean cárceles, sino para que existan protocolos de actuación y equipamiento para emergencias, de protección civil, etc., y que se garantice suministro suficiente de agua, y alimento nutritivo, suficiente y de calidad, como precisa la Constitución.

CONCLUSIONES

Las fallas en la aplicación del sistema penal acusatorio, tiene catastróficas repercusiones en el sistema penitenciario. No emplear mecanismos alternos ni procedimientos abreviados de manera regular, y el uso excesivo de la prisión preventiva, genera que el número de personas privadas de su libertad en prisiones, aumente año con año.

La tolerancia a la corrupción es un vicio que debe erradicarse de los sistemas penitenciarios, especialmente en los que se da el autogobierno y sobrepoblación.

Se debe dotar de presupuestales suficientes a todos los sistemas penitenciarios, que permitan un adecuado mantenimiento a infraestructura, adquisición de equipamiento operativo y tecnológico, contar con personal penitenciario suficiente y preparado, así como contrataciones de especialistas externos como intérpretes y mediadores.

La Ley Nacional de Ejecución Penal debe de implementarse correctamente, no sólo por autoridades penitenciarias, sino que requiere que la sociedad tome conciencia de que también tiene tareas pendientes en la reinserción social.

La Constitución Política de los Estados Unidos Mexicanos, por una parte debe desaparecer la figura de la prisión preventiva oficiosa, para cumplir con sentencias internacionales, y además debe regular de manera precisa, el trabajo penitenciario, que es uno de los pilares para el cambio hacia un sistema penitenciario de primer mundo.

FUENTES DE INFORMACIÓN

Las siguientes páginas de internet, fueron consultadas el 13 de marzo de 2024:

Cámara de Diputados. Leyes federales de México.

https://www.diputados.gob.mx/LeyesBiblio/index.htm

Comisión Nacional de Derechos Humanos. Diagnóstico Nacional de Supervisión Penitenciaria.

https://www.cndh.org.mx/web/diagnostico-nacional-de-supervision-penitenciaria

Consejo de la Judicatura Federal del Poder Judicial de la Federación de México. Dirección General de Estadística Judicial. Anexo estadístico 2023.

https://www.scjn.gob.mx/sites/default/files/informe_labores_transparencia/anexo_estadistico/2023-12/INTRO_2023.pdf

Cuaderno Nacional de Estadística Penitenciaria Nacional. Enero de 2024. Secretaría de Seguridad y Protección Ciudadana. Órgano Administrativo Desconcentrado Prevención y Readaptación Social (OADPRS). Gobierno de México.

https://www.gob.mx/cms/uploads/attachment/file/882353/CE_2022_12.pdf

Modelo de Evaluación y Seguimiento de la Consolidación del Sistema de Justicia Penal. Secretaría de Gobernación. Gobierno de México.

https://mes.segob.gob.mx/

La apelación. Nuevos supuestos de procedencia y la problemática de la actual regulación de la audiencia de alegatos aclaratorios

MARIO URIBE OLVERA

INTRODUCCIÓN

El sistema procesal penal vigente en México se diseñó, fundamentalmente, para combatir la impunidad, la ineficiencia del sistema anterior y la falta transparencia en los procedimientos penales. La inclusión de nuevos casos de procedencia del recurso de apelación y la interpretación de las normas que regulan este recurso pueden ser evaluadas según favorezcan o dificulten lograr los objetivos antes apuntados.

La apelación es un medio de impugnación vertical o devolutivo ya que tiene por objeto que una autoridad judicial de mayor jerarquía revise la resolución dictada por un inferior, que se considera errada o ilegal, para que ésta sea revocada o modificada, pudiendo ser confirmada.[1]

La apelación no es sinónimo de segunda instancia.[2] Hay casos donde este recurso sí da inicio a una segunda instancia y otros en los que no. Lo primero ocurre sólo cuando la resolución apelada sea una resolución que ponga fin a la primera instancia,[3] es decir, cuan-

---

1 Dagdug Kalife, Alfredo. "Los recursos" en VARIOS, *Manual de Derecho procesal mexicano,* Tirant lo Blanch, México, 2021, p. 667.

2 Ibidem. p. 673.

3 Vid. Molina González, Héctor. "Instancia" en VARIOS, *Diccionario Jurídico Harla,* Volumen 4 Derecho Procesal, *Oxford University Press* Harla, México, 1996, p. 106.

do se haga valer en contra de la sentencia definitiva o una resolución que ponga fin al proceso.

PROCEDENCIA

El recurso de apelación procede, es decir, es el medio idóneo, previsto por la ley para combatir algunas resoluciones tanto del juez de control como del tribunal de enjuiciamiento.

El 26 de enero de 2024, se publicó en el Diario Oficial de la Federación un decreto que reformó y adicionó los supuestos en los que procede la apelación respecto de resoluciones dictadas por el juez de control. En virtud de que los supuestos de procedencia que ya estaban previstos antes de esta reforma han sido objeto de múltiples comentarios por la doctrina, en este trabajo se analizan sólo aquellos que resultan novedosos.

Fracción IV

Con motivo de la reforma, actualmente, la fracción IV del artículo 467 del Código Nacional de Procedimientos Penales, dispone que es apelable "la negativa a autorizar actos y técnicas de investigación que requieran control judicial previo".

Existen actos de investigación que el Ministerio Público puede llevar a cabo libremente; sin embargo, todos aquellos actos que puedan afectar los derechos fundamentales de los particulares deben estar sujetos a control judicial previo.

Entre estos últimos se contemplan la exhumación de cadáveres, el cateo, la intervención de comunicaciones privadas y de correspondencia, la toma no consentida de muestras de fluidos o tejidos corporales y el reconocimiento o examen físico en los casos de que la persona involucrada no de su autorización para ello,[4] entre otros.

Anteriormente, sólo la negativa de la orden de cateo podía ser combatida a través de la apelación. Esta situación provocó que en la práctica las investigaciones se retrasaran porque los agentes del Mi-

4 Artículo 252 del Código Nacional de Procedimientos Penales.

nisterio Público se veían forzados a obtener mayores elementos antes de solicitar de nuevo la autorización correspondiente para realizar un acto de investigación que requiriera control judicial previo y, en algunos casos, provocó que incurrieran en prácticas indebidas y desleales como era el presentar sus solicitudes eludiendo el turno de los asuntos o buscando jueces más laxos. En ese sentido, la ampliación de los supuestos de procedencia de la apelación en relación con las resoluciones judiciales que niegan la autorización para llevar a cabo actos de investigación se estima conveniente pues faculta al Ministerio Público a llevar a cabo su función de investigar los delitos de manera más transparente y ágil.

Fracción VII

Con motivo de la reforma, la fracción VII del artículo 467 del Código Nacional de Procedimientos Penales actualmente prevé expresamente que no sólo será apelable el auto que resuelve la vinculación a proceso del imputado sino también el que la niega la vinculación.

En el foro se discutió si el auto de no vinculación a proceso era apelable o no ya que fracción VII del artículo 467 del Código Nacional de Procedimientos Penales, no lo mencionaba expresamente, no obstante que el término "resolver la vinculación" podía interpretarse como que el legislador preveía que cualquiera que fuera el sentido de la resolución judicial ante la petición de vinculación a proceso podría ser apelada.[5]

Además, también se consideraba que este tipo de resoluciones no podían ser apelables porque el artículo 459 del ordenamiento procesal no incluía, expresamente a la no vinculación a proceso en el catálogo de resoluciones que podían ser impugnadas por la víctima o el ofendido.

El Poder Judicial de la Federación, a través de diferentes tesis, poco a poco fue resolviendo estas cuestiones. Finalmente, la Primera

---

[5] Este argumento cobra especial vigencia ante la actual redacción de las fracciones XVI, XVII y XVIII del artículo 467 del Código Nacional de Procedimientos Penales, puesto que pudiera pensarse que la apelación sólo es procedente cuando la petición haya sido concedida y no en el caso contrario, lo cual, desde luego, resultaría absurdo.

Sala de la Suprema Corte de Justicia de la Nación determinó que este medio de defensa era procedente en contra del auto de no vinculación a proceso y que la víctima y el ofendido estaban legitimados para hacerlo valer dado que esa resolución judicial afectaba de forma indirecta su derecho a la reparación del daño[6] .

---

[6] La cuestión quedó definitivamente resuelta en la Contradicción de tesis 355/2019, que dio lugar a la jurisprudencia 54/2020, cuyo rubro y texto son los siguientes:
AUTO DE NO VINCULACIÓN A PROCESO. LA VÍCTIMA U OFENDIDO ESTÁN LEGITIMADOS PARA INTERPONER EL RECURSO DE APELACIÓN EN SU CONTRA, PORQUE AFECTA INDIRECTAMENTE SU DERECHO A LA REPARACIÓN DEL DAÑO, EN LOS CASOS EN QUE ÉSTA PROCEDA, Y PORQUE CON DICHA LEGITIMACIÓN SE ASEGURA SU DERECHO DE ACCESO A LA JUSTICIA.
Hechos: En dos procesos penales en los que se decretó un auto de no vinculación a proceso, las víctimas impugnaron dicha determinación mediante el recurso de apelación. Los Tribunales Colegiados contendientes sostuvieron criterios distintos respecto de si el auto de no vinculación a proceso afecta la reparación del daño en perjuicio de la víctima u ofendido, y entonces resolvieron de forma diferenciada sobre la legitimación de las víctimas para apelar dicho auto.
Criterio jurídico: La Primera Sala de la Suprema Corte de Justicia de la Nación considera que la víctima o parte ofendida del delito sí cuentan con legitimación para interponer el recurso de apelación en contra del auto de no vinculación a proceso, porque éste afecta de manera indirecta la reparación del daño. El auto de no vinculación a proceso tiene como consecuencia que no se continúe con la investigación, en su fase complementaria, y que no se lleve a cabo la etapa de juicio, en la que, de ser el caso, se declararía la culpabilidad del acusado y, por lo tanto, su correspondiente condena de reparar el daño.
Justificación: El artículo 459, fracción I, del Código Nacional de Procedimientos Penales faculta expresamente a la víctima o parte ofendida para impugnar aquellas determinaciones que versen sobre la reparación del daño causado por el delito, con independencia de que se hayan o no constituido en coadyuvantes del Ministerio Público. Esto legitima a la víctima o parte ofendida para apelar el auto de no vinculación a proceso, pues tal auto impide el desenvolvimiento de un proceso que entre sus culminaciones podría contener la condena a reparar el daño. Con dicha legitimación se asegura el derecho de acceso a la justicia de las víctimas o partes ofendidas, pues dadas las consecuencias que dicha determinación trae consigo, es de suma importancia que su legalidad sea controlada por el tribunal de alzada, para garantizar que la misma sólo se presentará en los casos en los que efectivamente no existen elementos para continuar con la investigación.

Fracción XI

La fracción que se comenta originalmente sólo contemplaba la procedencia de la apelación en contra de la resolución que excluía algún medio de prueba y, a raíz de su adicción, hoy también procede en contra de la resolución que admite algún medio de prueba cuando no cumpla con los requisitos legales, haya sido ofrecido fuera del término procesal correspondiente y no tenga el carácter de superveniente.

En primer término, es necesario señalar que la redacción de la actual fracción XI del artículo 467 del Código Nacional de Procedimientos Penales pudiera parecer confusa, sin embargo, debe entenderse en los términos señalados en el párrafo anterior, es decir, que el carácter superveniente del medio de prueba es lo que debe estar debidamente justificado.

Esta adicción pudiera parecer ociosa pero no lo es. El recurso de apelación, como los demás medios de defensa previstos en el sistema acusatorio oral, sólo es procedente en los casos expresamente señalados por la ley.[7]

Así las cosas, esta adición permite que las partes puedan impugnar la resolución del juez de control que en la audiencia intermedia admite un medio de prueba que no satisface los requisitos legales o cuyo ofrecimiento se hizo de forma extemporánea y no se trata de un medio de prueba superveniente.

Este medio de defensa busca evitar que el tribunal de enjuiciamiento conozca (se contamine con) información derivada de pruebas que no debieron haber sido admitidas, procurando así que el juez sólo reciba la información de mejor calidad posible para dictar la sentencia, lo cual es una expresión del principio de contradicción que rige el procedimiento penal mexicano.

---

[7] Vid. En ese sentido, el artículo 456 del Código Nacional de Procedimientos Penales dispone:
"Artículo 456. Reglas generales
Las resoluciones judiciales podrán ser recurridas sólo por los medios y en los casos expresamente
establecidos en este Código.
..."

Fracción XII

La resolución que determina la ilicitud o ilegalidad de algún dato o medio de prueba o de una prueba desahogada de forma anticipada, pueden ser objeto de apelación de conformidad con la fracción XII del artículo 467 del Código Nacional de Procedimientos Penales.

Se considera ilícito un dato, un medio de prueba o una prueba que se obtiene con violación de derechos fundamentales. La consecuencia de que el juez le de este carácter tendrá como consecuencia su exclusión o nulidad[8] y trasciende, incluso a otras materias dado que una prueba declarada nula no puede ser utilizada en ningún otro tipo de proceso.

El límite a la legítima facultad del Estado de investigar los delitos está en el respeto de los derechos fundamentales de los gobernados. Esta regla sirve también para disuadir a la autoridad de violar los derechos fundamentales de las personas durante la investigación de los delitos.[9]

Un dato o medio de prueba declarado ilícito será excluido del debate mientras que la prueba ilícita, una vez que se declare su nulidad, no será valorada por el tribunal de enjuiciamiento. Estas gravísimas consecuencias se fundan en el concepto de que al Estado no le está permitido utilizar cualquier método para obtener evidencia de la culpabilidad de una persona.[10] Sin embargo, precisamente por su gravedad es que este tipo de resoluciones pueden y resulta conveniente que sean sujetas a revisión por un tribunal superior ya que remediar una resolución errada más adelante en el procedimiento puede resultar difícil.

---

8 El artículo 264 del Código Nacional de Procedimientos Penales dispone:
Artículo 264. Nulidad de la prueba
Se considera prueba ilícita cualquier dato o prueba obtenidos con violación de los derechos fundamentales, lo que será motivo de exclusión o nulidad.
Las partes harán valer la nulidad del medio de prueba en cualquier etapa del proceso y el juez o Tribunal deberá pronunciarse al respecto.

9 Gómez Colomer, Juan-Luis. "Los principios básicos" en VARIOS, *Manual de Derecho procesal mexicano,* Tirant lo Blanch, México, 2021, p. 667.

10 Vid. Hernández Romo Valencia, Pablo. *Derecho Constitucional Penal Mexicano.* Tirant lo Blanch, México. 2020, p. 322.

Fracción XIII

Actualmente resulta procedente la apelación que se interpone en contra de la resolución del juez de control que determinó la legalidad o ilegalidad de la detención.

Obvio resulta que en el primer supuesto será el imputado y su defensor quienes promuevan el recurso mientras que será el Ministerio Público quien lo haga en el segundo supuesto.

Sin embargo, no resulta tan claro si la víctima o el ofendido están legitimados para promover la apelación en este último caso ya que el catálogo de las resoluciones que la víctima y el ofendido están legitimados para impugnar, contenido en el artículo 459 del Código Nacional de Procedimientos Penales, no contempla expresamente a la que declarar de ilegal la detención.

La cuestión no es menor ya que de declararse ilegal la detención del posible autor del delito, por regla general se tornan ilícitos aquellos indicios que hayan sido obtenidos tras la detención, lo cual puede repercutir tanto en las posibilidades de que se le condene al imputado como de que se repare el daño a la víctima o al ofendido.

Ante esta interrogante caben dos soluciones posibles, la primera basada en una interpretación restrictiva que permite llegar a la conclusión de que la víctima o el ofendido no están legitimados para impugnar la resolución que declara ilegal la detención del imputado, basándose para ello en la literalidad del artículo 459 del Código Nacional de Procedimientos Penales.

La segunda interpretación, llevaría a la conclusión de que la víctima y el ofendido sí están legitimados para impugnar este tipo de resoluciones, basándose en que el hecho de que calificar de ilegal la detención puede afectar, indirectamente, el derecho a la reparación del daño de aquellos; y que el derecho de tutela judicial efectiva comprende el deber de la autoridad judicial de buscar en cada caso la interpretación más favorable al ejercicio de la acción y ante la duda, los requisitos y presupuestos procesales deben interpretarse privilegiando la tramitación del procedimiento respectivo.[11]

---

[11] Vid. La jurisprudencia 57/2023 de la Primera Sala, con registro digital: 2026977 (*Tmx 2618662*), cuyo rubro es DERECHO A LA ADHESIÓN AL RECURSO

Tomando en consideración que esta última interpretación es más benéfica para los particulares, conforme a lo dispuesto por el artículo primero de la Constitución, se estima que debe ser la que debe prevalecer.

Sin perjuicio de lo antes dicho, vale la pena señalar que un tribunal colegiado en materia penal del primer circuito sostuvo que el hecho de que no procediera la apelación respecto de la resolución del juez de control que calificaba de legal la detención del indiciado, favorecía un "sistema limitado de recursos" en el que se privilegiaban los principios de celeridad y concentración de las audiencias y que

---

DE APELACIÓN EN EL SISTEMA PENAL ACUSATORIO Y ORAL. TIENEN LEGITIMACIÓN PARA EJERCERLO LAS PARTES QUE TENGAN DERECHO A RECURRIR LA RESOLUCIÓN IMPUGNADA.

Hechos: Los Tribunales Colegiados de Circuito contendientes sostuvieron criterios contradictorios respecto a quiénes son los sujetos legitimados para ejercer el derecho de adhesión a que se refiere el artículo 473 del Código Nacional de Procedimientos Penales. Uno de los Tribunales consideró que el artículo 473 del Código Nacional de Procedimientos Penales legitima a cualquiera de las partes del proceso penal (el Ministerio Público, la víctima u ofendido y su asesor jurídico, así como el imputado y su defensor), mientras que el otro Colegiado sostuvo que sólo tienen legitimación para acudir a la adhesión las partes que tengan intereses contrarios al apelante principal.

Criterio jurídico: La Primera Sala de la Suprema Corte de Justicia de la Nación determina, a partir de una interpretación sistemática de los artículos 105, 456, 458 y 473 del Código Nacional de Procedimientos Penales, que la legitimación para adherirse a un recurso corresponde a todas las partes del proceso penal que, a su vez, tengan derecho a interponer un recurso de apelación.

Justificación: La tutela judicial efectiva comprende el deber de los juzgadores de buscar en cada caso la interpretación más favorable al ejercicio de la acción. Ante la duda, los requisitos y presupuestos procesales deben interpretarse privilegiando la tramitación del proceso respectivo. En el caso de la adhesión, esta aproximación interpretativa debe operar con mayor razón, pues la legislación estudiada no contempla mayores restricciones en términos de las partes habilitadas para adherirse a un recurso. El artículo 473 del Código Nacional de Procedimientos Penales establece que el derecho a la adhesión le corresponde a "quien tenga derecho a recurrir". El artículo referido no restringe el campo de sujetos legitimados para acudir a la adhesión, en función de la parte que oponga la apelación principal. Ante la ausencia de una delimitación mayor, si los artículos 105, 456 y 458 establecen quiénes tienen derecho a recurrir (el imputado y su defensor, el Ministerio Público, la víctima u ofendido, y su asesor jurídico), las partes mencionadas en dichos artículos son quienes están legitimadas para adherirse a un recurso.

ello no limitaba la posibilidad del indiciado de obtener su libertad o la exclusión de los datos o medios de prueba ilícitos que hubieran sido obtenidos con motivo de su detención.[12] Este argumento pone de manifiesto que, pese a que se busque tener un sistema garantista, es importante que el legislador encuentre un equilibrio que permita que el sistema de enjuiciamiento sea eficiente, evitando prácticamente todas las resoluciones judiciales puedan ser impugnables.

Fracción XIV

En el procedimiento penal será relevante determinar la competencia por territorio y fuero a efecto de que las resoluciones que dicte la autoridad judicial sean conformes con la Constitución. En ese sentido, las resoluciones judiciales que determinen la incompetencia del órgano jurisdiccional pueden ser apeladas.

Este supuesto de procedencia de la apelación en la práctica será principalmente utilizado por el Ministerio Público y, subsidiariamente, por la asesoría jurídica de la víctima o el ofendido ya que aquél, será quien elija ante qué juez endereza la acción penal o, en su caso,

---

12 Vid. La tesis aislada con número de registro digital: 2020645 (*Tmx 1.563.170*) cuyo rubro y texto son los siguientes: RECURSO DE APELACIÓN EN EL SISTEMA PENAL ACUSATORIO. ES INADMISIBLE CONTRA LA RESOLUCIÓN DEL JUEZ DE CONTROL QUE CALIFICA DE LEGAL LA DETENCIÓN DEL INDICIADO. Los artículos 467 y 470 del Código Nacional de Procedimientos Penales establecen las reglas para la procedencia del recurso de apelación en el sistema penal acusatorio. Así, el primero prevé los supuestos en que resulta admisible el recurso contra resoluciones dictadas por el Juez de control, mientras que el segundo dispone que el tribunal de alzada lo declarará inadmisible en caso de deducir que la determinación recurrida no es controvertible a través de ese medio de impugnación; de donde se colige que el recurso de apelación es inadmisible contra la resolución del Juez de control que califica de legal la detención del indiciado, al no encontrarse entre los supuestos que para la procedencia de dicho medio de impugnación prevé el código citado; ello, con miras a privilegiar un "sistema limitado de recursos" donde la justicia gire sobre los principios de celeridad y concentración de las audiencias, lo que no implica limitar la posibilidad del indiciado de obtener su libertad, ni impedir la exclusión por ilicitud de los datos de prueba obtenidos con motivo de su captura, pues su libertad ahora depende del auto de vinculación a proceso y de la imposición de medidas cautelares, en tanto que la exclusión de datos de prueba ilícitos podrá debatirse en la propia audiencia inicial.

formula sus peticiones para recabar la autorización para llevar a cabo actos de investigación.

Fracción XV

El plazo de cierre de la investigación complementaria es determinado por el juez de control al final de la audiencia inicial, previa propuesta o debate entre las partes.[13]

Dicho plazo puede ser prorrogado por el juez siempre y cuando la suma de la prórroga y del plazo concedió originalmente no excedan de dos meses para el caso de delitos cuya pena máxima no exceda los dos años de prisión, ni de seis meses si la pena máxima excediere de ese tiempo.[14]

La negativa para autorizar la prórroga del plazo de investigación complementaria es apelable a raíz de la reforma que se viene comentando. Sin embargo, tomando en consideración que la apelación en materia penal se admite, por regla general, en efecto devolutivo, no será obstáculo para que el Ministerio Público lleve a cabo los actos concernientes al interés que representa en tanto no se resuelva la apelación correspondiente. En virtud de ellos, las demás partes tendrán que hacer lo propio para que el procedimiento no quede paralizado. Esto, sin duda, puede representa una desventaja para la defensa que se verá obligada a hacer su descubrimiento probatorio aún y cuando a la postre se pueda autorizar la prórroga en el plazo de la investigación complementaria.

Fracción XVI

La orden de comparecencia, al igual que la orden de aprehensión, debe ser solicitada por el Ministerio Público y autorizada por el juez de control.[15] La resolución que la autorice o la niegue, es decir, la que resuelva sobre la solicitud respectiva puede ser objeto de apelación.

---

13 Artículo 321 del Código Nacional de Procedimientos Penales.

14 Ídem.

15 Artículo 141, fracción II del Código Nacional de Procedimientos Penales.

Toda vez que la solicitud de la orden de comparecencia se realiza en una audiencia privada y la resolución respectiva se dicta con la secrecía necesaria para lograr su eficacia,[16] este medio de defensa sólo puede ser interpuesto por el Ministerio Público.

Fracción XVII

La víctima y el ofendido pueden solicitar a la autoridad jurisdiccional, la restitución de sus bienes, objetos, instrumentos o productos del delito, ello como una medida provisional siempre y cuando la naturaleza del hecho lo permita y haya suficientes elementos para decidirlo.[17]

Asimismo, los instrumentos, objetos y productos del delito que hayan sido asegurados durante la investigación, deberán ser devueltos cuando el juez levante el aseguramiento o no decrete su decomiso.[18]

Estas resoluciones judiciales pueden ser objeto de apelación de conformidad con lo dispuesto por el artículo XVII del 467 del Código Nacional de Procedimientos Penales.

Fracción XVIII

La reforma de constitucional de 18 de junio de 2008 dio a la víctima y al ofendido un papel más importante en el procedimiento penal permitiéndole mayor participación con la finalidad de tener un verdadero acceso a la justicia y obtener así la reparación del daño.

Así las cosas, la fracción XVIII del artículo 467 del Código Nacional de Procedimientos Penales permite que las partes puedan apelar la resolución que dicte la autoridad judicial en el medio de defensa previsto por el artículo 258 del mismo ordenamiento, en tratándose del no ejercicio de la acción penal. Anteriormente, el medio de defensa procedente era el juicio de amparo indirecto.

Vale la pena señalar que el Poder Judicial de la Federación, ha reconocido que la resolución que aprueba el no ejercicio de la acción

---

16 Artículo 143 del Código Nacional de Procedimientos Penales.

17 Artículo 111 del Código Nacional de Procedimientos Penales.

18 Artículo 245 del Código Nacional de Procedimientos Penales.

penal como el que lo revoca, pueden causar agravio a la víctima o el ofendido, o a estos[19] y al imputado,[20] respectivamente.

Además, la determinación de no ejercicio de la acción penal que ha sido confirmada por la autoridad judicial tiene los efectos de una sentencia absolutoria e impide una nueva investigación por los mismos hechos.[21] De ello, deriva la conveniencia de sujetar a la resolución judicial que aprueba dicha determinación, a un recurso ordinario ya que da por concluido el procedimiento penal e impide una nueva investigación y persecución de los mismos hechos.

AUDIENCIA DE ALEGATOS ACLARATORIOS

El recurso de apelación debe interponerse por escrito ante el mismo juez que dictó la resolución combatida y en el mismo escrito se deberán expresar los conceptos de agravio que dicha resolución le

---

19 Vid. La tesis con registro digital: 2022946 (*Tmx 1843072*), Instancia: Tribunales Colegiados de Circuito; Décima Época; Materias(s): Común, Penal; Tesis: I.5o.P.80 P (10a.); Fuente: Gaceta del Semanario Judicial de la Federación. Libro 85, Abril de 2021, Tomo III, página 2303; Tipo: Aislada; cuyo rubro es "NO EJERCICIO DE LA ACCIÓN PENAL. SI EN AMPARO INDIRECTO LA VÍCTIMA RECLAMA LA DETERMINACIÓN DEL JUEZ DE CONTROL QUE LO REVOCA Y ORDENA LA DEVOLUCIÓN DE LA CARPETA DE INVESTIGACIÓN AL MINISTERIO PÚBLICO PARA QUE CONTINÚE CON SU INTEGRACIÓN, EL JUEZ DE DISTRITO NO DEBE REALIZAR UNA APRECIACIÓN SUPERFICIAL DE DICHO ACTO Y AFIRMAR CATEGÓRICAMENTE QUE NO AFECTA SU INTERÉS JURÍDICO Y, POR ENDE, DECRETAR EL SOBRESEIMIENTO AL ESTIMAR ACTUALIZADA LA CAUSA DE IMPROCEDENCIA RELATIVA PUES, PARA ELLO, REQUIERE ESTUDIAR LA PARTICULARIDAD DEL CASO (INAPLICABILIDAD DE LA JURISPRUDENCIA 1a./J. 87/2008)".

20 Vid. La tesis con número de registro digital: 2024502 (*Tmx 2415558*); Instancia: Primera Sala; Undécima Época; Materias(s): Penal, Común; Tesis: 1a./J. 6/2022 (11a.); Fuente: Gaceta del Semanario Judicial de la Federación. Libro 12, Abril de 2022, Tomo II, página 1119; Tipo: Jurisprudencia; cuyo rubro es "INTERÉS JURÍDICO EN EL JUICIO DE AMPARO INDIRECTO. LO TIENE EL IMPUTADO PARA PROMOVERLO EN CONTRA DE LA RESOLUCIÓN DEL JUEZ DE CONTROL QUE REVOCA LA DETERMINACIÓN MINISTERIAL DE NO EJERCICIO DE LA ACCIÓN PENAL Y ORDENA LA CONTINUACIÓN DE LA INVESTIGACIÓN (SISTEMA PENAL ACUSATORIO)".

21 Artículo 255 del Código Nacional de Procedimientos Penales.

causa a la parte apelante.[22] El apelante o el adherente a la apelación puede expresar su deseo de exponer oralmente alegatos aclaratorios sobre los agravios ante el Tribunal de Alzada, pero esto tiene que hacerlo en el mismo escrito en el que interpuso el recurso y expresó agravios, o en el que se adhirió a la apelación.[23]

En la audiencia de alegatos aclaratorios verbales, el apelante o el adherente no pueden plantear nuevos conceptos de agravios ya que esto contravendría el principio de paridad de armas y de contradicción que rigen nuestro sistema de enjuiciamiento ya que las partes no estarían preparadas para responder a los agravios novedosos. Sin embargo, el tribunal puede solicitar las aclaraciones que juzgue pertinentes sobre las cuestiones planteadas en los respectivos escritos.[24]

Esta regulación ha planteado en la práctica diversos problemas. En primer término, debe señalarse que no tiene mucho sentido que un abogado que redacta un escrito de apelación sea, intencionalmente, poco claro al expresar los conceptos de agravio, pretendiendo posteriormente aclararlos verbalmente.

Por otro lado, ante la imposibilidad de plantear cuestiones que excedan los conceptos de agravio expuestos por escrito, la audiencia de alegatos aclaratorios se ha convertido, con frecuencia, en una diligencia donde los abogados repiten lo mismo que expresaron por escrito, haciendo perder el tiempo a los juzgadores y a las demás partes.

Además, no es poco frecuente que los Tribunales de Alzada, prevengan a los apelantes para que reiteren su petición de formular alegatos verbales,[25] sobre todo cuando los conceptos de agravio expuestos por escrito son claros.

---

22 Artículo 471, párrafos primero y cuarto, del Código Nacional de Procedimientos Penales.

23 Ibidem, último párrafo.

24 Artículo 477 del Código Nacional de Procedimientos Penales.

25 Tan común resulta que ha dado lugar a que se determine, por jurisprudencia por reiteración, que es una práctica indebida. En ese sentido puede consultarse la jurisprudencia con número de registro digital 2028050, cuyo rubro y texto son los siguientes: AUDIENCIA DE ALEGATOS ACLARATORIOS SOBRE LOS AGRAVIOS, PREVISTA EN EL ARTÍCULO 476 DEL CÓDIGO NACIONAL DE PROCEDIMIENTOS PENALES. BASTA SU SOLICITUD PARA QUE EL TRI-

Sin embargo, tomando en consideración que a la autoridad judicial le está prohibido tratar cualquier cuestión relacionada con el procedimiento con una de las partes sin que estén presentes las demás, puede interpretarse que el verdadero sentido de la audiencia de alegatos aclaratorios es permitir que las partes formulen alegatos de

---

BUNAL DE ALZADA FIJE FECHA Y HORA PARA CELEBRARLA, SIN QUE SE REQUIERA REITERAR LA PETICIÓN, PUES REQUERIRLO ACTUALIZA UNA VIOLACIÓN AL PROCEDIMIENTO QUE AMERITA SU REPOSICIÓN. Hechos: Al interponer el recurso de apelación contra la sentencia definitiva el quejoso manifestó expresamente su deseo de exponer oralmente alegatos aclaratorios sobre los agravios, como lo permite el último párrafo del artículo 471 del Código Nacional de Procedimientos Penales. Sin embargo, el Tribunal de Alzada no fijó hora y fecha para la celebración de la audiencia correspondiente y lo requirió para que expresara si reiteraba su intención de exponer dichos alegatos, apercibido que de no hacerlo, se le tendría por desinteresado de efectuar las aclaraciones respectivas y se continuaría con el trámite del recurso; luego, ante el incumplimiento, hizo efectivo el apercibimiento y resolvió sin desahogar la audiencia de alegatos aclaratorios sobre los agravios, prevista en el artículo 476 del propio código.
Criterio jurídico: Este Tribunal Colegiado de Circuito determina que basta la solicitud expresa del recurrente en su escrito de interposición del recurso, al contestarlo o al adherirse a él, en el sentido de celebrar la audiencia de alegatos aclaratorios sobre los agravios, para que el Tribunal de Alzada fije fecha y hora para llevar a cabo la audiencia prevista en el segundo párrafo del artículo 476 del Código Nacional de Procedimientos Penales, sin que se requiera reiterar la petición, pues de no hacerlo de esa manera se actualiza una violación al procedimiento con trascendencia a las defensas del quejoso, en términos del artículo 173, apartado B, fracción XVI, de la Ley de Amparo, que amerita su reposición.
Justificación: De conformidad con el principio de impartición de justicia completa e imparcial, la garantía de audiencia y la oralidad en el proceso penal acusatorio, si alguna de las partes solicita exponer oralmente alegatos aclaratorios sobre los agravios, el tribunal de apelación está obligado a convocar a la audiencia correspondiente y recibir las aclaraciones verbales relativas, en términos de los artículos 471 y 476 del Código Nacional de Procedimientos Penales, dado que en ninguno de ellos se establece la posibilidad de prevenir, requerir, ni apercibir a quien así lo solicitó. Al contrario, el segundo de dichos preceptos prevé que el Tribunal de Alzada decretará lugar y fecha para llevar a cabo dicha audiencia. Ese mecanismo, por un lado, se erige como garantía del recurrente para esclarecer los agravios o encaminar de manera puntual su más encarecida pretensión central y, por otro, debe ser asumido como una herramienta al alcance del órgano jurisdiccional para facilitar su tarea en la precisión de los motivos de agravio y la forma en que deberá atenderlos para resolver el recurso conforme a los principios de exhaustividad, prontitud y congruencia.

oreja ante la autoridad judicial, sin que se contravenga el principio de contradicción e igualdad entre las partes.

Esto no impide que los miembros del Tribunal de Alzada puedan, en caso de que se convoque a la audiencia respectiva, pedir las aclaraciones que juzguen convenientes en relación con los agravios planteados.

FUENTES CONSULTADAS

Código Nacional de Procedimientos Penales

Hernández Romo Valencia, Pablo. *Derecho Constitucional Penal Mexicano.* Tirant lo Blanch, México. 2020

Varios, *Diccionario Jurídico Harla,* Volumen 4 Derecho Procesal, *Oxford University Press* Harla, México, 1996.

Varios, *Manual de Derecho procesal mexicano,* Tirant lo Blanch, México, 2021.

El Procedimiento Abreviado como derecho del Imputado en el Sistema Penal Acusatorio en México

JAVIER COELLO ZUARTH
LESLY FERNANDA VALENCIA GONZÁLEZ
ÁLVARO MENDOZA MARTÍNEZ

Desde antes de que entrara en vigor el Código Nacional de Procedimientos Penales, diversos Estados de la República legislaron sus propios códigos de procedimientos penales de corte acusatorio, abandonando el sistema de justicia penal mixto por motivo de la reforma constitucional del 2008; la mayoría de ellos atribuyéndole al Ministerio Público la facultad exclusiva de solicitar la forma de terminación anticipada conocida como el procedimiento abreviado, mientras que, por otro lado, algunos consideraron pertinente legitimar al acusado para solicitar acceso a esta forma de terminación anticipada.

Esta distinción partió de dos interpretaciones del mismo precepto constitucional; la fracción VII del apartado A del artículo 20 de la Constitución Política de los Estados Unidos Mexicanos, cuyo texto había sido recientemente reformado el 18 de junio de 2008 estableciendo que, una vez iniciado el proceso penal, siempre y cuando no existiese oposición del inculpado, se podría decretar su terminación anticipada en los supuestos y bajo las modalidades que determinase la ley.

Al respecto caben, a criterio nuestro, dos interpretaciones del precepto referenciado: 1) tomarlo como una herramienta de política criminal a favor de los órganos acusadores, para que fuese utilizada discrecionalmente, entendiendo la oposición del inculpado como nada más que eso: una simple oposición pues sería imposible negarle su derecho a un debido proceso y su derecho a un juicio público y oral; o 2) considerando que esta oposición del inculpado es en verdad la renuncia de un derecho en favor de otro y que por lo tanto debería de permitírsele al inculpado solicitar el acceso a la misma, concluyendo que se trata de un derecho subjetivo del imputado.

Este debate se llevó al proceso parlamentario al estarse redactando el nuevo código procesal nacional aplicable en la materia, concluyéndose que este procedimiento de aceleración procesal debía ser considerado como la primera de estas dos opciones de interpretación.

No compartimos dicha aseveración; y aunque casi toda la normatividad vigente indique que el procedimiento abreviado es una herramienta de política criminal a cargo de las fiscalías, consideramos que, si bien es muy respetable esa afirmación, no es congruente con el espíritu de la ley de esta reforma y de la interpretación exigida por el orden convencional y constitucional en respeto de los derechos humanos de los acusados.

En este marco introductorio es que se propone como solución a diversas problemáticas de nuestro sistema de justicia penal, el reconocer al procedimiento abreviado como un derecho subjetivo del inculpado, y no como una facultad exclusiva del agente del Ministerio Público como instrumento de política criminal, al ser este último, el único sujeto procesal legitimado para solicitar su apertura de conformidad con el Código Nacional de Procedimientos Penales actual.

El nuevo sistema procesal penal acusatorio requiere que los operadores de este sistema; jueces, fiscales, litigantes y demás sujetos procesales por igual, realicemos un cambio de mentalidad en pro y beneficio de los derechos humanos de los particulares que se ven involucrados en las controversias jurídicas del orden penal, encarnando los valores de un sistema democrático y justo para todos.[1]

1 Mendoza Martínez, A. (2022) *El Procedimiento Abreviado como Derecho Humano del Imputado en el Sistema Penal Acusatorio en México.* México, Universidad Panamericana, P 8.

REGULACIÓN DEL PROCEDIMIENTO ABREVIADO EN MÉXICO

Constitución Política de los Estados Unidos Mexicanos

El procedimiento abreviado tiene su fundamento constitucional en el artículo 20 apartado A en su fracción VII:[2]

> *Artículo 20. El proceso penal será acusatorio y oral. Se regirá por los principios de publicidad, contradicción, concentración, continuidad e inmediación.*
>
> *De los principios generales:*
>
> *VII. Una vez iniciado el proceso penal, siempre y cuando no exista oposición del inculpado, se podrá decretar su terminación anticipada en los supuestos y bajo las modalidades que determine la ley. Si el imputado reconoce ante la autoridad judicial, voluntariamente y con conocimiento de las consecuencias, su participación en el delito y existen medios de convicción suficientes para corroborar la imputación, el juez citará a audiencia de sentencia. La ley establecerá los beneficios que se podrán otorgar al inculpado cuando acepte su responsabilidad;*
>
> *(...)*[3]

Este procedimiento parte de la idea de que se deben privilegiar las salidas alternas al desarrollo completo de los juicios orales atendiendo a la necesidad de una justicia pronta y expedita en favor del imputado, pero también de la víctima; resultando en una despresurización del sistema penal a efecto de reducir los costos de administración de justicia y conseguir una rápida reparación del daño para las víctimas u ofendidos.[4]

Se exige que, para que se pueda decretar la terminación anticipada, el imputado no debe presentar oposición. Este segmento ha sido interpretado por la doctrina de diversas formas.

Partiendo de la definición de derecho subjetivo de Jhering, en la que establece que "es un interés jurídicamente protegido", o de la de Jellinek, en la que refiere que "es un interés tutelado por la ley, mediante el reconocimiento de la voluntad individual", es que podemos

---

2 Valadez Díaz, M. (2019) *Procedimiento Abreviado.* México, Editorial Flores, P 9.

3 México. Constitución Política de los Estados Unidos Mexicanos vigente 2024. *Cámara de Diputados.*, 10 de Marzo de 2024.

4 Medina Mora Icaza, E. T. Op Cit. P 545.

afirmar que el procedimiento abreviado es un derecho subjetivo a favor del imputado, pues de manera literal se establece en la Constitución que "*Una vez iniciado el proceso penal, siempre y cuando no exista oposición del inculpado, se podrá decretar su terminación anticipada...*" es decir, el imputado puede oponerse o consentir la aplicación del procedimiento abreviado y dicha expresión de la voluntad está reconocida en el texto constitucional para que sea aplicada en "*los supuestos y bajo las modalidades que determine la ley*".

Por un lado, parece claro que la elección del imputado entre si rechazar o acogerse al procedimiento abreviado, constituye un derecho subjetivo del acusado. Sin embargo, queda sub iudice a los supuestos y bajo las modalidades que determine la ley. Es decir, que está a su discreción el acceder al procedimiento abreviado porque el hacerlo incluye forzosamente la renuncia a múltiples derechos que le asisten. En cualquier caso, la renuncia de un derecho para acceder a otro implica el ejercicio de un derecho. En este caso, un derecho que considere más beneficioso a su persona, de acuerdo con su estrategia y la de su defensa.

Por su parte, se impone la obligación del Juez de no solo sentenciar en virtud de este reconocimiento de responsabilidad, sino que debe analizar si existen medios de convicción suficientes para corroborar la imputación. Es decir, toda vez que la confesión del imputado no es suficiente para obtener una sentencia condenatoria y los medios de convicción pudieran no ser suficientes para corroborar la imputación; existe la posibilidad de una sentencia absolutoria.

Finalmente se comenta que la ley establecerá los beneficios que se le pueden otorgar al inculpado cuando acepte su responsabilidad.

Una vez atendido el fundamento constitucional donde se ve recogido el procedimiento abreviado, pasemos a su regulación secundaria en el Código Nacional de Procedimientos Penales.

Código Nacional de Procedimientos Penales

El procedimiento abreviado está regulado en los capítulos I sobre las Disposiciones Comunes; y IV sobre el Procedimiento Abreviado en específico, ambos capítulos del título I denominado de las Soluciones Alternas y Formas de Terminación Anticipada; del libro segundo relativo al Procedimiento del Código adjetivo en la materia.

El capítulo I, al que se hizo referencia establece las disposiciones comunes que deben observarse dentro de los acuerdos reparatorios, la suspensión condicional del procedimiento y el procedimiento abreviado. Al respecto debemos comentar que existe un registro de las salidas anticipadas a las que accedan los imputados para que éste se tome en cuenta antes de que se solicite o se conceda alguna de estas formas de terminación acelerada. También se precisa que el Procedimiento Abreviado es la única forma de terminación anticipada que se prevé en el código.[5]

Sigamos con el Capitulo IV relativo al Procedimiento Abreviado *per se.*

El artículo 201 del Código en mención[6] nos habla de los requisitos de procedencia y verificación que debe analizar el Juez para poder autorizar el procedimiento abreviado:

I. Que el Ministerio Público solicite el procedimiento, para lo cual deberá formular la acusación y exponer datos de prueba que la sustenten. Esta acusación debe ir de acuerdo con el artículo 335 de este Código, mencionando los hechos que se le atribuyen al acusado, su clasificación jurídica y grado de intervención, así como las penas propuestas y el monto destinado para la reparación del daño, en caso de que exista. En este sentido, se entiende que el Ministerio Público es el único sujeto procesal legitimado para solicitar su apertura, previo a esto debe haber consultado los registros respectivos para ver si el imputado había accedido.
II. Que la víctima u ofendido no presente oposición fundada. El mismo Código Nacional de Procedimientos Penales en su

5 México. Código Nacional de Procedimientos Penales vigente 2024. *Cámara de Diputados.*, 12 de marzo de 2024.

6 México. Código Nacional de Procedimientos Penales vigente 2024. *Cámara de Diputados.*, 14 de marzo de 2024.

artículo 204[7] nos dice qué debe entenderse por oposición fundada.

III. Que el imputado reconozca estar debidamente informado de su derecho a un juicio oral como procedimiento ordinario para probar su inocencia, así como de los alcances del procedimiento abreviado para que una vez informado de estas situaciones renuncie expresamente al juicio oral, consienta la aplicación del procedimiento abreviado, admita su responsabilidad por el delito que se le imputa y acepte ser sentenciado con los medios de convicción que exponga el Ministerio Público para soportar su acusación.[8]

Estos requisitos nos dejan entrever que según la ley, el Ministerio Público es el único legitimado para solicitar la apertura del procedimiento abreviado, sin embargo, a nuestra consideración al analizar la fracción tercera concerniente a los requisitos con los que debe cumplir el imputado se ve expresamente la renuncia que el imputado hace de ser juzgado en audiencia de juicio oral dentro del procedimiento ordinario con todas las formalidades del proceso y en pleno ejercicio de varios derechos que le asisten.

Solo puede renunciar a un derecho si va a acceder a otro. Como ya se comentó con anterioridad, existe un derecho subjetivo a favor del inculpado. La voluntad a la que hace alusión el artículo 20 apartado A fracción VII hace referencia al derecho que tiene el imputado de elegir ser juzgado ya sea por la vía del procedimiento ordinario o por este medio de aceleración del procedimiento, no debe entenderse como un mero consentimiento de ser juzgado conforme a este medio de terminación anticipada, sino como el ejercicio de un derecho en detrimento de otro, en virtud de una estrategia procesal de la defensa.

Si el imputado no ha sido condenado anteriormente por la comisión o participación en la comisión de un delito doloso y el delito por el cual se le acusa en el presente tiene una pena cuyo término medio

---

7 México. Código Nacional de Procedimientos Penales vigente 2024. *Cámara de Diputados.*, 14 de marzo de 2024.

8 México. Código Nacional de Procedimientos Penales vigente 2024. *Cámara de Diputados.*, 14 de marzo de 2024.

aritmético sea menor de cinco años; se podrá reducir su pena hasta en una mitad de la pena mínima si se trata de un delito doloso o hasta dos terceras partes de la mínima si se le acusa de un delito culposo.

Por otro lado, si el imputado ya cuenta con alguna sentencia condenatoria por la comisión de un delito doloso se podrá reducir su pena hasta en un tercio de la pena mínima en caso de que le acuse de un delito doloso o hasta en una mitad en caso de los delitos culposos.

Siguiendo el principio de oralidad que rige el sistema, la acusación que obre por escrito con anterioridad a la celebración de esta audiencia puede ser modificada verbalmente.

El último párrafo del artículo 202 de la codificación nacional adjetiva en la materia habla de los criterios que debe observar el Ministerio Público al momento de solicitar la reducción en la pena. Se menciona que deberá observar el Acuerdo que para tal efecto emita el Procurador; que es el Acuerdo General A/017/2015 emitido por el entonces Procurador General de la República.[9]

En este sentido el Fiscal, previo a realizar la solicitud de apertura del procedimiento abreviado deberá establecer cuál será su solicitud de reducción en la pena, si es que hubiera alguna por cuestión de política criminal en virtud de la cooperación que brinda el imputado al admitir su responsabilidad por el hecho del que se le acusa.[10]

Estado de México

El Código de Procedimientos Penales para el Estado de México, de corte acusatorio, fue publicado meses después de la reforma de 2008 y nos permitiremos ahondar de mayor manera en él. Debemos partir de la exposición de motivos del 25 de junio de 2008 que sienta las bases para la creación de este código. Se menciona que se pretende cambiar el sistema de justicia penal en el Estado de México y en México en general, pues se vive una situación de inseguridad in-

---

9 Diario Oficial de la Federación (2015): *ACUERDO A/017/2015 por el que se establecen los criterios generales y el procedimiento que deberán observar los agentes del Ministerio Público de la Federación, para solicitar la pena en el procedimiento abreviado.* Disponible en: https://www.dof.gob.mx/nota_detalle.php?codigo=5382981&fecha=23/02/2015 [Consulta: 10 de Marzo de 2024]

10 Brito Salcedo, Á. Op Cit. p 143.

controlable en la que ha germinado la delincuencia organizada y ha aumentado la incidencia delictiva de delitos de alto impacto.

Se toman en consideración aportaciones desde la ciencia política, pues se replantea cuál es el papel o la función del Derecho en una sociedad democrática, pese a la cual existen problemas de violencia fuera de la ley, ejercida tanto por agentes de la policía como por particulares. Se cobra conciencia de las limitaciones que deben existir a la potestad punitiva del Estado y que se debe proteger a los particulares, pues tanto las víctimas como los imputados se encontraban en una situación de desventaja frente a la representación social en el sistema tradicional o mixto.

El problema del proceso penal mexicano no consiste en la ausencia de los principios de oralidad, inmediación, contradicción y publicidad, sino que su justificación reside en una falta de aplicación de la norma.[11] Sin embargo, a nuestra consideración, dichos principios favorecen la aplicación correcta de la norma, que es el problema de fondo que identifican los legisladores del Estado de México, el cual desafortunadamente sigue vigente, aun con la reforma al sistema penal acusatorio, pues algunas actuaciones no están sujetas a estos principios y los controles en los que se traducen, como lo es la determinación del Ministerio Público de aceptar o negar la solicitud de aperturar el procedimiento abreviado.

El Ministerio Público resuelve de manera escrita y secreta cómo proceder respecto de la exhortación del imputado de aperturar un procedimiento abreviado y resuelve dicha solicitud de manera unilateral y sin que exista un recurso efectivo contra tal determinación que, a menudo, sin el control jurisdiccional debido peca de ser arbitraria en flagrante violación a los derechos humanos del imputado y a los principios que rigen a toda autoridad referentes a la certeza, legalidad, independencia, imparcialidad, eficacia, objetividad, profesionalismo, transparencia y máxima publicidad.

Los legisladores del Estado de México identifican el problema de fondo que es la falta de aplicación de la norma y coinciden en que el imputado tiene derecho de acceder al procedimiento abreviado y

---

11 *Ibidem.*

lo facultan para solicitarlo cuando se cumplan ciertos requisitos y no haya oposición fundada de las contrapartes.

En el artículo 314 del Código de Procedimientos Penales en comento se aprecia que el imputado tiene el derecho de solicitar el procedimiento abreviado.

> *"Artículo 314. Antes de la audiencia intermedia, por escrito, o al inicio de la misma, en forma verbal, el acusado podrá:*
> *(...)*
> *V. Solicitar el procedimiento abreviado."*

Además, de la lectura del segundo párrafo del artículo 388 se prevé literalmente que el imputado también puede solicitar la apertura de este mecanismo de aceleración cuando admita el hecho que se le atribuya en la acusación y consienta en la aplicación de este procedimiento y que no se presente oposición por parte de la víctima u ofendido coadyuvante.

> *"Artículo 388. El procedimiento abreviado se tramitará a solicitud del ministerio en los casos en que el imputado admita el hecho que se le atribuya en la acusación y consienta en la aplicación de este procedimiento, y el acusador coadyuvante, en su caso, no presente oposición fundada.*
> *También, podrá formular la solicitud el imputado siempre y cuando se reúnan los requisitos del párrafo anterior y no exista oposición del ministerio público."*

De lo anterior podemos concluir que en el Estado de México en los casos en los que todavía pudiera ser aplicable el código procesal en cuestión, los imputados sí pueden solicitar la apertura del procedimiento abreviado mientras se cumplan todos los requisitos y no exista oposición fundada ni por la fiscalía ni por la víctima u ofendido.

Para robustecer este argumento, nos permitimos hacer referencia a una sentencia de la Primera Sala Colegiada Penal del Distrito Judicial de Texcoco en el Estado de México integrada por los magistrados Sergio Castillo Miranda, Elaine Dolores Nava García y Alfredo Cid Patoni, en la cual resolvió un recurso de apelación en el toca número 429/2015 en contra de la negativa de aperturar el procedimiento abreviado solicitado por los acusados y su defensa, en la que resuelve que el procedimiento abreviado sí es, en efecto, un derecho del imputado, haciendo alusión, en sus considerandos, al artículo 314 citado textualmente en los párrafos que antecede.

En dicho asunto los acusados y la defensa privada solicitaron la apertura del procedimiento abreviado con fundamento en el artículo 314 del código procesal aplicable al caso, sin embargo, tanto la Fiscalía como los ofendidos se opusieron a dicha solicitud. El Juez de Control parte de la explicación de cuáles son los fines del proceso penal; el esclarecimiento de los hechos, procurar que el culpable no quede impune, proteger al inocente y reparar el daño causado a las víctimas u ofendidos, desarrollando que en un sistema penal acusatorio el órgano del Ministerio Público es quien tiene la carga de la prueba y esa obligación se contrapone directamente con el derecho reconocido de los imputados o acusados de acceder a este medio de terminación anticipada.

Hablamos de una colisión de derechos pues, si bien, de una interpretación armónica de los artículos 17 y 20 apartado A fracción VII de la Constitución Federal se desprende que los imputados gozan de ese derecho de acceder al procedimiento acelerado, lo cierto es que también, en un ámbito de igualdad procesal, de los artículos 20 y 21 del mismo ordenamiento se desprende la obligación o facultad de la Representación Social de investigar los delitos para conseguir los fines u objetos del proceso penal, siendo uno de estos la reparación del daño, por lo que también existe una colisión con los derechos de la víctima u ofendido pues estos, a través de su Asesor Jurídico pueden demostrar en juicio la totalidad de los daños causados.

En este tenor de ideas, el Juez de Control, autoridad contra quien se interpuso el recurso de apelación, sustenta que debe existir un consenso para no lesionar o menospreciar los derechos de las partes en atención al principio de igualdad que rige el sistema acusatorio por lo que niega la apertura del procedimiento abreviado solicitado en ese momento por los acusados y su defensa. Cabe recalcar que también el Juez de Control considera que el imputado tiene derecho de acceder a este procedimiento abreviado, siempre que haya consenso.

¿Es entonces la naturaleza del procedimiento abreviado un acuerdo de voluntades en el que el imputado admite su responsabilidad en los hechos que se le imputan, repara el daño y a cambio el Ministerio Público solicita, dentro de los parámetros legales, una reducción en su pena? Veamos qué resolvió el Tribunal de Alzada en este asunto.

El Tribunal de Alzada parte de establecer su obligación de ejercer un control de constitucionalidad y de convencionalidad ex officio en materia de derechos humanos, aclarando que los jueces están constreñidos a preferir los derechos humanos contenidos tanto en la Constitución Política de los Estados Unidos Mexicanos y en los Tratados Internacionales de los que el Estado mexicano sea parte, aun a pesar de las disposiciones que en contrario se encuentren en cualquier norma inferior. Transcribe algunos de los argumentos de la defensa, en la cual ellos manifiestan que la oposición de la Representación Social y de la víctima u ofendido debe ser fundada, no cualquier simple oposición sirve para hacer nugatoria la prerrogativa constitucional del imputado de ser juzgado mediante este mecanismo, sino que solo se podría postergar la apertura del procedimiento abreviado si se pretende incorporar alguna información a la carpeta de investigación.

El único legitimado para oponerse a la apertura del procedimiento abreviado, habiendo reparado o garantizado la reparación del daño, es el imputado. Para sustentar su argumento la defensa citó una tesis del propio sistema del Consejo de la Judicatura del Estado de México titulado *"MATERIA PENAL SEGUNDA ÉPOCA SALAS COLEGIADAS EN MATERIA PENAL 111. 2SCP 008 2° RUBRO PROCEDIMIENTO ESPECIAL ABREVIADO, OPOSICIÓN A SU APERTURA, INAPLICACIÓN DEL ARTICULO 388 DEL CÓDIGO DE PROCEDIMIENTOS PENALES PARA EL ESTADO DE MÉXICO"*[12] .

En virtud de lo anterior, el Tribunal de Alzada concluye que la determinación del Juez de Control al negar la apertura del procedimiento abreviado fue incorrecta, ya que se constituye como un derecho fundamental a favor del imputado, quien, como condición para su procedencia deberá aceptar su intervención en el hecho atribuido en la acusación, renunciado expresamente a su derecho de ser juz-

12 *"MATERIA PENAL SEGUNDA ÉPOCA SALAS COLEGIADAS EN MATERIA PENAL 111. 2SCP 008 2° RUBRO PROCEDIMIENTO ESPECIAL ABREVIADO, OPOSICIÓN A SU APERTURA, INAPLICACIÓN DEL ARTÍCULO 388 DEL CÓDIGO DE PROCEDIMIENTO PENALES PARA EL ESTADO DE MÉXICO"* Fuente electrónica, disponible en: http://web2.pjedomex.gob.mx/index.php/el-poder-judicial/tribunal/jurisprudencia/tesis-aisladas-y-de-jurisprudencia [consultada 12 de marzo de 2024].

gado de acuerdo al resultado de las pruebas desahogadas durante el juicio oral, y si bien existe oposición del Fiscal y de la víctima, no puede ser determinante para hacer nugatorio el derecho constitucional del imputado de ser juzgado mediante este mecanismo especial, más aún que ya fue decretado el cierre de investigación y ya fueron exhibidos los escritos acusatorios para el caso que se quisiera incorporar información a la carpeta de investigación concerniente a la reparación del daño. En este sentido y haciendo una exacta aplicación de la ley y efectuando un control difuso de convencionalidad y constitucionalidad, el Tribunal de Alzada decide ordenar la apertura del procedimiento abreviado por no considerar fundada la oposición de la Representación Social ni de la víctima.

En este sentido podemos apreciar diversos puntos. Siendo el primero que, sí existen sistemas de justicia en México que han considerado al procedimiento abreviado como un derecho constitucionalmente reconocido del imputado, partiendo de una interpretación pro-persona y sistemática de los artículos 17 y 20 de la Constitución Política de los Estados Unidos Mexicanos, pero que, por alguna razón incongruente con el espíritu de la ley, deciden facultar únicamente al Ministerio Público para solicitar su apertura.

El segundo punto que se ha considerado es que el procedimiento abreviado, al ser un derecho del imputado, no puede hacerse nugatorio por el mero desacuerdo de las partes, sino que este desacuerdo debe ser fundado para que no se pueda aperturar el procedimiento abreviado una vez que lo haya solicitado el imputado. El mero desacuerdo u oposición que pudiesen realizar los contrarios, en ejecución de los principios de contradicción e igualdad que rigen al sistema acusatorio no es suficiente para hacer nugatorio este derecho.

Cabe mencionar, que el procedimiento abreviado no tiene la naturaleza de un convenio, esto, en virtud de que el mero desacuerdo de las partes no puede hacer nugatorio el derecho del imputado de acceder a este mecanismo de aceleración, así como tampoco el Juez puede estar sujeto a la pena que hayan acordado las partes y que lo haya solicitado el Ministerio Público, pues es función exclusiva del órgano jurisdiccional el de la imposición de las penas.

Por lo que podemos concluir que la no oposición o el consentimiento que presenta el acusado para acceder al procedimiento acelerado no es una mera aceptación del planteamiento realizado por la representación social, como plantea el sector de la doctrina que lo considera una facultad exclusiva de la Fiscalía. La facultad de renunciar a sus derechos es *per se* un derecho de toda persona, por lo tanto, optar por declinar el ejercicio de sus derechos conlleva necesariamente el ejercicio de otro derecho; el acceder al procedimiento especial abreviado.

Aunado a lo anterior, el considerar a esta forma de terminación anticipada como una herramienta de política criminal de la Fiscalía, obstruye la consecución de los objetivos planteados con la reforma de 2008. Toda vez que, fomenta la corrupción, pues resulta en actos arbitrarios de la Fiscalía carentes de toda fundamentación y motivación más allá de "por razones de política criminal", tampoco provoca la despresurización del sistema de justicia pues no se ocupa tanto como tendría que usarse en manos exclusivas del Ministerio Público, tampoco impulsa la reinserción social pues en la mayoría de los casos los imputados no pueden acceder a esta forma de terminación anticipada por la negativa arbitraria de la representación social y por lo tanto, en los casos en los que están sujetos a la prisión preventiva, los acusados sufren muchos perjuicios que limitan sus posibilidades de desarrollo económicas y sociales.

En contraposición, el considerar al procedimiento abreviado como un derecho del imputado, todas y cada una de las solicitudes de aperturar el procedimiento abreviado serán analizadas por un órgano imparcial, que son los jueces de control. Ya corresponderá al Ministerio Público demostrar en audiencia que el acusado no debe acceder al procedimiento abreviado por sus razones de política criminal, oposición que tendrá que estar debidamente fundada y motivada.

Por otro lado, el imputado, en ejercicio del principio de contradicción e igualdad de armas podrá debatir estos argumentos, brindándole al Juez la posibilidad de tomar una decisión informada y completa. Una vez aprobada la apertura del procedimiento abreviado vendría la propuesta por parte del Ministerio Público sobre la reducción de la pena, esgrimiendo sus argumentos de conformidad con el acuerdo referido en este trabajo, lo cual en ningún momento tendría por qué vincular al Juez de Control, pues la facultad de delimitar penas es exclusivamente suya. Evidentemente si las partes llegan a un acuerdo, el cual tampoco es obligatorio para el órgano jurisdiccional, esto facilitará el dictado de la sentencia, regido por el principio de no perjudicar al reo, es decir que la sentencia no podrá exceder de lo solicitado por la representación social.

Otra de las consecuencias de considerar al procedimiento abreviado como derecho del imputado sería la posibilidad de impugnar vía amparo indirecto la negativa de aperturar el procedimiento abreviado por el Juez de control, manteniendo un control vertical respecto del ejercicio de este derecho que permita garantizar que no se vulneren los derechos de ninguna de las partes.

Por lo que proponemos es que los segmentos normativos referentes al procedimiento abreviado sean modificados para adecuarse al marco constitucional de respeto a los derechos humanos, existiendo la posibilidad de que el procedimiento abreviado sea considerado como un derecho del imputado.

Esto es posible dada la interpretación amplia de la fracción VII del apartado A de la Constitución Política de los Estados Unidos Mexicanos, dado que el imputado no debe presentar oposición a la forma de terminación anticipada conocida como el procedimiento abreviado, lo cual constituye como una facultad de elección derivada de la norma, es decir un derecho subjetivo entre decidir a qué tipo de procedimiento acogerse, si al procedimiento ordinario con la finalidad de que sea el Ministerio Público quien acredite su plena responsabilidad más allá de toda duda razonable y donde podrá controvertir los medios de prueba ofrecidos por la Fiscalía y así intentar obtener un fallo absolutorio; o el procedimiento abreviado, reiterando que para acceder a éste renunciará a diversos derechos que le asisten, para en su lugar, aceptar su responsabilidad por los hechos materia de la acusación que presente la representación social, renunciar expresamente al procedimiento ordinario y a un juicio público y oral; y aceptar ser sentenciado con los medios de convicción.

Hay una elección y donde hay una elección hay un derecho de hacerlo. Por lo que considerar al procedimiento abreviado como un derecho subjetivo permite a todo el sistema de justicia penal mexicano y a la colectividad en general, beneficiarse generando una sociedad más justa, más democrática, más progresista y parecida a aquellos países donde el sistema penal de justicia de corte acusatorio es un éxito.

Nuestro objetivo es generar un debate que permita revisar la redacción actual de la normatividad aplicable en búsqueda de una mejoría significativa para el sistema de justicia penal en México bajo los principios rectores que rigen a los sistemas jurídicos en Estados democráticos y progresistas en donde hay conciencia de los derechos humanos y se busca la mejor tutela de los mismos.

BIBLIOGRAFÍA

Brito Salcedo, Á. (2018) *Manual de Mecanismos, Soluciones Alternas y Procedimiento Abreviado en el Sistema.* México, Editorial Anaya.

Medina Mora Icaza, E. T. (2016). *El Procedimiento Especial Abreviado y su Interpretación por la Suprema Corte de Justicia de la Nación.* Coord. Gómez González, A. *El Sistema Penal Acusatorio en México.* México, INACIPE.

Valadez Díaz, M. (2018) *Procedimiento Abreviado.* México, Editorial Flores.

Normativa consultada

Constitución Política de los Estados Unidos Mexicanos, vigente en 2024.

Código Nacional de Procedimientos Penales, vigente en 2024.

Código de Procedimientos Penales del Estado de México vigente en 2009.

Semanario Judicial de la Suprema Corte de Justicia de la Nación.

Diario Oficial de la Federación.

Constitución Política de los Estados Unidos Americanos vigente en 2024.

Aspectos prácticos de litigio penal. Plazo razonable para la defensa, a la luz del artículo 337 del Código Nacional de Procedimientos Penales

FRANCISCO GAYTÁN

Hace algunas semanas, acudí junto con una codefensora a las nuevas Instalaciones de la Fiscalía General de la República ubicadas en la carretera México - Toluca, esto con la finalidad de acceder a un registro de investigación **para la defensa**, que le llegó a la fiscal investigadora (de la Unidad Especializada en Investigación de Delitos Fiscales y Financieros) en sobre cerrado, después de que el Juez de Control le ordenó solicitar a la Comisión Nacional Bancaria y de Valores el contenido de dicho sobre, como **un auxilio judicial a la defensa**; estando el caso dentro del plazo razonable previsto en los artículos 20 apartado B, fracción VII de la Constitución Política de los Estados Unidos Mexicanos, 113 fracción X y el último párrafo del artículo 337 del Código Nacional de Procedimientos Penales.

Último párrafo del artículo 337, del Código Nacional de Procedimientos penales:

> *"...*
>
> *En caso de que el acusado o su defensor, requiera más tiempo para preparar el descubrimiento o su caso, podrá solicitar al Juez de Control, antes de celebrarse la audiencia intermedia o en la misma audiencia, le conceda un* ***plazo razonable*** *y justificado para tales efectos"*

Al momento de acceder a sede ministerial y solicitar la evidencia que había llegado para la defensa, la fiscal comenzó a decirnos que no nos podía entregar el contenido si ella no se quedaba con una copia.

Después de algunos minutos donde le explicamos que esa evidencia era solo para la defensa, que ella no podía contar con una copia porque nosotros aun no la habíamos revisado y no sabíamos si la íbamos a descubrir o no, parecía que le estábamos hablando en otro idioma, nos contestaba simple y sencillamente "todo debe quedarse en mi carpeta de investigación".

Pasado ya un largo periodo de tiempo le hice a la fiscal la siguiente pregunta:

¿Alguna vez ha tenido un caso donde se otorgue a la defensa un plazo razonable en términos del último párrafo del 337 del CNPP?

Su contestación fue NO.

En calma, le fuimos explicando el contenido del numeral en cuestión y sus alcances, incluso mostrándole resoluciones jurisprudenciales.

Fue entonces cuando entendimos claramente por qué cuando se solicitó este plazo en la audiencia intermedia, tanto ella como sus colitigantes (ya que es costumbre en casos de FGR que comparezcan varios fiscales para echar montón) y los asesores jurídicos de la ofendida (SHCP) manifestaban una y otra vez su oposición al plazo, argumentando que ya se había concluido la investigación complementaria, lo que no entendían es que se había concluido para ellos, quienes cerraron su investigación con su escrito de acusación.

En el caso, como defensa justificamos en audiencia intermedia la razonabilidad del plazo que pedimos, ya que no estábamos en condiciones de descubrir nuestros medios de prueba, algunos se encontraban pendientes de conclusión, otros no fueron recabados ya que la fiscalía observó una dilación importante en su actuar y otros más requerían del auxilio judicial para poderse recabar; esto independientemente de que la defensa en un rol activo, desde que asumimos el caso, trabajamos arduamente en la construcción de la teoría del caso.

Los fiscales, asesores jurídicos e incluso la ofendida, manifestaban en audiencia "es injusto que la defensa tenga más tiempo para recabar datos de prueba, si ya se acabó el tiempo de investigación complementaria" agregando "nos oponemos" sin argumentar fundadamente nada adicional, digo, creo que, de haber conocido la figura jurídica, pudieron atacar la razonabilidad del plazo y su otorgamiento, la complejidad del asunto, la actividad procesal del acusado y su defensa, la conducta de las autoridades ministeriales y judiciales en el caso o la afectación que pudiera causar el plazo a las partes, pero no fue así.

El Juez de Control no se desgastó y sin más otorgó el plazo para la defensa, además otorgándonos los apoyos judiciales solicitados, ordenando al Fiscal que nos apoyara a recabar todo aquello que no nos es posible como civiles.

No es la primera vez que nos pasa, por ello, consideré importante escribir unas breves líneas sobre esto, que no puede extenderse más allá de unas cuantas paginas porque no es, desde mi perspectiva algo complejo, solo para algunos operadores, algo desconocido en la práctica.

A continuación, transcribo los artículos de fuente nacional que prevén el plazo razonable, resaltando con negritas las partes conducentes para su correcta comprensión:

Constitución Política de los Estados Unidos Mexicanos:

> *"**Artículo 20.** El proceso penal será acusatorio y oral. Se regirá por los principios de publicidad, contradicción, concentración, continuidad e inmediación.*
>
> *...*
>
> ***B.** De los derechos de toda persona imputada:*
>
> *...*
>
> ***VII**. Será juzgado antes de cuatro meses si se tratare de delitos cuya pena máxima no exceda de dos años de prisión, y antes de un año si la pena excediere de ese tiempo, **salvo que solicite mayor plazo para su defensa"***

CÓDIGO NACIONAL DE PROCEDIMIENTOS PENALES

> *"**Artículo 113.** Derechos del Imputado*
> *El imputado tendrá los siguientes derechos:*
>
> *...*
>
> ***X.** A ser juzgado en audiencia por un Tribunal de enjuiciamiento, antes de cuatro meses si se tratare de delitos cuya pena máxima no exceda de dos años de prisión, y antes de un año si la pena excediere de ese tiempo, **salvo que solicite mayor plazo para su defensa"***
>
> ***"Artículo 337. Descubrimiento probatorio***
>
> *El descubrimiento probatorio consiste en la obligación de las partes de darse a conocer entre ellas en el proceso, los medios de prueba que pretendan ofrecer en la audiencia de juicio. En el caso del Ministerio Público, el descubrimiento comprende el acceso y copia a todos los registros de la investigación, así como a los lugares y objetos relacionados con ella, inclu-*

so de aquellos elementos que no pretenda ofrecer como medio de prueba en el juicio. En el caso del imputado o su defensor, consiste en entregar materialmente copia de los registros al Ministerio Público a su costa, y acceso a las evidencias materiales que ofrecerá en la audiencia intermedia, lo cual deberá realizarse en los términos de este Código.

El Ministerio Público deberá cumplir con esta obligación de manera continua a partir de los momentos establecidos en el párrafo tercero del artículo 218 de este Código, así como permitir el acceso del imputado o su Defensor a los nuevos elementos que surjan en el curso de la investigación, salvo las excepciones previstas en este Código.

La víctima u ofendido, el asesor jurídico y el acusado o su Defensor, deberán descubrir los medios de prueba que pretendan ofrecer en la audiencia del juicio, en los plazos establecidos en los artículos 338 y 340, respectivamente, para lo cual, deberán entregar materialmente copia de los registros y acceso a los medios de prueba, con costo a cargo del Ministerio Público. Tratándose de la prueba pericial, se deberá entregar el informe respectivo al momento de descubrir los medios de prueba a cargo de cada una de las partes, salvo que se justifique que aún no cuenta con ellos, caso en el cual, deberá descubrirlos a más tardar tres días antes del inicio de la audiencia intermedia.

En caso que el acusado o su defensor, requiera más tiempo para preparar el descubrimiento o su caso, podrá solicitar al Juez de control, antes de celebrarse la audiencia intermedia o en la misma audiencia, le conceda un plazo razonable y justificado para tales efectos"

¿Qué hay que hacer como defensa para poder conseguir dicho plazo?

Primero, necesitarlo realmente, tener un rol activo para con tu representado durante la investigación y hasta antes de la audiencia intermedia, realizar una valoración respecto de la complejidad del caso y documentar la actitud de las autoridades relacionadas con el caso a quienes se les pudiera imputar una dilación innecesaria que represente una violación al debido proceso del acusado.

Esto, encuentra su fundamento en disposiciones de fuente internacional:

CORTE INTERAMERICANA DE DERECHOS HUMANOS

Caso: VALLE JARAMILLO y OTROS VS. COLOMBIA

"155. La Corte ha establecido que es preciso tomar en cuenta tres elementos para determinar la razonabilidad del plazo: ***a) la complejidad del asunto, b) la actividad procesal del interesado****, y* ***c) la conducta de las autoridades judiciales****. El Tribunal considera pertinente precisar, además,*

que en dicho análisis de razonabilidad se debe tomar en cuenta la afectación generada por la duración del procedimiento en la situación jurídica de la persona involucrada en el mismo, considerando, entre otros elementos, la materia objeto de controversia"

Caso: GENIE LACAYO VS. NICARAGUA

"77. El artículo 8.1 de la Convención también se refiere al plazo razonable. Este no es un concepto de sencilla definición. Se pueden invocar para precisarlo los elementos que ha señalado la Corte Europea de Derechos Humanos en varios fallos en los cuales se analizó este concepto, pues este artículo de la Convención Americana es equivalente en lo esencial, al 6 del Convenio Europeo para la Protección de Derechos Humanos y de las Libertades Fundamentales. De acuerdo con la Corte Europea, se deben tomar ***en cuenta tres elementos para determinar la razonabilidad del plazo en el cual se desarrolla el proceso: a) la complejidad del asunto; b) la actividad procesal del interesado; y c) la conducta de las autoridades judiciales*** *(...)"*

El que se conceda a la defensa un plazo razonable para su caso, no trastoca el debido proceso, por el contrario, garantiza un trato digno e idéntico a las partes, ya que, aunque el imputado fuere, por ejemplo, notificado de una pericial tres días antes de la audiencia intermedia, puede este, disponer de más tiempo para preparar su descubrimiento probatorio.

Existen criterios judiciales en México que hablan sobre el tema, ya nuestros tribunales han analizado por ejemplo el contenido del artículo 337 del CNPP, mismo que regula la fase denominada "descubrimiento probatorio" el cual consiste en la obligación de las partes de darse a conocer entre ellas en el proceso, los medios de prueba que pretendan ofrecer en la audiencia de juicio.

La víctima u ofendido, el asesor jurídico y el acusado o su defensor, **deberían** descubrir los medios de prueba que pretendan ofrecer en la audiencia del juicio, en los plazos establecidos en los artículos 338 y 340 del CNPP.

"Artículo 338. Coadyuvancia en la acusación
Dentro de los tres días siguientes de la notificación de la acusación formulada por el Ministerio Público, la víctima u ofendido podrán mediante escrito:
Constituirse como coadyuvantes en el proceso;
Señalar los vicios formales de la acusación y requerir su corrección;

> *Ofrecer los medios de prueba que estime necesarios para complementar la acusación del Ministerio Público, de lo cual se deberá notificar al acusado;*
>
> *Solicitar el pago de la reparación del daño y cuantificar su monto"*
>
> *"Artículo 340. Actuación del imputado en la fase escrita de la etapa intermedia.*
>
> *Dentro de los diez días siguientes a que fenezca el plazo para la solicitud de coadyuvancia de la víctima u ofendido, el acusado o su Defensor, mediante escrito dirigido al Juez de control, podrán:*
>
> *Señalar vicios formales del escrito de acusación y pronunciarse sobre las observaciones del coadyuvante y si lo consideran pertinente, requerir su corrección. No obstante, el acusado o su Defensor podrán señalarlo en la audiencia intermedia;*
>
> *Ofrecer los medios de prueba que pretenda se desahoguen en el juicio;*
>
> *Solicitar la acumulación o separación de acusaciones, y*
>
> *Manifestarse sobre los acuerdos probatorios.*
>
> *El escrito del acusado o su Defensor se notificará al Ministerio Público y al coadyuvante dentro de las veinticuatro horas siguientes a su presentación"*

Ahora bien, en cuanto al ofrecimiento de la prueba pericial, se deberá entregar el informe respectivo al momento de descubrir los medios de prueba a cargo de cada una de las partes, **salvo que se justifique que aún no cuenta con ellos**, caso en el cual, deberá descubrirlos a más tardar tres días antes del inicio de la audiencia intermedia, **pero en el supuesto de que el acusado, o su defensor requieran más tiempo para preparar el descubrimiento o su caso, podrá solicitar al Juez de Control, antes de celebrarse la audiencia intermedia o en la misma audiencia, que se le conceda un plazo razonable y justificado para tales efectos.**

Han analizado también nuestros más altos tribunales el concepto y elementos que integra el plazo razonable y su relación con el concepto de demora o dilación injustificada en la resolución de los casos.

Tomando como base, los artículos 8, numeral 1, de la Convención Americana sobre Derechos Humanos y 6 del Convenio Europeo para la Protección de Derechos Humanos y de las Libertades Fundamentales, respecto a que los tribunales deben resolver los casos en un tiempo considerable como uno de los elementos del debido proceso;

se ha establecido que, los parámetros para medir la razonabilidad del plazo en que se desarrolla un proceso son:

A) La complejidad del asunto;

B) La actividad procesal del interesado;

C) La conducta de las autoridades;

Entendiendo este elemento como los actos que la autoridad llevo a cabo para agilizar las peticiones de las partes, así como sus cargas de trabajo.

D) La afectación generada en la situación jurídica de la persona involucrada en el proceso.

E) El análisis global del procedimiento.

Además de los elementos descritos anteriormente, la Corte Interamericana de Derechos Humanos, también ha determinado para medir la razonabilidad del plazo, el conjunto de actos relativos a su trámite, lo que ha denominado "análisis global del procedimiento" y consiste en analizar el caso sometido a litigio de acuerdo con las particularidades que representa, para determinar si un transcurso excesivo de tiempo resulta justificado o no.

Dice pues la corte que, debe entonces atenderse al caso particular y ponderar los elementos mencionados conforme a los criterios de normalidad, razonabilidad, proporcionalidad y necesidad, para emitir un juicio sobre si en el caso concreto se ha incurrido en una dilación o retardo injustificado, ya que una demora prolongada, sin justificación pudiera constituir una violación al debido proceso.

Siendo entonces el plazo razonable según la corte uno de los derechos mínimos del justiciable y correlativamente uno de los deberes más intensos del juzgador y no se vincula la valoración del concepto meramente cuantitativa sino cualitativa.

Lo anterior, permite concluir que ciertos retrasos, si son justificados, son válidos o pueden ser válidos para resolver de mejor manera el caso sometido al análisis del juzgador.

Si se justifica el plazo, este es válido y no se considera un obstáculo a la justicia y no menoscaba la sustancia ni los fines del litigio, si no se justifica, este es un retraso indebido o arbitrario.

Cierro, mencionando que, hoy todavía existen operadores que no han analizado la figura o no la conocen para aplicarla en pro de sus defendidos, o bien, para oponerse fundadamente al plazo, en favor de la víctima u ofendido; que todavía creen que cerrada la investigación complementaria y formulada la acusación, la defensa no puede todavía practicar actos que apoyen en su teoría del caso si es que justifica la dilación.

Pero si analizamos por qué y para que, entenderemos que es una verdadera garantía para al justiciable, que, al tener un rigor alto para justificar, no trastoca el derecho de ninguna de las partes, por lo que, si se cumple con el parámetro mínimo que se ha expuesto, no debe cerrarse el mundo de la defensa si ya concluyó el tiempo de investigación complementaria, sino que por el contrario, sabe que cuenta con el **plazo razonable para la defensa.**

Desahogo de las audiencias bajo el modelo de primera y segunda silla del modelo anglosajón

DIEGO RUIZ DURÁN

"In law as in sports, the best defense is a good offense[1]*" (En el derecho como en los deportes la mejor defensa es una buena ofensiva"*

La complejidad en el desarrollo de nuestra profesión como abogados en gran medida es resultado de negligencia, sea que esta sea resultado de una absurda carga de trabajo, sea por vicios propios del litigante, y no me refiero ni por mucho a afectaciones de salud, sino a vicios específicos de la ética laboral. El abandonar o procrastinar nuestros asuntos hasta el último resquicio posible, es sin lugar a duda, una práctica común en nuestro país, y más específicamente dentro de nuestro gremio.

Dicho problema se exacerba aún más si nos referimos al nicho donde me enorgullezco desenvolverme que es el litigio penal en México. Ignorando si es la cultura propia de mis connacionales o perversiones que acarreamos los que tuvimos la experiencia de litigar en el sistema inquisitivo anterior; lo cierto es que aún y a varios años ya del advenimiento del sistema acusatorio, en un número importante de casos el oscurantismo respecto al litigio oral es evidente entre muchos colegas, quienes rehúyen o rehúsan a tomar al toro por los cuernos.

Hasta 1954 mucha gente pensaba que el correr una milla en menos de cuatro minutos era impensable; sin embargo, ese mismo año

---

1 Dershowitz, Alan M. *The best defense,* Vintage Books, Random House, 1983, p. XIV.

Roger Bannister demostró lo contrario. "*'Doctors and scientists said that breaking the four-minute mile was impossible, that one would die in the attempt,' Bannister is reported to have said afterward. 'Thus, when I got up from the track after collapsing at the finish line, I figured I was dead.' Which goes to show that in sports, as in business, the main obstacle to achieving 'the impossible' may be a self-limiting mind-set.*".[2] ('Los médicos y científicos dijeron que era imposible superar la milla en cuatro minutos y que uno moriría en el intento', se dice que dijo Bannister más tarde. 'Por eso, cuando me levanté de la pista después de desplomarme en la línea de meta, pensé que estaba muerto'. Lo que demuestra que en los deportes, como en los negocios, el principal obstáculo para lograr 'lo imposible' puede ser una mentalidad autolimitante).

De igual manera debemos considerarlo cuando enfrentamos un juicio oral. El único límite es el que nos imponemos. Recordemos que el juicio oral es una obra, y uno de los protagonistas, lo es el defensor, o al menos lo debe ser. Es el defensor quien debe poner la pauta del juicio oral. De antemano —y sobretodo en México— sabemos cómo y qué va a hacer la Fiscalía, conocemos sus técnicas de litigación, y su ritmo de interrogatorio directo. Sabemos qué palabras va a utilizar para contrainterrogatorio. Si bien es sumamente complicado tener juicios imparciales en delitos de alto impacto o politizados, no es menos cierto que la labor del abogado está garantizada para las secuelas del proceso y es su desarrollo en las jornadas procesales de esta primigenia etapa judicial que va a sentar las bases para un adecuado desarrollo de proceso y efectivo alcance de justicia mediante una defensa eficaz, una asistencia letrada.

Dicho derecho fundamental no es exclusivo de nuestra Constitución Política de los Estados Unidos Mexicanos, sino que como la mayoría de nuestros derechos fundamentales proviene de una importación de la Constitución de nuestro país vecino y su tradición de *common law* y sistema de precedentes judiciales, tal es el caso de la sexta enmienda o bien notables precedentes judiciales como lo son: *Strickland v. Washington, Wainright v. Torna, Ross v. Moffitt,* entre

---

[2] Jones, Graham. "How the best of the best get better and better", en *Harvard Bussiness Review Press,* Núm. 6, Tomo 86, June 2008, p. 123.

otros.[3] No es el espacio para atender lo que debemos entender por debida defensa, defensa letrada o defensa eficaz; empero, sí considero imperioso a estos efectos que el lector comprenda que la figura de la segunda silla, a la que nos referiremos con mucho detenimiento, no es una mera invitación a ser un observador del juicio.

La segunda silla es un actor y un operador de juicios orales. La segunda silla es el soporte y debe estar tan o más informado que el llamado abogado principal o primera silla.

Personalmente, prefiero eludir la referencia a abogado principal y referirme a primera silla; ello por diferentes razones: (i) me parece despectivo e incorrecto. Despectivo toda vez que las funciones de la primera y segunda silla en muchas ocasiones a lo largo del juicio van a intercalarse y un adecuado equipo de litigación debe llevar al menos dos sillas principales. De igual manera considero despectiva la designación de abogado principal, porque el Juicio oral es un deporte de equipo, aquel que lo considere individual solamente afecta los intereses de su defendido, y no estamos prejuzgando respecto a la posibilidad de determinado abogado de atender las audiencias *motu propio,* sino de la incapacidad de verificar las necesidades propias de un juicio y las obligaciones que recaen en una segunda silla, posición que indefectiblemente cualquiera que se precie de haberse encontrado en un juicio oral sabe que deberá encontrarse en esa posición en algún momento del juicio;(ii) el señalar a un abogado principal inmediatamente establece una delimitación de responsabilidades entre los actores y ambos deben estar listos para atender el asunto en cualquier momento y por cualquier situación, más aún en un país como México y con nuestro sistema judicial que por excelencia se adorna de eventualidades; y (iii) el considerar la existencia de un abogado principal puede demeritar incluso la mentalidad o el *rapport* del Tribunal de enjuiciamiento respecto de nuestro compañero o segunda silla, cuando inclusive en ocasiones queremos y debemos utilizar a la segunda silla para asestar un golpe a la fiscalía o la de-

---

3 Vid. Israel, Jerold H., Et. al., *Proceso Penal y Constitución de los Estados Unidos de América, Casos destacados del Tribunal Supremo y texto introductorio,* Tirant lo Blanch, Valencia, 2012, pp. 1048-1393.

fensa, según el caso, contando en la disminución de atención en los capítulos de jornadas procesales designados a la segunda silla.

En ese orden de ideas deviene claro pues que la segunda silla es un actor primordial y un engrane necesario para que la maquinaria de la defensa trabaje adecuadamente. La mayor parte del cúmulo de la bibliografía referente a este tema aborda realmente a la segunda silla como un auxiliar o bien dirigido a estudiantes o a jóvenes abogados que están atendiendo su primer o segundo asunto.

Si bien es cierto, el acompañar a la primera silla suele consistir en la génesis de la aventura a efecto de iniciar como un litigante en juicios orales, no por ello debemos considerar que la segunda silla es el lugar propicio a efecto de ser un observador privilegiado con acceso irrestricto. El lugar del público se encuentra tras el barandal; una vez que se ha cruzado ese umbral, primera o segunda silla deben comprender el enorme nivel de responsabilidad que conlleva inmiscuirse en asuntos de litigio penal. "*I hope at this point the importance of the role of the trial lawyer has begun to sink in. He is the last resort, the last hope for justice. If he is skilled, talented, thorough, and ethical, justice has a pretty good chance. If he is not and his opponent is, he may lose a case he should have won*".[4] (Espero que en este punto la importancia del papel del abogado litigante haya sido absorvida. Él es el último recurso, el último resquicio de esperanza para la justicia. Si es habilidoso, talentoso, exhaustivo y ético la justicia tiene muy buena oportunidad de presentarse; en cambio, si no lo es, y su oponente por el contrario lo es, podrá perder un asunto que debió haber ganado).

Una vez cruzado ese umbral debemos entender que el juicio ha comenzado, con independencia de los posibles diferimientos. Al menos el 70 por ciento de un juicio lo es la preparación, y para ello la segunda silla es esencial; la segunda silla como lo comentamos es un jugador esencial en el partido y sus obligaciones y funciones son algunas de las que debemos considerar.

---

4 Bailey, F. Lee. *To be a trial Lawyer*, John Wiley and Sons Inc., New York, 1985, p. 13.

PREPARATION, PREPARATION, PREPARATION[5] (PREPARACIÓN, PREPARACIÓN, PREPARACIÓN)

> *"I am constantly amazed during Supreme Court arguments to hear an attorney virtually struck dumb by questions from the bench that anyone with knowledge of the case should have anticipated. It is as if the attorney has become so imbued with the spirit of his case that he has totally blinded himself to the legitimate concerns that someone else might have in adopting his position"- E. Barret Pettyman Jr.*[6]

Como lo comentábamos anteriormente, gran parte del desarrollo de juicio y su resultado encuentran su base antes siquiera de empezar el juicio. Me ha parecido a últimas fechas que los abogados se preocupan más por convencerse a ellos del asunto que al juzgador. Esto es terrible, más aún en tratándose de juicio oral o inclusive de audiencias preliminares como formulación de imputación o inclusive intermedia. Las únicas facciones en este teatro de operaciones que conocen el conflicto son la defensa, la asesoría jurídico victimal, en su caso, y la Fiscalía. Nuestro trabajo estriba primordialmente en introducir y llevar de la mano al juzgador a las conclusiones que hemos arribado durante nuestra preparación. ¿Cómo se logra esto? ¿Cómo nos convencimos? ¿Cuál fue el silogismo que utilizamos para arribar a esa conclusión? ¿Cuáles son las debilidades de nuestro asunto? ¿Atendimos a dichas debilidades o las dejamos a lado en nuestro estudio?

La respuesta a todas estas preguntas tiene su origen en una sola palabra que conlleva muchas horas de esfuerzo y sacrificio: PREPARACIÓN. Nada de lo que acontezca en las jornadas laborales debe, por regla general, tomarnos por sorpresa. El propósito principal de

---

5 Smiley J. Andrew. *Succesfull Trial Skilles, A guide to jury selection, opening statements, Direct and Cross examinations and closing arguments,* The Mentor ESQ, 2024.

6 Scalia, Antonin y Garner A. Bryan. *Making your case. The art of persuading judges,* Thomson West, Fifth Printing, United States of America, 2008.*(Durante argumentos ante la Suprema Corte me encuentro constantemente sorprendido de ver y escuchar abogados que han sido golpeados y sacados de balance por preguntas por parte del Tribunal de enjuiciamiento respecto a situaciones que cualquier persona con conocimiento del asunto en cuestión debió haber anticipado. Pareciera que el abogado se encuentra tan mimetizado con el espíritu de su asunto que se ha cegado absolutamente a legítimas preocupaciones que un tercero pudiera tener a efecto de adoptar su posición).*

la preparación y el objetivo inicial de nuestra estrategia jurídico procesal debe ser reducir el factor aleatorio al mínimo. Por supuesto que no estamos exentos de sorpresas, ni tenemos el juicio asegurado, ni mucho menos las reacciones de la contraparte o sus estrategias procesales; sin embargo, una buena preparación reduce ese factor aleatorio al mínimo.

Los esfuerzos de la contraparte pueden llegar a ser inclusive fútiles si se cuenta con la preparación adecuada, y esta preparación —recordemos— no solo es para nosotros, es para el juez, y sobretodo un conocimiento enciclopédico de la teoría del caso de la contraparte, sea Fiscalía o defensa.

La preparación para un juicio oral no se agota en el estudio de precedentes, de nuestra teoría del caso y aquella de la contraparte. La preparación empieza desde la fase de investigación desformalizada, ninguno de los datos de prueba que ahí obren o de los cuales nos hagan partícipe en el descubrimiento probatorio debe pasar desapercibido, por insípido que parezca.

Shant Karnikian establece ciertos cánones[7] para ejercer una efectiva labor de segunda silla y menciona en primer lugar encontrarnos sobrepreparados. Esto incluye la elaboración de un cuadernillo de juicios, mismo que debe estar perfectamente separado por facciones procesales, los medios que cada uno desee incorporar, ¿cuál es el objeto de cada uno de ellos? ¿Cuáles son los señalamientos que necesitamos incorporar en contrainterrogatorios? Recordemos que en la secuela de las jornadas procesales la adrenalina va estar corriendo, van a estar las cabezas de los litigantes esmeradas en presentar su mejor teoría del caso, están activamente ejerciendo el derecho de defensa o su obligación de acusar, objetando, verificando el flujo de su interrogatorio o bien frenando el flujo al contrario, por lo que no van a estar inmersos al cien por ciento ni su capacidad de retención podrá en todo momento recordar cada detalle de cada testimonial o facciones de los documentos a incorporar a los cuales nos referi-

7 Karnikian, Shant.: "Being an effective Second-Chair Trial Counsel", [en línea], (2020),
https://www.advocatemagazine.com/article/2020-january/being-an-effective-second-chair-trial-counsel
[Consulta: 13/03/2024.]

remos. Todo lo que debe presentarse en el juicio debe estar perfectamente preparado por la segunda silla en el cuadernillo. "*By failing to prepare you are preparing to fail*"[8]... esta frase de Benjamín Franklin debe resonarnos a lo largo de la preparación o cuando consideremos que conocemos lo suficiente el expediente. Recordemos que cuando estamos elaborando el expedientillo o cuadernillo de audiencia nuestra atención está en eso, el estudio del asunto está fresco; hemos tenido abundante tiempo para entender y analizar la batería probatoria y las flechas en nuestro carcaj de concupiscencia jurídica. El propósito de ese expedientillo justamente estriba en reducir el factor aleatorio, que la tan afamada ley de Murphy "Si algo puede salir mal saldrá mal" esté previamente combatida por nuestra preparación. En fin, REDUCIR AL MÁXIMO EL FACTOR ALEATORIO.[9]

ESCUCHAR ACTIVA Y COGNITIVAMENTE.

Como lo manifestamos anteriormente, la participación como segunda silla en juicio no es una participación pasiva, no es un mero observador de una obra de teatro. El abogado nombrado como segunda silla es un actor principal en el teatro de operaciones del juicio oral y una de sus escenas principales es el escuchar.

Repito: no se encuentra la segunda silla viendo una película. Cuando nos referimos a su tarea como escucha del juicio es porque la segunda silla conoce lo que debe pasar en el juicio. Debe estar presente en el momento para saber qué es lo que se está diciendo, debe apuntar y, si tuvo una adecuada preparación, tachando los argumentos de la contraparte que sabía iban a aparecer. Debe de verificar que las preguntas que se iban a realizar se hagan, o bien apuntar las hechas para que no afecte el contrainterrogatorio y flujo de primera silla con una objeción porque los hechos han sido preguntados. Ahora bien, si con independencia de ello, la contraparte insiste en frenar el flujo, debe estar listo en todo momento para combatir dicha

---

8 *Ibidem.*(Fallar en tu preparación es una preparación para fallar).

9 A efecto de auxiliar en la preparación de expedientillos de juicio oral sugerimos a Dr. Atul Gawande, autor de *The checklist manifest. How to get things right.*

objeción y procure reducir en la medida de lo posible la interrupción al flujo del interrogatorio.

A mayor abundamiento, la mayoría de los consejos a efecto de participar de manera efectiva como segunda silla se refieren a escuchar atenta y activamente, esto de la mano con la preparación, evitará sorpresas y sustos que nunca deben aparecer ni como invitados a un juicio oral. La proyección de ambas partes debe ser siempre de confianza tanto a beneficio del juez, como de nuestro cliente y de la contraparte. El lenguaje corporal es de absoluta trascendencia en el desarrollo de un juicio oral; y aunque me he referido a los partícipes como actores, lo cierto es que histriones no somos, nuestro lenguaje corporal no debe ser una actuación (quizá como último recurso). Nuestro lenguaje corporal debe provenir de la confianza en nosotros que solo deviene de una adecuada preparación y atención desmedida al desarrollo de las jornadas procesales.

> *"Don't react; anticipate. If the first chair turns to you more than you turn to him or her, you have failed as a second chair. Avoid this by anticipating where your first chair, and the case, is headed. Listen to your first chair, the opposing party, and the fact-finder. If opposing counsel directs the witness to an exhibit or references a specific case, you should pull it on your own before your first chair asks for it".*[10]

Ahora bien, escuchar activa y atentamente, es sólo una parte de la labor de la segunda silla. De igual manera debe inmiscuirse en lo que el psicólogo hedonista Daniel Kahneman, premio Nobel en ciencias económicas en 2022, llama el *availability bias* o perjucio de disponibilidad. ¿Qué quiere decir esto? Esto es lo que nos referimos como escuchar cognitivamente. Escucha lo que no se ha dicho, nuestros cerebros prejuzgan y tienen un prejuicio respecto a lo que está

---

[10] (¡No reacciones, anticípate! Si la primera silla te ha buscado más veces de lo que ya la has buscado, has fallado como segunda silla. Evita esta situación mediante la anticipación respecto hacia donde va tu primera silla y el caso. Escucha atentamente a tu primera silla, a la contraparte y a quien este otorgando o narrando hechos. Si la contraparte dirige a un testigo, a un medio de prueba o referencia un caso o precedente en específico, tu debes tenerlo listo antes de que la primera silla lo solicite). Romig, Jennifer. "*Listen like a lawyer. Exploring effective listening practices for lawyers, law students and all legal professionals*", [en línea], (2014), https://listenlikealawyer.com/2014/11/22/second-chair-listening/ [Consulta: 13/03/2024.]

aconteciendo; una efectiva segunda silla debe superar el presente y analizar y verificar ¿qué es lo que falta? ¿Qué es lo que no se dijo? ¿Por qué no lo dijo? De nueva cuenta, si bien es cierto que esto refiere específicamente a la capacidad del abogado en juicio, no es menos cierto que dicha atención y habilidad vendrá de la mano de nuestro hilo conductor en los juicios: LA PREPARACIÓN.

OBSERVACIÓN ATMOSFÉRICA

Con independencia de escuchar atentamente a lo dicho y no dicho en el transcurso de las jornadas procesales, una adecuada segunda silla debe considerar una observación atmosférica o del ecosistema judicial. Muchas veces he escuchado referir a la segunda silla como los oídos y ojos del juicio: es enteramente cierto. Debe advertir el lenguaje corporal, en primer lugar del juzgador, saber qué comentarios, qué estilo le molesta disgusta o incomoda, apuntar los argumentos o hechos que le han parecido relevantes y puso la atención suficiente a efecto de escribirlo para tomarlo en consideración para su resolución.

Recordemos que antes que nada los juzgadores son humanos, y por más que sean experimentados, las sorpresas o los intereses son moderadamente fáciles de leer. Hay que estar atentos en el transcurso de las jornadas procesales para poder en conjunto verificar si la estrategia es la adecuada, si el juez no ha hecho *rapport*, con los testigos, con nuestros defensos, con la víctima, con la fiscalía, etc.

De igual manera una efectiva segunda silla debe verificar los gestos y reacciones de la contraparte, saber ¿qué estaban esperando? Verificar si algún medio de prueba fue ignorado o los tomó por sorpresa. Saber en que momento se molestaron o cuales fueron los puntos dentro del juicio que se voltearon a apuntar o a conferir entre ellos, sea por incomodidad o por estrategia.

Todos estos apuntes no son un mero chismógrafo, son herramientas claves para ir desarrollando los alegatos de clausura, para corregir curso a la mitad del camino o acentuar posiciones o reducirlas, según el desarrollo del juicio. La primera silla lo deberá intentar pero podrá estar ocupado en otro temas, como por ejemplo el contrainterrogatorio, y es ahí donde esta observación atmosférica debe tomar su principal papel: verificar y reportar qué es lo que pasa alrededor. Visión periférica de los sucesos que nos rodean y reacciones a situaciones específicas.

> *"You have the luxury of looking around the room to see who might be falling asleep, who is aghast, who is rolling their eyes, or who is nodding along with your first chair's line of questioning. First chair relies on you to provide a comprehensive evaluation of how the jury and the judge are responding to the evidence".*[11]

PARTICIPACIÓN EN BATERÍA DE PRUEBAS

> *"No rules in the handbooks are capable in themselves of making brilliant performances out of those who intend to dispense with practice and exercise"* Dyonicio de Halicarnaso (Ca. 30 a.C.).[12]

Esta tarea por parte de la segunda silla, no acontece de manera sorpresiva, ni puede ser producto de la especulación o improvisación. Este ejercicio es producto de nuestro hilo conductor y madre de nuestro ejercicio: la preparación.

Previo al juicio, en definitiva, el equipo de litigación debe haber tenido sesiones conjuntas de preparación de las jornadas procesales o *mock trials*. Como lo comentamos, el juicio oral es un deporte en equipo, y como tal, requiere preparación y entrenamiento; jugadas prefabricadas y como los cronistas deportivos refieren, aquellas que se practican en la semana. No es suficiente el talento o el conocimiento; el ejercicio y la repetición son clave. Máxime en tratándose de una segunda silla. Quizá tu primera silla es más experimentada

---

11 Romig, Jennifer. "*Listen like a lawyer. Exploring effective listening practices for lawyers, law students and all legal professionals*", *Cit.*
(*Tienes el lujo de observar* el juzgado para verificar quién se está quedando dormido, quién se ha horrorizado, quién blanqueo sus ojos, o quién está asintiendo con el interrogatorio de tu primera silla. La primera silla depende de ti a efecto de que le proveas con una evaluación comprehensiva de cómo el jurado y el juez está respondiendo a la evidencia).
[Consulta: 13/03/2024]

12 (No existen reglas en los manuales capaces por si mismas de realizar actuaciones brillantes de aquellos que dispensen de la práctica y el ejercicio).

que tú, pero quizás no. El papel de la segunda silla es crucial para el devenir del proceso.

"It is often said that the biggest fool is the man who fools himself"[13] señalaba el afamado abogado F. Lee Bailey, y sin duda tenía toda la razón. No podemos engañarnos en pensar que porque conocemos el asunto es suficiente. El ejercicio adecuado de una segunda silla involucra muchas responsabilidades y una de las axiológicamente más relevantes lo constituye su injerencia en el combate e incorporación de pruebas al juicio.

Como siempre, regresando a nuestro hilo conductor, la preparación, el cuadernillo de audiencia y el conocimiento del asunto nos debe proveer del conocimiento suficiente. Sin embargo, no debemos apostar exclusivamente a la memoria, son demasiados datos, demasiados golpes, demasiados puntos en el camino que tenemos y debemos tener presente. Para ello la segunda silla debe ejercitar lo que comentamos como la capacidad sensorial auditiva activa y cognitiva. Saber qué se presenta, qué falta y qué debemos presentar. Si teníamos preparada alguna contingencia y ese supuesto se verificó, tenerlo dentro de nuestro listado inicial.

De igual manera sea testigo experto o de hechos, tener listo el interrogatorio y el contrainterrogatorio, tener la capacidad y el autoestima suficiente para, SIN AFECTAR EL FLUJO DE LA PRIMERA SILLA, manifestar los faltantes a la intervención.

Un ejemplo muy claro de esta experiencia sensorial cognitiva de verificar qué es lo que falta, es la incorporación del documento. Una vez que hemos terminado el ejercicio de reconocimiento de documento, de interrogatorio directo, en ocasiones se les olvida la incorporación de este a la batería de pruebas. La segunda silla debe estar preparado para solicitar o recordarle a la primera silla esa incorporación.

Otro ejemplo muy claro que escapa a la primera silla por estar inmerso en su flujo, lo es la liberación o no del testigo. Se puede advertir una relajación en la humanidad de la primera silla al con-

---

13 Bailey F. Lee. *For the Defense*, New York Atheneum, Mclelland and Steward Ltd, 1975, p. 375. (*En reiteradas ocasiones se ha dicho que el tonto más grande es aquel que se engaña a si mismo).*

cluir su interrogatorio, pero quizá debe retener al testigo para algún otro tema o bien simplemente la liberación a fin de no malgastar los recursos procesales del tribunal de enjuiciamiento. Práctica que él mismo agradecerá y puede crear un *rapport* positivo con el tribunal de enjuiciamiento y sus auxiliares; recordemos una máxima del juicio oral: los jueces son humanos.

De igual manera, la participación de la segunda silla, deviene de particular relevancia al proveer a la primera silla y estar listo con los interrogatorios, contrainterrogatorios y sugerencia respecto a redirecto o recontra, según el caso. De igual manera es imprescindible que lleve copia de cada documento o prueba que se pretenda incorporar. Regresamos como siempre: la clave del éxito en cualquiera juicio oral lo es la preparación, y la segunda silla es un actor primordial, sino es que el protagonista en la misma.

Un juicio oral puede inclinar la balanza con una pobre o con una gran actuación de una segunda silla.

MEMORIA PROCESAL CUADERNILLO

Como lo comentábamos anteriormente, el papel de la segunda silla es un papel activo, enérgico. Una de las principales tareas estriba en dar un seguimiento puntual a las jornadas procesales.

La segunda silla tiene el privilegio de ser observador, si; sin embargo, tiene una obligación específica que se encuentra aparejada con el orgullo de ser la segunda silla.

Al ser la persona más preparada del juicio, y la persona a quien corresponde apuntar, escuchar, entender y saber que es lo que ha sido aportado a juicio y desahogado ante el Tribunal de enjuiciamiento, así como lo que no ha sido, le compete una de las principales tareas: preparar momento a momento las conclusiones del juicio oral. Advertir las contradicciones, y señalar tanto las fortalezas de nuestra teoría del caso, así como las inconsistencias que se habrían logrado en la teoría del caso de la contraparte.

Desgraciadamente, los tiempos procesales en nuestro país en la mayoría de los casos no permiten recibir y estudiar el audio y video de las jornadas procesales con un tiempo suficiente. Ante ello y a diferencia del sistema anglosajón donde existe un estenograf@ en tiempo real, una de las tareas de la segunda silla es crear una memoria de lo acontecido en las jornadas judiciales de las que somos objeto. Los momentos en que existió contradicción, cuando la contraparte modificó su teoría del caso o la ajustó, cuales fueron las victorias obtenidas en los contra- interrogatorios, así como las conclusiones que se hayan obtenido del interrogatorio directo.

La formulación de este cuadernillo es vital puesto que se constituye como el testigo esencial y presencial del juicio oral, y en la mayoría de las ocasiones, los alegatos de clausura estarán basados en la observación y recolección de la segunda silla.

ATENCIÓN AL CLIENTE CONTROL Y CONFORT

El presente apartado pudiese fungir como un corolario necesario a la labor de la segunda silla. Quizá la persona geográficamente mas cercana al defenso o a la víctima lo sea la primera silla; sin embargo, dicha posición no debe menospreciar la relevancia de la participación e injerencia de la segunda silla.

Debemos recordar que antes de ser profesionistas, somos prestadores de servicios. Ante ello debemos advertir que, si para nosotros es complejo —por decir lo menos— la circunstancia de enfrentarnos a un tribunal de enjuiciamiento, imaginemos la carga moral y emocional que dicho evento debe resultar para nuestro cliente.

Nuestro trabajo no solo es responder y atacar la teoría del caso de la contraparte, ganar el asunto si es que es posible, pero la humanidad, la amabilidad y el constituirnos en un soporte emocional para los actores del juicio que no se encuentran acostumbrados al mismo se torna primordial.

Adicional a ello, como lo hemos comentado en diversas ocasiones; el juzgador es humano y nuestro papel como segunda silla no se limita a calmar o explicar lo que esta aconteciendo. Debemos de advertir que el lenguaje corporal es primordial en estos litigios; y por ende una de las principales funciones de la segunda silla es saber controlar las emociones de nuestro cliente.

No obstante el calificativo de segunda silla advierte una connotación peyorativa, no debemos soslayar el hecho de que la segunda silla sólo se denomina así por tradición. La importancia de su labor resulta intrínseca para un adecuado desenvolvimiento de un juicio oral. La segunda silla, no sólo es un soporte; dicha posición deviene en una simbiosis necesaria que alimenta y refuerza el propósito de los operadores del juicio.

Si bien es cierto, como lo comentamos con anterioridad, dicha posición tradicionalmente se le otorga a un abogado menos experimentado, la realidad y necesidad procesal advierte exactamente lo contrario. El ser nombrado segunda silla es y debe ser una consideración honorífica. Trae aparejado una responsabilidad inmensa que ordinariamente no honra al adjetivo. En la humilde opinión del autor, la segunda silla estriba en una posición de privilegio y encuentra en su núcleo una desmedida responsabilidad ética y profesional. Ser designado segunda silla no es una tarea que debamos de tomar a la ligera. Es una responsabilidad, es un orgullo pero más que eso se constituye en la antesala de ser un litigante responsable y conocedor del sistema acusatorio que la mayoría de los colegas refiere como una reforma efímera por temor a enfrentarlo.

FUENTES

Bailey, F. Lee. *For the Defense*, New York Atheneum, Mclelland and Steward Ltd, 1975.

Bailey, F. Lee. *To be a trial Lawyer*, John Wiley and Sons Inc., New York, 1985.

Dershowitz, Alan M. *The best defense*, Vintage Books, Random House, 1983.

Israel, Jerold H., Et. al., *Proceso Penal y Constitución de los Estados Unidos de América, Casos destacados del Tribunal Supremo y texto introductorio*, Tirant lo Blanch, Valencia, 2012.

Jones, Graham. "How the best of the best get better and better", en *Harvard Bussiness Review Press*, Núm. 6, Tomo 86, June 2008.

Karnikian, Shant. "Being an effective Second-Chair Trial Counsel", [en línea], (2020), Disponible en: https://www.advocatemagazine.com/article/2020-january/being-an-effective-second-chair-trial-counsel

Romig, Jennifer. "*Listen like a lawyer. Exploring effective listening practices for lawyers, law students and all legal professionals*", [en línea], (2014), Disponible en:
https://listenlikealawyer.com/2014/11/22/second-chair-listening/

Scalia, Antonin y Garner A. Bryan. *Making your case. The art of persuading judges,* Thomson West, Fifth Printing, United States of America, 2008.

Smiley J. Andrew. *Succesfull Trial Skilles, A guide to jury selection, opening statements, Direct and Cross examinations and closing arguments,* The Mentor ESQ, 2024.